DA PALAVRA
AO GESTO
DO ANALISTA

Jorge Forbes

DA PALAVRA AO GESTO DO ANALISTA

2ª EDIÇÃO

Copyright © 2015 Editora Manole Ltda., por meio de contrato de edição com o autor.

Editor gestor: Walter Luiz Coutinho
Editora: Karin Gutz Inglez
Produção editorial: Visão Editorial, Cristiana Gonzaga S. Corrêa e Juliana Morais
Projeto gráfico e diagramação: Visão Editorial
Capa: Rafael Zemantauskas
Texto estabelecido por: Maria Margareth Ferraz de Oliveira

Dados Internacionais de Catalogação na Publicação (CIP)
(Câmara Brasileira do Livro, SP, Brasil)

Forbes, Jorge
  Da palavra ao gesto do analista / Jorge Forbes. –
2. ed. – Barueri, SP: Manole, 2015.

ISBN 978-85-204-3389-8

1. Psicanálise I. Título.

14-11595   CDD-150.195

Índice para catálogo sistemático:
1. Psicanálise: Psicologia 150.195

Todos os direitos reservados.
Nenhuma parte deste livro poderá ser reproduzida, por qualquer processo, sem a permissão expressa dos editores.
É proibida a reprodução por xerox.
A Editora Manole é filiada à ABDR – Associação Brasileira de Direitos Reprográficos.

2ª edição – 2015

Direitos adquiridos pela:
Editora Manole Ltda.
Avenida Ceci, 672 – Tamboré
06460-120 – Barueri – SP – Brasil
Tel.: (11) 4196-6000 – Fax: (11) 4196-6021
www.manole.com.br
info@manole.com.br

Impresso no Brasil
Printed in Brazil

Este livro contempla as regras do Acordo Ortográfico da Língua Portuguesa de 1990, que entrou em vigor no Brasil em 2009.

São de responsabilidade do autor as informações contidas nesta obra.

JORGE FORBES

Psicanalista e Médico Psiquiatra. Doutor em Teoria Psicanalítica pela Universidade Federal do Rio de Janeiro (UFRJ). Doutor em Ciências pela Faculdade de Medicina (Neurologia) da Universidade de São Paulo (FMUSP). Mestre em Psicanálise pela Université Paris 8 – Vincennes – Saint-Denis. Analista Membro (A.M.E.) da Escola Brasileira de Psicanálise (EBP), da qual foi o primeiro Diretor-geral; e da Escola Europeia de Psicanálise (EEP). Membro da Associação Mundial de Psicanálise (AMP). Presidente do Instituto da Psicanálise Lacaniana (IPLA) e do Projeto Análise. Diretor da Clínica de Psicanálise do Centro de Estudos do Genoma Humano da Universidade de São Paulo (CEGH-USP). Dentre os livros de sua autoria, *Inconsciente e Responsabilidade: Psicanálise do Século XXI*, publicado pela Editora Manole, recebeu o Prêmio Jabuti 2013 na categoria Psicologia e Psicanálise.

Sumário

Prefácio à 2ª edição   9

Apresentação da 1ª edição   11

I   **O** SABOR DA PALAVRA   13

II   **V**OCÊ É ISTO   33

III   **E**M ATO, A PALAVRA DURA   55

IV   **O** ANALISTA E O ATOR   89

V   "**R**IDÍCULAS PALAVRAS RECALCADAS"   119

VI   **O** EXCESSO – A FALTA DO ANALISTA   137

VII	**R**EPETIR NA IDIOTICE OU REPETIR NA NOVIDADE 159
VIII	**A**S QUATRO POSIÇÕES SUBJETIVAS 185
IX	**A T**ERRA É AZUL 217
X	**A**NALISTA, COMO O SANTO, NÃO FAZ CARIDADE 249
XI	**D**O PODER À CAUSA 273
XII	**L**ACAN NO TOM 295

Bibliografia 319
Índice onomástico 325
Índice remissivo 329

Prefácio à 2ª edição

A escrita deste livro foi uma necessidade, anos atrás. Ele é fruto de uma percepção clínica de que um novo período da psicanálise estava começando, mais próximo ao habitante de um novo mundo, o século XXI. Dei um nome que me pareceu sintetizar o que pretendia expor: "Da palavra ao gesto do analista", ou, mais intimamente, "Da palavra ao gesto". Tem movimento esse título, indica que uma coisa vem depois da outra. Algo fala, é a palavra; outro toca, é o gesto. Naquela época, este livro foi para mim uma forma de dividir com os colegas e com todos os interessados, minhas percepções das mudanças na clínica. Não existia – ao menos ao meu conhecimento – bibliografia sobre o que hoje chamamos Clínica do Real, ou segunda clínica de Lacan. Tomei o risco de contar. Era importante para que eu também compreendesse as mudanças na minha clínica pessoal.

O livro teve uma boa aceitação, mas por motivos vários acabou não sendo reeditado, até hoje. Confesso que comecei a ter um pequeno prazer em vê-lo ser transformado em uma espécie de objeto *cult*, só achável nos sebos e por um valor de cinco a oito vezes maior que um livro comparável. Eu mesmo comprei dois ou três, com algum esforço. Fiz corpo mole para reeditá-lo, fui vencido pela amável e competente insistência da Editora Manole, que soube ouvir os pedidos de alguma gente. Aqui está ele.

Não é muito diferente do original, salvo pela inclusão importante de um índice remissivo e de um onomástico, realizado por Elza Macedo, a quem registro o melhor agradecimento.

Reli, me deu vontade de mexer aqui e acolá, mas acabei me dizendo que não, que já mexi aqui e acolá em todos os artigos e livros que sucederam a este, e que este deveria manter o viço do tempo da descoberta de uma revolução clínica que o marcou, como também seu estilo oral, posto se tratar de um seminário estabelecido em texto.

Assim, caro leitor, atendendo a pedidos, como dizem os cantores, "Da palavra ao gesto" chega, de novo, a você.

Jorge Forbes
São Paulo, outono de 2014

APRESENTAÇÃO DA 1ª EDIÇÃO

Caro leitor,

Releio estas páginas, a título de breve revisão, três anos depois de ter pronunciado este seminário na Escola Brasileira de Psicanálise – São Paulo, em 1996. Sou agradecido a quem estabeleceu em texto aquilo que foi falado. Surpreendo-me em momentos de distância, como se fora um novo leitor. Resisti à tentação de fazer alterações radicais. É claro que hoje diria uma coisa ou outra de maneira distinta, mas seguramente não o faria se antes já não tivesse dito. Não se trata de saber o que é melhor, pois a psicanálise progride, mais por diferença de enunciação que por adição de conhecimento.

Agradeço ao público participante, ao qual então me dirigia.

Jorge Forbes
São Paulo, 1º de março de 1999

I

O SABOR DA PALAVRA

O INOMINÁVEL DA CIVILIZAÇÃO: UM ENFRENTAMENTO

Terminaram as férias e retomamos o trabalho. Retomar o trabalho é sempre um enfrentamento, como a saída de uma análise também o é: um enfrentamento daquilo que se pensa ter com aquilo que se verifica no mundo. Há uma diferença fundamental entre as férias e o momento de retorno ao trabalho. Também os analisandos sabem disso, quando dizem que querem viver um pouco sem o analista, viver um pouco fora da análise, embora exista uma parte da análise que tem um quê de férias – não toda ela.

Há uma certa comodidade na neurose. É fácil pensar-se industrial quando não se tem uma indústria; ou escritor, sem nunca ter escrito uma página; ou comerciante, sem nunca ter aberto uma loja; ou intelectual, sem nunca ter se debruçado sobre os livros. A neurose protege o sujeito da realidade, pois nela há sempre alguém para se culpar: "Não sou poeta porque ainda não consegui me expressar", "Não consegui ser ouvido como eu gostaria que me ouvissem", "Não sou intelectual porque não nasci em um berço culto", "Não vou para a frente na análise porque o analista não diz nada". Em uma análise, de certa forma, sintetizam-se todas as queixas que se tem da vida.

Faço essa pequena introdução, evoco essa lembrança, porque, se nos perguntássemos se um psicanalista fica melhor nas férias ou no trabalho, diríamos que, de alguma maneira, ele fica melhor no trabalho.

Começo mais um seminário. Quero lembrar-lhes que um seminário não é um curso, não é uma conferência: é um enfrentamento. Aquele que suporta um seminário, ao fazê-lo, fala de uma pesquisa em curso, e não de um saber estabelecido. A sustentação de um seminário não é como a de uma aula de curso fundamental, em que o interesse é passar um saber tranquilo, padronizado e, de certa forma, consagrado. Em um seminário, o que ocorre é a transmissão de uma inquietação, o que fez Lacan dizer que aquele que sustenta um seminário estaria na posição não de um professor, mas de um analisando, daquele que sustenta a posição do inquieto.

Nosso tema neste ano será "Da palavra ao gesto do analista". Talvez pudéssemos nos perguntar por que não "da palavra ao ato do analista". Digo imediatamente que o gesto é a encarnação imaginária do ato, sem o qual não haveria análise.

"Da palavra ao gesto do analista" é também uma outra forma de dizer que trabalharemos a "vacilação calculada" – expressão de Lacan para dizer que existe uma vacilação calculada por parte do analista em cada sessão. Voltarei a esses três termos para esclarecê-los: gesto, encarnação imaginária do ato e vacilação calculada. Três formas de interpretação analítica distintas da utilização habitual da palavra.

Lacan sempre se preocupou em pesquisar o gesto correto em relação a seus analisandos. Alguns desses gestos ficaram famosos pelo ridículo que significavam quando retirados de seu contexto. Ele recebeu para uma sessão uma senhora gorda e, na presença dela, ele comeu um enorme sanduíche fazendo todos os ruídos possíveis. Em outros momentos, lia o jornal; em outros, deixava a porta aberta enquanto atendia um cliente; ou ainda fazia entrar um analisando na sala enquanto outro se encontrava no divã. Enfim, uma série de gestos inusitados de Jacques Lacan que contribuiu para torná-lo célebre e mal-afamado, mito e imitado.

Gostaria de dar um outro peso ao gesto do analista, já adiantando que ele não pode ser a encarnação do pai. A proposta da International Psychoanalytical Association (IPA), do analista como encarnação do pai, "obsessiviza" uma análise. E, para responder a isso, para não transformar histéricas em obsessivas (ou em líderes feministas), Lacan propõe, em "Subversão do sujeito e dialética do desejo no inconsciente freudiano", publicado nos *Escritos* (Lacan, 1998g, p. 839), a necessidade de uma "vacilação calculada".

Busco elementos comuns de referência não em uma página de Lacan, mas em uma piada:

> Um homem quer se suicidar e se joga do trigésimo andar de um prédio. Em plena queda, quando passa pelo quinto andar, uma moça que limpava os vidros, vendo-o cair, pergunta-lhe: "Ei, como é que vai?", ao que ele responde: "Até aqui, tudo bem!".

Essa piada serviu de base para o argumento de um filme que fala sobre a rebeldia ou o mal-estar na civilização de um grupo de amigos, adolescentes da periferia parisiense, cada um representando um tipo de cultura marginal dessa periferia. A "raiva" está presente o tempo todo: a cada momento tem-se a impressão de que algo ruim vai acontecer, o que leva o espectador a uma grande aflição, a querer interferir no que eles fazem, em uma tentativa de prevenir a morte. Quando um dos meninos morre, o espectador se dá conta de que até um segundo antes estava tudo bem. A morte não é previsível. Por mais anunciada que seja, surpreende.

Chamo a atenção para esse aspecto porque, em uma sociedade como a nossa – que convive com a internet e a globalização, que cria demandas de conhecimento imediato, e na qual o distante se faz próximo –, podemos esperar os efeitos da virtual tentativa de que o elemento surpresa, o não saber, o equívoco e o encontro sejam coisas do passado. Há uma tentativa de imediatismo. Com o computador, por exemplo, surge a ideia de que podemos, realmente, tudo saber e, além do mais, escolher o que queremos saber, imediatamente. Surgem os programas que escolherão para nós. Imediatismo que tem efeitos sociais sérios. Vemos seus resultados na medicina atual, que prima pela resposta pronta. Os congressos científicos e os laboratórios geram um discurso da mensagem adequada. Não há equívoco; é a solução.

De outro lado, a religião, com o imediatismo do contato com Deus, o efeito Edir Macedo que tenta demonstrar que o céu é aqui e agora, e que Deus não quis que estivéssemos na Terra para sofrer. Em uma sociedade imediatista, é normal que os métodos mediatos sofram. A psicanálise, que ainda não aderiu à era do computador, que continua a fazer sessão após sessão, retomando certos temas, leva muitos a se perguntarem: "Para que tratamentos tão longos quando existem drogas tão maravilhosas?", "Por que buscar felicidade dessa forma, quando basta ir à igreja e pagar o dízimo para o bispo?", "Por que homenagear Sigmund Freud – os 100 anos da psicanálise – sem fazer uma crítica à obsolescência da psicanálise?".

É o que existe neste momento: profissionais – como biólogos, neurologistas – que falam da necessidade de uma leitura crítica da psicanálise. Argumentam que a neurologia resolve, acelera o que o inconsciente retarda; que os pressupostos freudianos são biológicos, de uma biologia do início do século XX, ultrapassada.

Na cultura norte-americana, na qual pensam que tudo pode ser sabido, os pacientes passam a ser chamados de "sobreviventes". No livro *Uma nova abordagem para a cura do trauma sexual infantil,* cujo autor não merece citação, vemos exemplos de pessoas que vão para a "análise" e, por intermédio de suas recordações, revivem cenas de sedução em sua infância. Para os norte-americanos, a consequência imediata tem sido condenar os culpados. Os "sobreviventes" acusam as mães, tias, pais, em uma culpabilização sem fim. É uma sociedade que tenta legislar sobre as formas de sedução. A seguir por esse caminho, um casal será formado por marido, mulher e advogado. De certa forma, esses extremos são esperançosos, porque certamente provocarão uma ruptura.

Podemos contrapor a isso exemplos como o de François Mitterrand. Com sua morte, a senhora Mitterrand apresenta-se no funeral abraçada à filha dita bastarda. François Mitterrand, um homem de Estado, foi à televisão para dizer "Gosto de minha filha", em um gesto público de reconhecimento, e depois de ter feito uma última viagem às pirâmides do Egito em companhia dessa filha, voltou para morrer em sua cidade natal.

Renato Janine Ribeiro, em sua conferência no colóquio "Psicanálise: problemas ao feminino" (1996), diz que estamos entrando no caminho da prosa. Interessante pensar dessa forma, porque a psicanálise é contra a tragédia. É quando desistimos de nomear a morte que podemos sair da tragédia e ir para a comédia. Na tragédia, a morte é sabida e, portanto, esperada. Lacan dizia que uma análise termina quando se pode contar a tragédia de sua própria vida comicamente, quando você já não se leva tão a sério, quando o que existe é a possibilidade de se fazer responsável pela opção do ser. É bom saber o caminho da prosa.

A psicanálise lacaniana substitui a culpa pela responsabilidade. Ela responsabiliza a pessoa por seu desejo. É uma responsabilidade que se prova, não por se fazer bem um dever, mas pelas consequências que alguém pode inscrever no mundo em que vive. Se Freud e Lacan são o que são, é porque se responsabilizaram por seus desejos, marcaram alguma coisa com seus nomes. Aquele que se responsabiliza por seu desejo faz um nome próprio. O culpado só é culpado em nome do Outro. A culpa se apresenta ao Outro, a Deus ou à justiça dos homens.

DO IDEAL À CAUSA

Fernando Henrique Cardoso, em conferência proferida no México, lembrava a dificuldade de governar sem um ideal. Um presidente da República, que tem a responsabilidade de governar o país, faz uma pergunta que poderia ser feita por um analista: "Como governar sem um ideal?". O discurso analítico é o avesso do discurso do mestre porque, enquanto o mestre governa com um ideal, o analista é governado por uma causa. "Como atuar do lado da causa?" Ao ideal, Freud e Lacan respondem com uma causa. Uma causa que não se sabe *a priori* como realizar, que só se sabe realizando-a, provando-a e inscrevendo-a no mundo por conta e risco daquele que a inscreve.

Esse presidente afirmou certa vez que, depois de a sociedade passar por momentos difíceis de narcisismo, o problema passa a ser com as elites. Creio que o alvo do comentário eram as elites que perderam seu ideal: são as instituições de classe, a magistratura que perdeu o interesse em discutir a Constituição.

As pessoas que pertencem à elite, que detêm o poder de opinar, de realizar, deixaram de operar por uma determinada ideia e caíram, em contrapartida, no pragmatismo da sobrevivência individual ou grupal. O problema, quando se perdem os ideais, é como reconhecer a causa. A resposta é um renascimento, uma época de retorno à literatura, ao cinema, às artes, à poesia. Uma vez perdido o ideal, haverá um questionamento, necessário no mundo. Vemos a psicanálise mais presente do que nunca nessa teoria do governo, uma teoria sem bandeira, no sentido de manter as questões sem um ideal.

O "não temos tempo de temer a morte", cantado por Gal Costa, fala-nos sobre como transformar a vida em algo menos trágico. Porque, tal como o suicida, naquele segundo anterior à morte, não temos a menor ideia de o que ela seja. A psicanálise leva a pessoa à certeza de que existe um inominável.

"Da palavra ao gesto" aponta o percurso de uma análise na busca do inominável da civilização, o que leva o sujeito a sair da culpa. Muitas vezes, a pessoa em análise diz ter uma culpa, embora não saiba seu nome. Mas é preciso nomeá-la. E, se o analista força para que o analisando a nomeie, é no sentido de localizá-la, de tirar dele a bengala que a culpa possa representar. Em si mesma, ela é garantidora, narcísica e satisfatória.

A partir do título do seminário, poderíamos criar uma série de títulos da sequência de uma análise: "Do sintoma ao sinthoma", "Do prazer ao gozo", "Do significante ao objeto", "Da palavra ao silêncio" e "Da palavra comunicada ao gosto da palavra".

Existe o sintoma inicial de uma análise, que é decifrável na palavra, diferente do sinthoma final, que não o é. "Sinthoma", em uma grafia provisória, com "th" para diferenciá-lo do "sintoma" inicial. Como o sinthoma do final de análise não é decifrável, ele se constitui no elemento de identificação do sujeito, o que pode ser apontado pelo gesto. Em um primeiro momento, há a palavra com a qual o analista acolhe o seu analisando; depois, cada vez mais, o analista passa a diminuir o uso da palavra comunicacional e a utilizar o gesto. Em uma análise, há uma redução crescente do uso da palavra em favor da utilização do gesto, para o tratamento do sinthoma.

"Do prazer ao gozo". Quando se diz "muito prazer" a uma pessoa é porque se tem o prazer de juntar o corpo de alguém com o seu nome. Agora sei que você é o fulano. Não se sabia dessa coisa, agora se tem um nome para esse corpo. Conseguiu-se saber quem é o outro. Quando não se consegue fazer essa junção, não se tem prazer, tem-se o gozo – e nem sempre o gozo é um prazer; muitas vezes, é um sofrimento. Coisas que nunca podem ser apresentadas pela palavra são confrontadas pelo gesto. Ler esse título desta forma, "Do prazer ao gozo", é lê-lo por intermédio do texto de Sigmund Freud, *Além do princípio do prazer* (1920/1969a).

"Do significante ao objeto". Uma análise vai do significante ao objeto. De um significante gasto, usado, de relações já conhecidas, chega-se a um significante que não se relaciona com nada, a uma nova palavra, a uma moeda nova, a uma *poiesis,* a uma criação, ou ao que Lacan chamou de um "significante novo" em seu texto-lição "Em direção a um significante novo", de 1977.

"Da palavra ao silêncio". O gesto, tal como o final de uma análise, é silencioso. Poderíamos dizer que uma análise tende a ser progressivamente silenciosa. Ela parte da palavra comunicada, da palavra que comunica alguma coisa, ao gosto da palavra. (Sobre o sentido desse silêncio, ver referências ao filósofo Denis Diderot e ao poeta René Daumal, mais adiante.)

O que o psicanalista empresta do ator? Apresentei este seminário na *Carta de São Paulo,* nº 13 (EBP, 1997):

> Clínica Lacaniana: Da palavra ao gesto do analista
> O que tem do ator a prática do psicanalista?
> Talvez o excesso. A psicanálise trata daquilo que excede a dimensão habitual da palavra, onde se inscreve o desejo do sujeito.
> Freud apontou o excesso escrevendo *Além do princípio do prazer*. Lacan, em 1977, preconizava a busca de um novo significante para a expressão diversa da verdade do sujeito, além de sua dimensão habitual; um significante "que, como o real, não tivesse nenhum sentido". Diderot, há muito tempo, ensinava no "Paradoxo sobre o comediante" o caminho de um dizer verdadeiro, da veridicção. Comentaremos essas reflexões para redescobrir o gosto e o poder da palavra na clínica psicanalítica.

Esse pequeno texto nos situa no tema. Abriremos a questão com Freud, Lacan e Diderot.

E para dizer do gosto da palavra, recorro ao poeta René Daumal, que viveu por volta de 1930, a princípio amigo dos surrealistas, dos quais posteriormente se afastou para ir em busca da essência da palavra. Profundo conhecedor de línguas clássicas da Índia, escreveu um texto que dá título ao cartaz do IX Encontro Internacional do Campo Freudiano, em Buenos Aires: *Os poderes da palavra* (Daumal, 1996). Nessa perspectiva, confronto-os naquilo que eles têm de comum – o fato de quererem chegar a uma possibilidade da verdade do sujeito. Eles querem ir ao âmago, se é que isso é possível.

Começo por Diderot, recomendando a leitura de seu texto *Paradoxo sobre o comediante* (Diderot, 1979), a fim de expor a coincidência das reflexões encontradas nos três autores.

Do *Le nouveau dictionnaire des oeuvres* (Laffont e Bompiani, 1994), retiro um texto sobre o *Paradoxo sobre o comediante:* "Nesse texto, Diderot nos mostra seu pensamento sobre a arte do ator, que ele qualifica de paradoxal, e, se ela é paradoxal, em consequência também o é a arte do poeta, e as artes em geral". Diderot se coloca contra a opinião do seu tempo, o século XVIII (1750-1770), que seria a de que "um bom comediante só pode tocar o seu público se ele mesmo estiver tomado das paixões que expressa". Essa era a ideia vigente à época de Diderot.[1]

---

[1] No texto, são utilizados os termos *comédien* e *tragédien*, que foram traduzidos um pouco livremente por intérprete, ator ou comediante, uma vez que comumente não se utiliza "ator trágico", que seria o equivalente em português para o segundo termo.

"Na vida, o espetáculo de uma dor real pode nos deixar indiferentes, se aquele em quem ela se manifesta é desprovido da faculdade de expressão do ator" (Laffont e Bompiani, 1994, p. 5330). Diderot vai dizer que a dor verdadeira pode deixar alguém mais indiferente que a expressão da dor falsa de um ator. Um doente à beira da morte tem menos possibilidade de tocar um espectador dolorosamente que um grande ator representando a morte. "A ilusão da verdade é vivida pelo espectador, não pelo ator" (Laffont e Bompiani, 1994, p. 5330) – aqui Diderot está deslocando. O ator deveria demonstrar uma experiência dolorosa para que o outro se compadecesse dele, como se estivesse vendo uma pessoa morrendo; Diderot vai dizer que "não", que a sensação e o sentimento estão do lado do espectador – é um deslocamento enorme. Às vezes, visto como algo horrível: "Como alguém pode representar uma morte a sangue-frio?".

Diderot e Lacan vão responder: o ator joga, quer dizer, representa. Representar – *jouer* (em francês), *to play* (em inglês). O ator representa e, se a natureza oferece momentos sublimes, é necessário apreendê-los a sangue-frio. "É quando o comediante acorda em nós que obtemos efeitos que a sinceridade não havia permitido obter" (Laffont e Bompiani, 1994, p. 5330). É o paradoxo do ator. É por meio da falsidade que se obtém o verdadeiro sentimento. O *Paradoxo sobre o comediante* diz que é sendo falso que se produz o verdadeiro. A posição de Diderot é obter a sensação daquela verdade por meio da falsidade. Existe uma falsidade, eu diria um *excesso*. O analista é excessivo, ele excede as dimensões da realidade – ele é falso.

Diderot sabia que não existe comunicação absoluta. Os norte-americanos, porém, acreditam que é necessária a sinceridade. Mitterrand sabia fazer o *semblant*. De certa forma, ele sabia ser presidente. Soube fazer as pessoas falarem dele, assim como Freud e Lacan, em uma tentativa de apreender alguma coisa que escapa.

Além do mais, representar a si mesmo acaba por ser uma pequena representação, e, para o próprio ator, consiste, precisamente, em sair da sua característica e imitar todas as outras, representar seu próprio caráter, ou seja, sua própria maneira de ser; seria, além do mais, representar a si mesmo. De certa forma, como Macunaíma, "um herói sem caráter", que não tem adjetivação e que, portanto, pode ser apreendido de diversas maneiras.

Onde estaria o paradoxo? O paradoxo está no fato de que do falso se faz surgir a verdade. Não existe uma verdade, mas, sim, o que o ator pode evocar na pessoa. A representação do ator será aquela que o espectador puder captar. O bom ator deveria fazer o maior número de pessoas terem uma vivência importante. É como um bom analista.

Quando alguém encontra o ator no camarim, após uma representação, ele, o ator, só poderá ouvir aquilo que esse alguém sentiu. A vivência está no público; não no ator. Por isso, muitas vezes, não se tem por que o procurar: não se encontra nada. Ele é "a saudade que eu gosto de ter".

Faço uma ponte entre Diderot e o analista. Em 1987, em uma entrevista com Jacques-Alain Miller sobre o texto "A direção do tratamento e os princípios de seu poder", de Lacan, para a revista *Clínica Lacaniana* nº 2, da Escola Brasileira de Psicanálise (Miller, 1987), fiz a seguinte afirmação, apoiando-me em uma de suas respostas: "Então, há qualquer coisa de teatral na posição do analista, no *savoir-faire* do analista". A minha pergunta é: o analista é um ator? Se pensarmos dessa maneira, poderemos afirmar que o analista é um ator no sentido atribuído por Diderot, um paradoxo do ator. Posteriormente, retornarei aos detalhes dessa entrevista.

DE UM GRAU DE SIGNIFICAÇÃO A OUTRO: O BEM-DIZER

Aqui introduzo a questão de René Daumal: qual é a essência da poesia? Por que a poesia é essencial? Por que ela toca o ser? Ele se pergunta: "Terei de examinar os procedimentos pelos quais a língua passa de um grau de significação a outro?" (Daumal, 1972, p. 50-2). Interessa-nos em uma análise saber como a língua passa de um grau de significação a outro, como deixa de ser um bate-papo, uma associação, para significar o ser. Então, o analista se pergunta: como fazer análise através da palavra? A resposta será: modificando a palavra, transformando o "dizer o bem" em um "bem-dizer". É a resposta de Lacan no final do texto *Televisão* (Lacan, 1973, p. 44), quando ele cunha a célebre frase: "Não há ética senão do bem-dizer", e não do dizer o bem. Dizer o bem seria uma moral, o que os bispos fazem muito bem.

Com Jacques-Alain Miller, eu arriscaria dizer: "A psicanálise é uma nova retórica". Digo "arriscaria" porque é uma provocação enorme. A retórica ficou malfalada a partir do momento em que foi considerada superficial, algo que não falaria sobre os valores essenciais.

Fecho o parêntese e volto a Daumal. Ele se pergunta como fazer a palavra mudar de grau, como fazer a mudança de um grau de significação a outro. É uma pergunta de Lacan: "Como passar da palavra vazia para a palavra cheia?" (Lacan, 1953). Foi a primeira metáfora por ele utilizada, já em seu primeiro escrito. O que interessa na análise é a palavra cheia, não é o blá-blá-blá.

À pergunta de Daumal (1972), "afinal, o que é a poesia?", ele mesmo responde: "A poesia é uma palavra cujo sabor é a essência"; ou seja, a poesia é uma palavra que tem na essência o sabor. Ele continua: "O sabor é a realidade mesma da vida da poesia". Em outro momento, nas notas, ele diz: "É porque o sabor é essencialmente conhecimento que ele é dito brilhante pela sua própria vivência". O poeta degusta o sabor como prazer – sabor é conhecer. "Para ser saboreado, o sabor exige do ouvinte, ou do espectador, a representação interna" (Daumal, 1972). Observemos: é necessária a representação interna, o que nos leva a pensar que Daumal se aproxima de Diderot. Os espectadores, as pessoas que assistem a uma peça de teatro não veem a mesma peça; a possibilidade de saborear não é a mesma. Todos sabem perfeitamente que eu posso me esfalfar tentando transmitir alguma coisa sobre a psicanálise, mas que as pessoas que nunca passaram por um divã terão uma compreensão completamente distinta da daquelas que já passaram.

No colóquio sobre a depressão, foi perguntado: "Pode-se dar libido a um analisando?". Eu responderia que se pode dar análise, mas não injeção de libido ou de brilhantismo, felizmente. Quem se propõe a isso são as drogas. Mas, na medida em que uma análise se faz, barra o gozo, libera a libido, que é outro nome do desejo.

Fiquei surpreso ao ler "Os poderes da palavra na poética hindu" (Daumal, 1972, p. 43), em que Daumal diz: "(...) é fazendo a experiência proposta pelo poeta que se chegará a esse momento de 'degustação de si mesmo' que é a essência da Poesia". Atenção, isso fala mais que beleza e, como dizia Vinícius de Moraes, existe alguma coisa além da beleza.

O fantástico de quando alguém se degusta é que, no degustar-se, o *se* é um outro, daí a necessidade de ir-se ao teatro. Lacan referia-se a essa questão como a extimidade do sujeito: o *me* profundamente estranho ao *mim mesmo*. Por que me surpreendi com a degustação de si mesmo? Porque Lacan, em seu texto "O seminário sobre *A carta roubada*" (Lacan, 1998e, p. 45), diz: "(...) a resposta do significante àquele que o interroga é: *Come teu Dasein*". Ele diz "Dasein", mais complicado que dizer "Come teu ser". Mas não entrarei na discussão filosófica.

Em outros momentos, no *Seminário 2*, ele volta a essa frase para insistir que, em uma análise, se sente o gosto do seu ser, come-se às últimas consequências o seu ser. Comer é reconhecer como seu o ser, é responsabilizar o analisando, em vez de culpabilizá-lo. Não que o analista o desculpe; desculpá-lo seria dar o perdão. Não dirigir a análise através da culpa é possibilitar que o sujeito coma o seu ser até as últimas consequências, até a indigestão. "Não suporto mais falar de mim", diz o analisando. Na verdade, não é tanto o falar o que ele não suporta, mas aquilo que ele não fala. Quando a pessoa fala por não suportar aquilo que ela não quer falar, ela fala para não dizer, até o momento em que terá que dizer do âmago do seu ser. Lacan, em "A direção do tratamento e os princípios de seu poder", item IV ("Como agir com seu ser"), aborda a necessidade da confrontação do sujeito com o âmago do ser (Lacan, 1998b, p. 618 e ss).

Retomando: no texto "Subversão do sujeito e dialética do desejo no inconsciente freudiano" (Lacan, 1998g), vocês encontrarão essa questão de forma mais clara: "Eis por que uma vacilação calculada da 'neutralidade do analista' pode valer, para uma histérica, mais do que todas as interpretações, com o risco do transtorno enlouquecido que disso pode resultar" (p. 839). Lacan está confirmando a neutralidade do analista, mas chamando a atenção para a necessidade de uma "vacilação calculada" dessa neutralidade. Repito: "Pode valer, para uma histérica, mais do que todas as interpretações, sob o risco da perturbação que disso pode resultar". Ou seja, o gesto é muito violento; pode valer, se não der errado, sob o risco da perturbação que pode provocar. Pode ter um efeito, desde que essa perturbação não tenha como consequência a ruptura, e que a continuação da análise convença o sujeito.

Espero ter esclarecido que é a mesma questão de Diderot, ou seja, o analista faz algo, uma vacilação calculada da neutralidade, que estou chamando de gesto. Isso é fundamental como método interpretativo, desde que não cause uma ruptura e que o analisando tenha certeza de que aquela vacilação calculada não foi guiada pelo sentimento do analista. Aqui, estou solicitando um ator "diderotiano".

Lacan frisa que é prudente essa observação. O analista não deve sair por aí vacilando. Não é, evidentemente, um conselho técnico, mas uma visão aberta sobre a questão do desejo do analista para aqueles que não conseguiriam de outra maneira ter essa ideia: como o analista deve preservar para o outro a dimensão imaginária de sua maestria, de sua necessária imperfeição – eis o que é tão importante regular. Manter para o outro uma realidade imaginária do ato que é tão importante regular, manejar na análise, quanto o fortalecimento nele voluntário de sua nesciência, no tocante a cada sujeito vindo a ele, em análise, em sua ignorância sempre nova. Isso é Lacan: a nesciência é tábula rasa, é a posição do analista neutro, posição freudiana clássica, no início de seu ensino. Eu acho impressionante essa passagem, tão primitiva no texto lacaniano, raramente ter sido evidenciada. É necessária uma modificação na neutralidade do analista, porque, se ele só jogar no lado da neutralidade polida, transformará seus pacientes em obsessivos. Então, é necessário, segundo Lacan, que possa haver uma vacilação calculada da neutralidade; um gesto desses é algo que uma histérica jamais esquece. Vocês poderiam perguntar: e os obsessivos? Lembrem-se de que os obsessivos, quando em análise, estão histerizados. Portanto, não é uma clínica que só serviria às histéricas, no sentido feminino do termo.

Concluo: essa vacilação calculada é a resposta que Lacan dá como uma prática do analista, que o gesto é uma encarnação imaginária do ato e é necessário que o ato exista, que o ato se faça carne. E nisso vejo Lacan com Freud: não existe análise em efígie, em ausência, e é necessário que o analista suporte esse *saber fazer* como um avanço da técnica analítica, apresentando-se a um analisando como Diderot dizia – "O espectador vai viver aí o seu drama" –, como Daumal dizia – "O espectador vai viver aí o sabor do seu ser" –, ou, como Lacan – "O analisando vai se defrontar aí com o gosto do *Dasein*, ou com o gosto do seu ser".

13 de março de 1996

II

Você é isto

O QUE O OUTRO QUER DE MIM

Começo hoje com uma história.

Dois senadores amigos atravessam o túnel que liga a Câmara Federal ao Senado. Passa por eles uma pessoa e um deles, pensando ser alguém seu conhecido, dirige-lhe um cumprimento cordial. Porém, a pessoa que vinha em sentido contrário passa reto, sem responder ao cumprimento do senador. O outro senador, para quem tal pessoa era desconhecida, estranha o fato, dizendo: "Não entendo. Afinal, você lhe fez cumprimento tão amável, e ela nem lhe respondeu!" Aí diz o primeiro: "Pois é, e ainda por cima, jamais lhe fiz um favor!".

Na semana passada, comecei também com uma anedota. Hoje comecei com essa. Agora, se não deu para perceber, foi o meu tom reflexivo que abafou a graça do caso. Tom reflexivo porque resolvi refletir com vocês sobre o comentário surgido do seminário precedente. Foram vários retornos, bastante generosos, que suscitaram a seguinte pergunta: como continuar uma vez que gostaram tanto? Resolvi aprofundar essa questão, do que acontece quando gostam de você, do seu trabalho. É um enorme problema na vida. Vocês sorriem, mas de certa forma é mais fácil quando não gostam da gente. Então, como continuar?

Dei-me conta da diferença entre iniciar e continuar, como também é diferente iniciar e continuar uma análise. Quando se inicia algo, rouba-se algo do campo do Outro – é como eu defino o início de um seminário. Definimos o campo do Outro como estrutura de linguagem e marcamos essa estrutura quando delimitamos um campo. Delimitei o campo do Outro durante duas horas e o nomeei: *Da palavra ao gesto do analista*.

Quando se anuncia um campo, toma-se, rouba-se alguma coisa do campo do Outro. Ele fica com alguma coisa a menos – bastante simples. Tinha-se um Outro, faz-se um recorte desse Outro, retira-se algo dele, rouba-se esse Outro. O que recortei – *Da palavra ao gesto do analista* – é do Outro. Esse Outro já não é o mesmo, já não é mais um todo; ele ficou com algo a menos, ficou descompleto, desejante. Ao roubar algo, cria-se o desejo, da mesma forma que um analista cria a transferência em uma análise. E, se agora ele deseja, deparar-se com o Outro desejante, com a sua expectativa, angustia.

Para continuar, você terá, a partir de agora, de lidar com a expectativa desse Outro, com o que ele poderá fazer para reaver o que lhe foi roubado. Por isso faço essa diferença entre iniciar e continuar. Para continuar a partir de agora, a partir de um Outro desejante, é outra história. Nesse momento, as fantasias vêm a galope. É difícil continuar, sobretudo uma análise.

Interroguei-me por que isso ocorre, e foi divertido encontrar algumas respostas em francês. Sim, porque fiz até uma pesquisa linguística, que pretendo partilhar com vocês. São elucubrações de algumas horas atrás, e me perguntei se deveria trabalhá-las dessa forma; mas, se vejo meus filhos obrigados a aprender inglês para entrar na internet, não vejo por que vocês não poderiam aprender francês para estudar Lacan. Não sei exatamente como seria esta questão em português.

Essas expressões foram retiradas do *Littré,* o maior dicionário da língua francesa.

1. *En vouloir à quelqu'un:* literalmente, é querer alguma coisa de alguém, mas a tradução quer dizer "ter um sentimento de rancor em relação a alguém". Fantástico. Querer alguma coisa de alguém é ter um sentimento de rancor.
2. *Ne m'en veux pas d'avoir agi ainsi:* literalmente, "Não me queira por ter agido assim". Quando alguém fica chateado com uma pessoa, esta lhe diz "Não me queira mal, eu não quis lhe fazer isso"; em português se diz "Não me queira mal", adjetivando o querer. Em francês, diz-se simplesmente "Não me queira".

É uma língua muito própria à psicanálise, ao menos a lacaniana. Talvez seja porque realmente não se deve enfrentar o querer do Outro; devemos enfrentar o desejo do Outro. O querer do Outro é mortífero, completo; aí você é sempre o pasto, o banquete do querer. O desejo é possível.

3. *J'en veux à mon père de m'avoir dit cela:* literalmente, "Eu quero em meu pai de ter me dito isso" – e, no entanto, se alguém o disser, estará dizendo "Eu não gosto de meu pai".
4. *Elle m'en veut, je sens ça:* literalmente, "Ela me quer, eu sinto isso"; mas quer dizer "Ela não gosta de mim, eu sinto isso".
5. *Je lui en veux de m'avoir pris cet objet:* literalmente, "Eu quero nele por me ter tomado esse objeto", mas a tradução seria "Eu não gosto dele por ele ter me tomado esse objeto".
6. *Ils m'en veulent:* literalmente, "Eles querem em mim", mas estou dizendo "Eles não gostam de mim".
7. *Je m'en veux:* a mais clássica; "Eu quero em mim", mas significa "Eu não gosto de mim".

É fantástico esse paradoxo da língua francesa. Não é uma língua muito otimista; *a priori*, *vouloir* é ruim. Poderia continuar brincando, uma brincadeira da posição de analisando, da parte daquele que se analisa todas as quartas-feiras ao sustentar um seminário.

Quais são as possibilidades de escapar ao querer? É uma pergunta constante: como suportar a transferência? Como suportar que me queiram? Existem possibilidades histéricas e possibilidades obsessivas.

Uma possibilidade obsessiva de escapar ao querer seria não vir aqui hoje, ficar doente: "Se me querem, então eu não vou". É a posição por excelência de Groucho Marx: "Não entro em clube que me aceita como sócio", posição fóbica do obsessivo. Se o Outro me quer, eu desapareço. Outra forma do obsessivo de lidar com o querer do Outro é destruindo o Outro e a si próprio, o que dá na mesma posição contrafóbica do obsessivo. O que precisa ser destruído é a expectativa em relação ao querer de alguém.

A posição histérica é a impossibilidade perante o querer do Outro: "Disseram-me que eu disse boas coisas na quarta-feira passada, mas não foram tão boas assim"; ou se fazer feia, por exemplo, "Não sou tão bonita", "Tenho celulite"; ou a famosa brincadeira da adolescente, "Eu uso aparelho", "Usei bota quando era pequena", em uma tentativa de dizer "Não espere nada de mim", "Não sou a mulher que você imagina". Formam um par bastante simples: o obsessivo, fóbico e contrafóbico, e a histérica, sempre insatisfeita.

Satisfazer o Outro é também uma das formas de proteger-se do querer desse Outro, como uma mãe provedora que, ante o choro do filho, por exemplo, tenta provê-lo com água, comida, cobertor, balanço, em um sufocamento incontrolável que acaba por tornar o filho asmático. Cena insuportável para a criança e para quem a presencia e que só uma mãe histérica é capaz de fazer.

Outra forma histérica seria eu voltar ao seminário apontando as dificuldades do texto e citar vários autores para preencher a expectativa do Outro que me quer – isso me faz lembrar uma frase que sempre cito, porque gosto muito, de Gregório de Matos, poeta baiano: "O que me quer esse Brasil que me persegue". Ou então "dizer grandes coisas" hoje, levando-os à náusea. Na histeria, leva-se à náusea aquele de quem se gosta. Além dessas posições, pensei também na posição daquele que escuta, dando uma chance para que todos possam ser analisandos. Quais as formas de reagir ao inconsciente?

O obsessivo pode destruir o novo saber dizendo "eu já sabia disso". Ocorre com muita frequência, principalmente quando convidamos algum colega estrangeiro; muitos se empenham em participar do seminário para poder sair de lá dizendo "eu já sabia disso". É uma pena, perde-se a possibilidade da surpresa quando já se sabe de tudo.

Outra forma de escutar obsessivamente é classificar o novo saber, normatizando-o em relação aos outros saberes, o que o universitário faz com maestria. Ele classifica o saber, faz bibliografia. Ele é o erudito que soma os diversos saberes, é o mestre dos mestres na medida em que os arruma, em que de qualquer forma não passam por ele, assim como também não passam quando ele diz "eu já sei". Não passam por ele, porque ele vira o diretor da cena; os saberes estão lá e ele os arruma em sua estante para quando necessitar.

Uma das posições da histérica perante o novo saber é a intriga, é não escutar o que o Outro diz, mas como o diz, por que o diz, o tom em que o diz, em uma tentativa de apreender o que está por trás do que está sendo dito e sempre, evidentemente, com uma parceira ao lado para dizer: "Você viu?" Ela transforma o novo saber em uma coisa não dita, como falava Lacan do não todo da histérica, que sempre aponta atrás da cena, a coxia, por não suportar o novo. A histeria e o cinismo são primos irmãos, pois a pessoa pode se identificar com o novo saber e passar a ser o próprio, identificado. Ao se perguntar o que o Outro quer, a resposta é que ele foi feito para esse Outro e o que o Outro quer é ele mesmo, uma vez que se encontra identificado com esse saber. Dentro desse quadro, acabo de montar uma estrutura paranoica da qual é difícil escapar. De certa forma, ocupa-se uma dessas posições. De que maneira fugir a essa classificação? Fazendo análise, enfrentando o querer do Outro, enfrentando de novo um Outro, desconhecido, e saber que aquilo que foi feito anteriormente já não é mais seu, entrou na cultura.

É bom não esquecermos o que nós, analistas, fazemos para escapar do querer do Outro. Às vezes nos esquecemos do que nós mesmos tínhamos feito. Presenciamos apresentações de colegas e não reconhecemos, no primeiro momento, articulações feitas por nós mesmos anteriormente, até que alguém nos chama a atenção para tal fato. Por outro lado, acontece de colegas se apoiarem no texto do outro, o que é muito comum entre analistas, e não citar o autor, não fazer a referência, como vejo acontecer entre nós, com uma certa frequência. Essa é uma posição de identificação ao que foi dito, tomando para si um discurso alheio.

Quando se faz alguma coisa por alguém, pode-se receber de volta o rancor, e a história da psicanálise se explica como uma história de rancores. Os americanos criaram o

QI (Quociente Intelectual), criaram o QE (Quociente Emocional); os analistas deveriam criar o QA (Quociente de Análise). Em certas discussões, deveria ser exigido um QA mínimo, com um pouco menos de rancor.

Voltando à questão das duas anedotas, são variações do tema que apresentei antes: não podemos nomear a morte mesmo quando ela se encontra diante de nós, o que torna a vida menos trágica e mais cômica. O final da análise está do lado do cômico, e não do trágico. Lacan trabalha essa modificação do trágico no cômico no Seminário 7 – *A ética da psicanálise,* no capítulo "Os paradoxos da ética" (Lacan, 1991).

Vamos seguir a trajetória iniciada pelo seminário anterior, para introduzir os problemas atuais da interpretação.

A INTERPRETAÇÃO COM LACAN: A INTERPRETAÇÃO "DESCOMPLETA"

Na Associação Mundial de Psicanálise (AMP), esse é o grande tema há um ano. Quando falo da AMP, refiro-me às cinco grandes Escolas: Escola da Causa Freudiana de Paris, Escola do Campo Freudiano de Caracas, Escola Europeia de Psicanálise, Escola de Orientação Lacaniana da Argentina e Escola Brasileira de Psicanálise.

Na revista *La Cause Freudienne: Revue de Psychanalyse*, da Escola da Causa Freudiana, em seu último número, "Vous ne dites rien" (nº 32, 1996), algumas dessas questões foram longamente desenvolvidas: "Não se interpreta mais", "Estamos em uma época pós-interpretativa", "Os analisandos não se lembram do que os analistas disseram", "Se o sonho já é uma interpretação, por que o interpretar?"

Tentarei recuperar alguns passos de Lacan sobre esse problema para avançar teoricamente e dizer de que forma a interpretação hoje pode estar mais do lado do gesto que da pontuação, entendendo o gesto como um corte e a pontuação como uma interpretação semântica. Nota-se na análise, invariavelmente, que o S" é diferente de S' – esse é um exemplo de Jacques-Alain Miller –, e a essa diferença chamamos de inconsciente. Inconsciente é o que falta a S' para que ele seja igual a S"; falta um certo saber para que isso se transforme em uma igualdade. Utilizei a grafia S' e S" para não confundir com a terminologia lacaniana.

Como lidar com essa diferença? Partiremos de questões mais elementares para nos lembrarmos da definição da interpretação. A interpretação está do lado da expressão ou da compreensão? A interpretação está do lado da expressão. Por um lado, fazer uma expressão, ou se expressar, é colocar em palavras algum tipo de significado. Quando digo "eu me expresso", ponho em palavras alguma coisa a ser transmitida; portanto, expressar seria transformar um significado em significante. É o esquema clássico do que se gostaria de obter de uma interpretação. Interpreta-se classicamente a partir de alguma coisa dita para recuperar o significado, desde que se entenda "recuperar" no sentido de acomodar o novo no antigo. Toda significação é retrógrada.

Alguma coisa é dita correspondendo a um significado (S") que procura recuperar um significado anterior, perdido (S').

Alguém diz alguma coisa, recebe um significado do que é dito que irá recobrir um significado anterior. A pontuação incide sempre sobre a semântica do significante. Por outro lado, existe o caminho oposto, o da compreensão do dito, em que – a partir de um significante – se estabelece um significado: compreendo-o.

O inconsciente pede a igualdade a um significado anterior. Ele solicita que aquilo que é dito seja estabelecido na cadeia que chamamos de associação livre. Será que teremos de falar mais para procurar o significado perdido, ou será que, em algum momento, é necessário *dar um basta* a essa busca e fazer algo diferente com aquele significante que se superpõe ao significado *(S/s)* que se obtém, que surge em uma análise? Há um basta quando se resolve não necessitar mais do inconsciente.

Insisto naquela pergunta do ano passado. O que quer dizer desabonar-se do inconsciente? Lacan (2007) utiliza essa frase em seu Seminário 23 – O *sinthoma* ao se referir a James Joyce como alguém desabonado do inconsciente. Se concordarmos com o fato de ser essa via infinita, estaremos apontando para a necessidade de sair desse caminho, de nos desabonarmos do inconsciente, não procurando mais a sutura de S_1 com S_2 – agora sim em termos lacanianos, entendendo, no momento, S_1 como o significante novo que se gera em uma análise.

Em uma análise lacaniana, algo será dito – um significante novo que surge e que não pode se acomodar na cadeia anterior com o conjunto de todos os outros ditos. Nesse momento, separa-se S_1 de S_2, faz-se um corte – um dos nomes possíveis da interpretação. A clínica lacaniana caminha da pontuação ao corte. Fazemos uma pontuação quando juntamos um significante com o conjunto de todos os outros ditos. Quando os separamos, fazemos o corte. Precipitei essa questão para retomar a história da interpretação em Lacan. Diante de algo que um analisando diz, o correto, para muitos, seria buscar um significado que recuperasse o anterior. Para Freud e para Lacan, não existe recuperação possível, ideal da clínica ortopédica; nasce-se com uma fratura cujo molde foi para o espaço. Não temos um molde de nós mesmos. As psicoterapias são retrógradas, são ortopédicas, na medida em que buscam corrigir e refazer o passado.

Esta é a interpretação que tende à revelação, a revelar o que foi perdido. A psicanálise nasceu com Freud ao ser revelado o que aconteceu no momento em que Anna O. começou a ter uma tosse histérica. A interpretação reveladora completa o sentido, acalma o analisando e, por acalmá-lo, é utilizada como manejo da angústia. A pessoa se sente feliz em saber que tem tal atitude porque sua tia, seu pai, sua mãe fizeram alguma coisa. Ela é tranquilizadora, é culpabilizadora e irresponsável. O sujeito não responde por ela; o sentido se faz nele mesmo e não através do sujeito.

Na interpretação descompleta, deve-se entender esse termo em sua dupla vertente: naquela em que o termo descreve a interpretação descompleta e na vertente do sentido verbal da ação de descompletar. No âmbito dessas duas ideias, podemos buscar, em Lacan, os pontos fundamentais que alicerçam a teoria da interpretação. Cito três pontos: um de 1955, outro de 1969-70 e o outro de 1972, dando maior enfoque ao Seminário 17 – O avesso da psicanálise, de 1969-70 (Lacan, 1992). Lacan se refere ao movimento de demissão do uso da palavra na psicanálise a partir de 1920, quando, depois do texto de Freud (1969a) – *Além do princípio do prazer* –, os pós-freudianos, por não poderem dizer tudo, lançaram a contratransferência.

Lacan não se acomodou na contratransferência. Ele suportou a interpretação descompleta. A contratransferência é um movimento para completar o sentido. Quando a palavra não é capaz de completá-lo, entra o sentimento do analista completando o que o analisando não pôde dizer. Em 1920, quando Freud anunciou o fim do paraíso da interpretação analítica, surgiu um movimento que juntou a associação livre com a contratransferência e manteve a interpretação que completa o sentido.

Lacan abre uma outra vertente que tem, em 1970, a sua melhor definição, quando ele diz ser a interpretação um meio-dizer. Não há em Lacan nenhuma expectativa de um dizer completo. Foi daí que propus dizer que "a interpretação descompleta", em um texto com esse nome, publicado na revista *Opção Lacaniana* nº 12 (Forbes, 1995).

A referência da interpretação como meio-dizer pode ser encontrada no Seminário 17 – *O avesso da psicanálise,* em que Lacan (1992) fala do meio-dizer, do semidizer, ou da função do enigma no semidizer (p. 34-5): "Enigma colhido, tanto quanto possível, na trama do discurso do psicanalisando [*Ou seja, ele busca o meio-dizer naquilo que o analisando está dizendo*], e que você, o intérprete, de modo algum pode completar por si mesmo, nem considerar, sem mentir, como confissão". Retiro daqui a ideia de completar/descompletar. Lacan é claro quando diz "não complete uma interpretação", ao se referir ao Édipo, no *Seminário 17*: "Virem-se como puderem – como fez Édipo –, vocês sofrerão suas consequências. Eis do que se trata no enigma" (Lacan, 1992, p. 34). Eis do que se trata na interpretação.

Quem completa o meio-dizer sofre as consequências. Édipo passou pela esfinge, matou o pai, casou-se com a mãe, porque interpretou daquela maneira. Interpretar é se fazer consequência da sua interpretação, o que é muito pesado. A interpretação completa é irresponsável e culposa. "Por que você fez isso?", interpretando o fazer mau, dando o bom caminho perante uma regra que é exterior ao sujeito. A interpretação descompleta não culpabiliza o analisando, ela o responsabiliza. Ele sofre as consequências de sua interpretação e, por isso, volta às sessões para saber sobre a interpretação que deu. Talvez haja uma divisão de responsabilidade no início e no final de uma análise. Não digo que seja impossível, mas acho muito difícil o analista não compartilhar a interpretação do final de análise. É uma questão que ponho entre parênteses.

A interpretação completa é a do significante, da associação livre, do repouso, do prazer. Aquilo que não é do prazer é o gozo. Como apontar o que não faz sentido, ou o que faz o sentido do gozo, da *jouissance*? Em *jouissance*, em francês, junta-se "sentido" com "gozar", mas "gozo" em francês é *jouissance*. Posso brincar com esse termo dizendo que gozo desse sentido; "*jouir du sens*" – que, de uma forma breve, seria "gozar do sentido". É diferente de ter prazer no sentido; é um desenvolvimento longo de Lacan no Seminário 20 – *Mais, ainda*.

Ao que Lacan chamou de "meio-dizer", estou chamando de "descompleta". Em um primeiro momento, ele falava "meio-dizer" porque era meio-dizer, faltava-lhe a outra parte, a verdade. Posso ter uma interpretação que tenha um saber e não tenha uma verdade e outra interpretação que tenha uma verdade e não tenha um saber. O meio-dizer é uma diferenciação entre enunciado e enunciação. Posso dizer alguma coisa e não saber a que aquilo se refere, ou posso ter uma referência e não saber o dito correto para essa referência.

Lacan divide a interpretação descompleta em enigma e citação. No enigma, há uma enunciação sem enunciado; na citação, há um enunciado sem enunciação. A estrutura é a mesma, porém o local do que falta é o que os diferencia. É um enigma quando tenho uma verdade, mas não sei a resposta àquela verdade, não tenho como me representar naquela verdade. No enigma, o que falta é o que representa esse enigma para o sujeito. É o que a esfinge pede: diga-me o que é, quem porta essa enunciação, essa explicação. Quem veste essa explicação? E a resposta que a pessoa dá é "o Homem". Vocês podem dizer: "mas todos responderiam 'o Homem'". Édipo só se tornou Édipo depois de ter respondido dessa forma. Todos acham que só existe essa resposta, mas Lacan deu uma sugestão: "À pergunta da Quimera, poderia ter dado muitas outras respostas. Por exemplo, poderia ter dito: – Duas patas, três patas, quatro patas, é o esquema de Lacan. Isso teria dado um resultado completamente diferente" (Lacan, 1992, p. 34). Ele chama a atenção para a responsabilidade de colocar um enunciado na enunciação.

Na citação, o analista pode citar Lacan, e, por exemplo, dizer "mas é exatamente isso que você está dizendo que Lacan dizia". O nome de Lacan provoca um efeito de verdade muito grande, completamente vazia, porque só está sustentando o nome de Lacan. Imagine pessoas em um bar, discutindo. Não daria no mesmo dizer Churchill ou Maluf. Quando se cita alguém, gera-se uma expectativa de verdade, mas não existe a verdade, só há expectativa. "É quase uma aula de psicanálise isso que você está me dizendo. Lacan disse tal coisa." Há um efeito no fato de ir ao analista para se analisar e se perceber dando aula de psicanálise. Mas o efeito é para ser produzido fora da sessão.

Lembro de uma pessoa, um obsessivo – completamente enrolado, pior que o gato Garfield no dia em que resolveu desenrolar um novelo de lã. Este se enrola cada vez mais diante de uma menina que quer namorar. Todas as suas tentativas de enfrentar o desejo feminino são desastrosas. Ele tenta vender para as meninas um discurso honesto, vulgar e insosso. Por exemplo, ele achou formidável mandar para essa menina que ele estava paquerando uma revista de circulação nacional, na qual foi publicado um comentário de um livro em que ele teria tido uma participação, com uma dedicatória nada modesta de que o seu valor estava sendo reconhecido. Ele dizia nas sessões: "Eu sou famoso, eu sou rico, eu sou bonito, só que todas as meninas se afastam de mim" e "Eu achava que tinha todos os requisitos necessários para que as meninas gostassem de mim". Logo nas primeiras entrevistas, o analista se tornou aquele que sabia o que fazer com o desejo, para que as meninas corressem atrás dele – então, nesse caso, eu poderia citar a mim mesmo.

A menina deveria estar cansada dele, com absoluta razão, e ele não sabia mais o que fazer. Como era fazendeiro, resolveu mandar-lhe um saco de carambolas e me interrogou se seria uma boa mandar aquele presente. Respondi-lhe que sim, mas com o seguinte cartão: "Veja você, saco cheio pode ser gostoso", e, em seguida, interrompi a sessão. Quando retoma me diz: "Não enviei o presente, quando saí daqui já não me lembrava do que você tinha me dito, então tentei recuperar". Ele mostra quinze formas diferentes dessa frase. Uma delas era "Peguei esse saco e enchi de carambola, e pensei que seria gostoso" – todas as formas de achatar qualquer possibilidade de paradoxo, de mal-entendido, de desejo. É um exemplo de uma interpretação em citação em que a pessoa tropeça nas próprias pernas, principalmente o obsessivo, porque não sabe o que fazer com ela. O obsessivo sempre acaba com qualquer verdade, com qualquer desejo, já que ele faz a citação nobre, que nunca quer dizer nada.

Esse é um exemplo de citação: tenho um enunciado, mas não tenho a enunciação do que ele quer dizer. No enigma, eu tenho um dizer verdadeiro, uma enunciação, e não tenho um enunciado. Lacan, em 1973, em seu texto *"L'étourdit"*, avança em relação ao Seminário 17 – *O avesso da psicanálise,* e dá a classificação do enigma. Ele não retoma a citação, mas retoma o enigma, dizendo ser este um equívoco, e apresenta as três formas de equívoco: homofônico, gramatical e lógico (p. 48-9 da versão original de "L'étourdit", publicado na revista *Scilicet* nº 4). Para abreviar, o que imaginei no que se refere à transmissão foi dizer que o equívoco homofônico ocorre no âmbito da palavra, o equívoco gramatical ocorre no âmbito da frase, e o lógico, no do contexto.

Um analista pode, pois, destacar o equívoco no âmbito da palavra, da frase e da lógica. Como exemplo do equívoco homofônico, evoco a interpretação de Freud do "familionário". São interpretações nas quais a palavra diz o que não foi feita para dizer: "E aí eu vivi uma situação *incesticida*", disse-me um analisando. Achei relevante ele juntar "incesto" com "inseticida".

A interpretação das carambolas é um exemplo de equívoco gramatical. Aquela interpretação é dupla, porque tem alguém que a sustenta, "pode mandar esse bilhete". Além de uma citação, é o analista quem diz, há nela mesma um equívoco: "Saco cheio pode ser gostoso". A pessoa não sabe se é presente ou se não é. É legal a carambola, não é, mas está se referindo a quê? O cara está pedindo desculpas porque é um chato ou está dizendo que quer que ela o aguente? Ou que muita carambola dá dor de barriga? Sei lá! Pode-se ficar horas tentando entender essa frase, como se pode ficar horas tentando entender *"Les non-dupes errent"* e *"L'insu que sait de l'une bévue s'aile à mourre"*, títulos dos seminários 21 e 24 de Lacan que estou trabalhando, ou mesmo o título que dei ao último colóquio: "Psicanálise: problemas ao feminino". Foi engraçado ver a reação das pessoas, mas não dá para retirar o equívoco.

Para ilustrá-lo no âmbito lógico, de contexto, lembro um exemplo descrito no texto "A interpretação descompleta". No contexto de uma sessão de análise e baseando-me na história de um cliente, pergunto-lhe por que se chama Irving Pereira, ao que ele responde contando sua novela familiar: que ele foi nomeado assim por uma freira americana, amiga da família, que estava em sua casa quando ele nasceu. Ele narra que só entendeu o significado de seu nome quando, nos Estados Unidos, deparou-se com *Irving Bank*. Houve aí um equívoco de contexto, porque eu sabia que o banco não se chamava *Irving Bank*, mas *Irving Trust Bank*, e apontei-lhe o *"trust"* que estava faltando. Eu só disse *"trust"*, e ele exclamou: "É mesmo, ai meu Deus, *'In God we trust'*; veja que sacanagem, onde foram colocar Deus – na nota de um dólar!". Na nota do dólar, está escrito *"In God we trust"*. Era alguém com uma problemática obsessiva, cujo sintoma era exatamente o de não poder ganhar dinheiro, porque era pecado, uma vez que tinha sido nomeado por uma freira. No conjunto do seu fantasma, dinheiro era pecado (fantasma clássico nos obsessivos), e, portanto, ele não poderia pegar naquela coisa suja. Uma única marcação fez um efeito brutal sobre a vida dessa pessoa.

QUAL É A VERDADE PRÓPRIA AO FINAL DA ANÁLISE?

Para concluir, chamo a atenção de vocês para o esquema que desenvolvi em um artigo, "A Escola de Lacan", publicado no livro *A Escola de Lacan* (Forbes, 1992) e, de uma forma mais elaborada, no *Anuário Brasileiro de Psicanálise*, sob o título

"Opção Escola" (1992-93). Trata-se de um esquema do percurso de um obsessivo e de uma histérica em análise, que utilizo no sentido de ordenar toda essa discussão sobre o gesto.

Homens e mulheres partem de um ponto de todo saber, do discurso do mestre, para um ponto fora do saber, do discurso do analista. Antes de iniciar uma análise, a pessoa pensa que seu problema é encontrar a adequação entre a palavra e a coisa, ou seja, ela tem esperanças de adequar-se ao mundo. Pensa ser a ligação dela com o mundo direta e biunívoca. Se ela ganha bem, ela é feliz; se ela ganha mal, é infeliz. Se a mãe diz "Bom dia, meu filho", ele é feliz; se a mãe não lhe diz "Bom dia, meu filho", ele é infeliz. O problema da sua existência está em uma relação direta entre ela e o mundo, ou seja, entre a palavra e o objeto – o que se chama, em lógica, de verdade referencial. Há uma primeira verdade que a pessoa sofre quando vai procurar uma análise. Existe um objeto muito bem definido pelo qual se queixa e do qual ela procura se curar. O mal-estar refere-se a essa coisa ruim que está fora do sistema linguístico que a língua nomeia: "Eu não entrei na faculdade" – trata-se de um objeto estável, fora da língua.

Em um segundo momento, quando entra em uma análise, ela sai da verdade referencial para a verdade contextual. A verdade não é mais buscada fora da língua, mas na própria língua. A verdade é buscada na associação livre, e não em uma referência fora dela. É um exemplo clássico a "Carta 69" de Freud a Fliess (Freud, 1986): "Não acredito mais na minha neurótica", ou seja, não acredito na minha teoria das neuroses. Até esse momento, Freud pensava que a histérica sofria porque tinha sido seduzida; ao observar que várias histéricas diziam a mesma coisa, Freud só tinha duas opções: ou achar que todo pai era perverso, inclusive o seu, ou que havia algo comum ao discurso das histéricas. Ele percebe que não se refere a um objeto fora, mas que é uma construção própria da pessoa.

Existe uma verdade referida – o pai quis transar – quando a palavra se refere ao objeto. Em um segundo momento, a palavra se refere a ela mesma, é a verdade do contexto, em que não importa mais se existiu ou se não existiu. Uma análise terminava nesse nível, terminava na língua, nela mesma – e, como a língua nela mesma é inesgotável, uma análise era inesgotável e as pessoas tinham que retomar a análise de tempos em tempos.

A pergunta é se no final de análise o sujeito volta com a língua ao objeto, referencial, ou não. No final da análise, a língua vira um objeto. Trata-se de uma sutileza conceitual. A análise deve ter sido capaz de gerar objetos sobre os quais o sujeito vai falar e, como ele desconhece esses objetos, no final da análise ele terá vontade de conhecer. E a pulsão necessária ao final de análise é a pulsão de saber. Talvez aqueles que já tinham essa questão na cabeça tenham podido acompanhar melhor esse raciocínio.

Há muito tempo, escrevi um texto (Forbes, 1997) com Newton da Costa, o lógico, interrogando sobre a verdade própria ao final da análise. Estamos perto de definir que é quando a língua se transforma, quando a língua se faz objeto. Porque, quando se faz objeto, ela não tem sentido, e, por não ter sentido, passa a ser um significante fora da cadeia, um significante novo.

Eu disse anteriormente que havia uma diferença entre pontuação e gesto. A pontuação é uma prática que incide na verdade contextual, incide na língua mesma, gerando novos sentidos. O gesto é um elemento de corte. Coloco o gesto no isolamento do significante, não fazendo mais o significante representar o sujeito, mas marcar um *ser*.

Concluo com um exemplo: uma pessoa com uma insatisfação brutal, de estrutura histérica bastante evidente, depois de algum tempo de análise, aferrou-se em dizer que era uma merda. Era uma mulher bonita, simpática e querida, e bastante insatisfeita. Sua forma de insatisfação era dizer, o tempo inteiro, que não estava boa. Tudo para ela estava bom, mas ela vinha dizer que nada estava bom.

Ao despedir-me dela, ao final de uma determinada sessão, dei-lhe a mão e a retirei com uma expressão – um gesto de repugnância, nojo, sei lá. Ela deu um berro assustador, imenso; abri a porta e ela se foi. Mudou completamente. Aquela merda da qual era legal falar não ficou mais interessante depois de alguém literalmente, na letra, tratá-la como tal. A brincadeira acabou em dois tempos. A merda tinha sido deslocada do contexto da significação e passou a ser algo que marcava aquela pessoa: ela era uma merda, não se tratava mais de um sujeito. Como se existisse apenas uma interpretação: "*C'est ça*", "Você é isto".

São momentos em que alguma coisa cai e muda literalmente a vida de uma pessoa. Lacan diz nos *Escritos:* são interpretações que podem mudar a história de uma análise, porque sai-se da dependência, do conforto habitual do significante, faz-se o corte e marca-se o ser.

20 de março de 1996

III

EM ATO, A PALAVRA DURA

> UMA PALAVRA SÓ, BEM EMPREGADA E
> PERFEITAMENTE COMPREENDIDA,
> É A VACA DE ORDENHA DE TODOS OS
> DESEJOS NESSE MUNDO E NO CÉU.
>
> RENÉ DAUMAL

MUDANÇA DE GRANDEZA

É surpreendente encontrar no trecho de uma poesia indiana, no texto de René Daumal, uma expressão dura como essa, e o que a torna compreensível é o sentido que "vaca de ordenha" tem para o hindu (Daumal, 1996, p. 54).

Impõe-se à psicanálise achar o termo que, como "vaca de ordenha", possa alimentar o desejo insatisfeito perante o que lhe é oferecido. Talvez esse poeta hindu fosse kleiniano e pensasse serem as tetas das palavras tetas secas às necessidades do desejo.

Continuamos na mesma questão do seminário anterior, a saber, como ir da palavra ao gesto do analista quando já não se trata mais, em uma análise, de oferecer uma significação, uma revelação do sintoma, mas uma indicação da forma de satisfação de uma pessoa. Podemos dividir essa pesquisa – de como levar a palavra, a verdade, ao gesto – em três tempos.

No primeiro tempo, a palavra tentava se adequar a um referente exterior; os critérios de verdade eram os critérios referenciais. Comentei sobre a "Carta 69", de 21 de setembro de 1897 (Freud, 1986), no seminário anterior, em que Freud comunica a Fliess que abandonava a tentativa de adequar a palavra a um verdadeiro referencial. Essa ideia pode ser encontrada logo no início dessa Carta, quando ele diz não acreditar mais em sua neurótica. Ele não acreditava mais que as histéricas tivessem sido realmente seduzidas pelos pais, embora continuassem a sofrer com a impressão de sedução.

No segundo tempo, Freud passa a se referir a um outro tipo de verdade: a verdade contextual, em que a palavra não se refere mais a um objeto fora da língua, mas se refere a ela mesma, na língua – ou seja, uma verdade intralinguística.

Em um terceiro momento dessa pesquisa, poderíamos nos perguntar o que ocorre no final de uma análise. Se ficarmos na verdade intralinguística, não haverá final de análise possível, pois sempre uma nova palavra pode querer expressar uma nova coisa. Retomo uma questão do ano passado, a mesma com que encerrei o seminário anterior. Em que ponto a associação livre para e uma palavra aponta e marca o ser?

"Os poderes da palavra", título do IX Encontro Internacional do Campo Freudiano, aponta o fato de que os analistas não devem sair da palavra para encontrar uma resposta. Muitos analistas abandonaram a palavra ao gerar o conceito de contratransferência e também quando abandonaram o divã em busca de outras técnicas, como Reich, com a bioenergética, e outros, na tentativa de ultrapassar o muro e o dizer da linguagem. A questão para aqueles que leem Freud e Lacan não é ultrapassar a palavra, mas saber trabalhá-la em outra vertente que não só a comunicativa e reveladora.

Em uma outra vertente, poeticamente apontada por René Daumal, devemos achar o sabor da palavra. Já em 1938, Daumal, em seus estudos de sânscrito, buscava o "momento da passagem a uma nova ordem de grandeza" (Daumal, 1996, p. 39). Ele faz essa citação, estabelecendo uma comparação entre a preocupação dos hindus em relação aos poderes da palavra e a importância da descoberta do zero na matemática. Esse texto, traduzido pelo Dr. Luiz de Souza Dantas Forbes, foi publicado no *Correio* nº 14 (Daumal, 1996). Um texto de difícil tradução em virtude das inúmeras referências filológicas e etimológicas. Ele começa com uma referência à matemática, chamando a atenção sobre a descoberta do zero de uma maneira magistral, porque demonstra revoluções de uma forma simples, em apenas duas páginas. Ele fala da importância desse número, lembrando que ele foi descoberto pelos hindus, e não pelos árabes.

A descoberta do zero resolveu o impasse da contagem grega, que não permitia a operação de mudança de um número, de levá-lo a uma nova ordem de grandeza, porque a colocação do zero à direita de um algarismo muda a grandeza de uma dezena para uma centena, de uma centena para um milhar, etc.

Em uma analogia, fazer uma análise seria levar a palavra a uma mudança de grandeza, na qual a palavra adquiriria uma nova grandeza revolucionária na vida de uma pessoa. Não se trata, portanto, de fazer a palavra se referir a alguma coisa. Fazer análise não é normalizar, não é moralizar dando a justa opção a alguém, mas possibilitar que alguém trabalhe a palavra em uma nova ordem de grandeza, tão nova quanto a entrada do zero na história da civilização.

Chamo a atenção ainda para a primeira nota de rodapé.

> O nome sânscrito do zero é "kha", que quer dizer ainda: buraco, orifício (no sentido de orifício do corpo: órgão sensorial), vazio, ponto, espaço infinito, céu, ar; é, particularmente, o "eixo de uma roda (Aqui está o principal), o centro imóvel que toma possível o movimento de rotação [...]. (É o vazio que está no meio que permite o uso da roda.) (Daumal, 1972, p. 45)

Essa declaração guarda uma semelhança com a posição do analista, de como, no final da análise, o analisando não precisa mais dele, uma vez que *se é*. O analista é o vazio que está no meio, que possibilita a análise, que permite ao sujeito rodar em suas formações do inconsciente e chegar, ao final, a um ponto vazio que vem substituir o ponto cheio do fantasma.

O fantasma é como uma roda que permite certos giros – não quaisquer –, e a sua travessia leva ao esvaziamento da sua significação, possibilitando uma mudança de grandeza na vida de uma pessoa.

Como farei uma escansão de nosso percurso para retomar mais adiante, com Denis Diderot, recomendo a leitura do *Paradoxo sobre o comediante* (Diderot, 1979), que comentarei no próximo seminário.

SOBRE O ATO E A INTERPRETAÇÃO

Após essas considerações, passo ao segundo momento do seminário, distinto dos anteriores. Não farei a exposição habitual, mas uma interlocução com um colega, Serge André, que também se preocupa com essas questões. Ele é conhecido de muitos, autor do livro *O que quer uma mulher*?

Seu texto "O ato e a interpretação", também publicado no *Correio* nº 14 (André, 1996), que comentarei passo a passo, aborda uma série de pontos comuns aos analistas preocupados em como agir no ato, em levar uma análise ao seu final, demonstrando a verdade por meio do excesso.

Serge André (1996) inicia seu texto assim:

> Lacan distinguiu dois registros na prática do psicanalista: o do ato e o da interpretação. Essa distinção é uma oposição. Mas seria por isso uma contradição? Não creio.
>
> O psicanalista tem horror a seu ato. Foi sempre assim, mesmo quando ele não sabia que tinha havido um ato analítico.

> É um fato, uma constatação, contra o qual Lacan se bateu, pertinaz, com seu exemplo. Em vão, parece, pois continua sempre atual. (p. 19)

Esse texto é dividido em três partes. Na primeira, ato e interpretação se mesclam; é a colocação do problema por Serge André. Ele começa dizendo que o analista tem horror a seu ato, e por isso ele o tampona – por puro horror. Por pânico das consequências de sustentar o ato analítico, o psicanalista vai contra a psicanálise.

Como deve ser entendida esta frase: "o que faz o analista ter horror do seu ato"? Lacan repete, inúmeras vezes, que vale a pena perguntar o porquê.

> Parece que hoje, e isso é um fato novo, o psicanalista de orientação lacaniana, sem ter horror à sua interpretação, encontra-se singularmente embaraçado com ela. Eu o estou, como qualquer um, mesmo que não tenha me tornado um adepto declarado do silêncio sistemático. Para ser franco, acho que teria até uma tendência a ser falador demais em minhas análises. O que não significa que eu interprete qualquer coisa. Diante da interpretação, experimento hoje, quando começo meu vigésimo ano de prática, uma forma de reserva, um movimento de recuo e, por que não o dizer, às vezes uma espécie de enfado.
> Como suportar o aviltamento generalizado da interpretação? Pois hoje todo o mundo interpreta à maneira do que

se supõe ser um psicanalista. Não penso apenas nos milhares de psicoterapeutas de todo o tipo que vendem sentido *ready-made*, aproveitando os restos de nossas pistas. Eles, na verdade, já estão ultrapassados pela onda que os trouxe. Sejamos lúcidos: hoje, o depositário da interpretação é o apresentador de televisão. No momento em que a psicanálise está para comemorar seus cem anos, podemos nos felicitar por sua expansão, mas também podemos nos interrogar sobre os estragos que suscitou ou autorizou sem o saber: pelo que, afinal, somos responsáveis?

Contudo, se existe um signo de sua prática e de seus efeitos que Lacan não parou de nos transmitir, foi exatamente a alegria. Fosse qual fosse o peso do que ele tinha para ouvir, fosse qual fosse a adversidade que encontrava, Lacan nunca ficava acabrunhado, ainda que pudesse aparentá-lo. Sem fazer zombaria com essas coisas, se divertia com elas. Como num balanço, quanto mais a gravidade (a gravidade é o sentido) se manifestava no analisando, ou em seu auditório, mais em Lacan irrompia a leveza. O contrário de um contrapeso, em suma. (André, 1996, p. 19-20)

Os analistas não sabem mais o que fazer com a interpretação, diz o autor. Há intérpretes muito melhores, ao vivo e em cores, e os analistas podem se tornar rinocerontes de interpretações ultrapassadas. Ele sustenta a ideia de que o analista não sabe mais o que interpretar, por isso este congresso em Paris sobre a interpretação.

Serge André busca na figura de Lacan a alegria diante dos problemas, dizendo que Lacan não se acabrunhava ante o peso e que, enquanto nos encontramos em um ambiente pesado onde todos interpretam, ele consegue operar sobre esse ambiente, renovando a prática psicanalítica com seu exemplo. Ele busca em Lacan uma forma de responder ao peso do império dos sentidos. E mostra como Lacan faz contrapeso a esse sentido universal imposto a todos pela civilização, e como escapar a esse universal.

Essas referências foram extraídas do Seminário 24 – *L'insu que sait de l'une bévue s'aile à mourre,* do texto-lição "Em direção a um significante novo", publicado na revista *Ornicar?* nº 17/18 (p. 22), em que Lacan faz um jogo de palavras, *Je ne suis pas poâte-assez,* em uma referência ao termo francês *potasser,* utilizado pelos farmacêuticos de 1500 que trabalhavam na trituração do potássio; para fazer um bom remédio, eles tinham que ser "potassados", bem triturados. O termo entrou na língua para dizer se se trabalhou bem ou não. E Lacan diz não ter conseguido, ainda, com o trabalho, ser poeta como gostaria, senão teria tido a possibilidade de inventar um significante novo.

> A psicanálise é um "lance de sentido", afirma ele em seu seminário de 10 de maio de 1977 (*Ornicar?* nº 17/18, p. 18). É certo que ele teria preferido, durante o período em que se constituiu sua última prática, que ela fosse mais um lance de sem-sentido, uma perturbação na relação do sujeito com o sentido. Mas, "não poeta bastante", ele confessava seu

> insucesso, perante o poeta, para produzir um significante novo, que não tivesse nenhuma espécie de sentido.
>
> Esse insucesso é verificado pelos testemunhos – pouco numerosos e fragmentários, porém suficientes – daqueles que conheceram as "sessões-relâmpago" dos últimos anos de sua prática. É surpreendente que cada um desses testemunhos não pudesse resistir a refazer o sentido das intervenções mais extravagantes ou mínimas de Lacan. (André, 1996, p. 20)

Vocês conhecem o relato das últimas sessões de Lacan, as pessoas dando sentido ao que ele fazia. Por mais que ele buscasse o sem-sentido, isso era imediatamente recuperado: "Ele fez isto por causa disso?..."

Continuando com Serge André (1996):

> O sentido ganha sempre, eis tudo; "ficamos sempre colados ao sentido", ele diz (Seminário de 17 de maio de 1977, p. 23). O saber não é um ganho menor se nos ensina onde se situa nosso limite: goza-sentido[1], satisfação última e raiz derradeira do sintoma.
>
> Esse limite nos dá um ponto de apoio a partir do qual podemos discernir a diferença entre o ato analítico e a interpretação, mas também a ligação entre eles. Examinarei, primeiro, o problema da interpretação e, em seguida, o do ato analítico. (p. 20)

---

1 *Jouis-sens*, homofônico com *jouissance* (gozo).

É como termina a primeira parte do texto. Insisto na pergunta: interpretação é diferente de ato analítico? Como ir da interpretação ao ato analítico? E continuo, começando no ponto 1:

> 1. O ponto sobre a Interpretação.
> Parto do título que Jacques-Alain Miller deu a seu texto que anunciava nossas jornadas: "O mais-a-dizer". Esse significante é um nome da interpretação psicanalítica, e, como produz uma ambiguidade, constitui em si mesmo uma interpretação. Como a lemos? Mais a dizer (diga mais) ou mais que dizer (faça mais que dizer), até mesmo não há mais dizer que valha (como na canção *"Il n'y a plus d'après à Saint-Germain-des-Prés..."* – "Não há nada além em Saint-Germain-des-Prés..."). (André, 1996, p. 20)

Uma referência muito circunstancial à música de Juliette Greco: "Não há nada além de Saint-Germain-des-Prés; não temos mais nada além, nós só temos hoje".

> Em todo caso, o convite que esse título nos lança é o de dizer mais sobre o silêncio do analista e sobre o que é seu dizer. (André, 1996, p. 20)

O que é o silêncio do analista? O que é o dizer do analista? O que é a interpretação? – ele se pergunta.

> É sem dúvida trivial observar que, na situação analítica, o silêncio, isso se ouve. E se o silêncio se ouve, é preciso su-

por também que ele se diz. Aliás, Freud, quando se trata do silêncio do analisando, não hesita um instante em tratá-lo como um dizer.

"Você está pensando em mim" – essa é a interpretação freudiana do silêncio do analisando. Não é um "você se cala", mas antes "você me cala" – portanto, uma equivalência do silêncio e da transferência.

Pois bem, essa equivalência vale do mesmo modo para o silêncio do analista. Quer seja tomado por um lado ou por outro, como ouvido pelo analisando ou como dito pelo analista, o silêncio do analista deve, em todos os casos, ser considerado como uma marca de seu desejo. Por isso, importa-nos qualificar nosso silêncio e assinalar que nós dizemos, mesmo quando nos calamos. O silêncio do analista também é um significado. Silêncio de escuta ou de surdez, interrogativo ou dubitativo, atento ou distraído, calculado ou embaraçado, decidido ou constrangido, benévolo ou hostil, etc. Nunca ele é neutro.

Certamente não é fácil saber o que diz o silêncio do analista, sobretudo quando tende a se tornar sistemático. Se ele for considerado como um signo do desejo do analista, podemos considerá-lo apenas como uma resposta ao que diz ou não diz o analisando. O desejo do analista é antes de tudo a interpretação de sua relação com a psicanálise.

Por conseguinte, se o mutismo, que parece a regra atualmente, dá testemunho do que Serge Cottet diagnosticou como o declínio da interpretação, não seria ele igualmente o signo de uma crise no desejo do analista contemporâneo?
(André, 1996, p. 20-1)

Serge André (1996) apresenta uma primeira interpretação sobre o problema que os analistas estão constatando na interpretação. Friso uma questão sempre abordada: que a psicanálise não tem mais lugar no mundo porque existem interpretações melhores e mais rápidas, que respondem melhor ao mal-estar do homem. É tese da psiquiatria biológica que, hoje em dia, nós temos uma linguagem farmacológica mais adaptável ao mal-estar que a linguagem analítica.

Serge André provoca os analistas a partir da constatação feita por Serge Cottet, no Cartel do Passe, de que os analisandos se referiam pouco às interpretações do analista. Daí Serge Cottet dizer que a psicanálise estaria vivendo o "declínio da interpretação". Jacques-Alain Miller retoma esse tema em seu texto.

Para Serge André (1996), existe nesse momento uma crise de desejo no analista contemporâneo; não se sabe o que fazer com o desejo do analista:

> Crise da interpretação, crise do desejo; o encadeamento é evidente, uma vez que o primeiro ensino de Lacan sobre a interpretação é que o desejo é a interpretação.
> Em outros termos, a operação interpretativa – deslocamento de um significado para outro significado, ou conexão de um significante com outro significante – é estritamente homóloga aos processos de deslocamentos e de conexões que suportam o desejo inconsciente na cadeia significante.
> (André, 1996, p. 21)

Ele está falando da primeira vertente da interpretação, a vertente feliz em que o analista e o inconsciente entram de mãos dadas, em que o inconsciente é uma máquina de fazer sentido e o analista também:

> Nessa ótica, o desejo do analista é "naturalmente", se é que posso dizer assim, desejo de interpretar, e a situação analítica, dificuldades do ofício à parte, é, por estrutura, um encontro feliz: o desejo (do analista) encontra o desejo (do analisando) na interpretação que remove o sintoma. (André, 1996, p. 21)

Esse seria o primeiro momento de folga de uma análise.

> Felicidade efêmera, contudo, pois Lacan não se contenta por muito tempo com essa primeira abordagem. Ao articular os laços que ligam o fantasma à causa do desejo, a transferência à pulsão e o sintoma ao gozo, ele abre caminho para uma outra concepção da interpretação. (André, 1996, p. 21)

Estamos entrando, portanto, em uma nova concepção da interpretação:

> Nesse segundo ensino, a interpretação não é mais apenas a fala que falta ao sintoma para que o desejo inconsciente possa dizer-se e se fazer reconhecer. A interpretação deve, daí em diante, também visar ao gozo que é silencioso, que

> fica entre as palavras [O sintoma é falador, o gozo é silencioso]. Ao longo dos seminários, esse desígnio torna-se o objetivo principal.
>
> Afinal de contas, a tese que distingue a prática lacaniana da interpretação dos outros é que a interpretação deve incidir sobre o gozo, que ela deve visar ao objeto (a), não para nomeá-lo nem para reconhecer-lhe a consistência que lhe atribuiu o analisando, mas, ao contrário, para reduzi-lo à sua essência de nada. Nessa via, os anoréxicos podem servir-nos de guias, eles (ou elas) que sabem quanto o vazio da boca satisfaz mais que qualquer alimento. (André, 1996, p. 21-2)

Já disse outras vezes, não sou solidário às teses que dividem o ensino lacaniano em Lacan I, II e III. É uma topologia que sugere um ensino por acréscimo e linear, como se houvesse nele uma ordem cronológica. No meu entender, Lacan fala, retoma, insiste em algumas questões, em um movimento constante. Tenho dificuldade em concordar com Serge André sobre haver um Lacan que pensava na interpretação do sintoma e depois outro Lacan que pensou na indicação do gozo. Mesmo em se tratando de um efeito didático, pode complicar a compreensão. No momento em que fecho e digo "esse é o último", a partir daí haverá um pós. Uma boa forma de matar Lacan é dizer o último Lacan.

Serge André (1996) começa a falar sobre a técnica da segunda concepção da interpretação:

O problema é que, para operar nessa segunda vertente da interpretação, o próprio psicanalista deve tornar-se objeto (a), isto é, tornar-se nada, ou pelo menos dar-se ares de nada. Isso significa que o analista só teria de se reduzir a uma pura presença silenciosa? Isso seria enganar-se quanto à natureza do nada cuja etimologia nos indica que ele não é nenhuma coisa (*nulle chose*), mas, antes, coisa alguma (*chose nulle*).[2] O nada é um pequeno algo, demasiado pequeno para poder ser contado, mas conta assim mesmo.

Existe outra dificuldade. É o fato de que o gozo não tem significante: em relação à cadeia significante, o gozo está fora. Contudo ele [o gozo] se serve do significante para alcançar seus fins, isto é [Qual é o fim do gozo?], que nada mude. Até o inconsciente, considerado do ponto de vista do que Freud chama os processos primários, pode muito bem ser assimilado a um produtor de gozo. Seria um inconveniente? Sim, se considerássemos que nossa tarefa seria a de erradicar o gozo – o que seria uma ambição desmedida e também uma forma de censura um pouco inquietante. Vocês acham que gozamos demais? Ou o problema não seria antes que nós gozamos tão miseravelmente, tão estupidamente, de modo tão ignaro, tão pouco letrado, diria?

O que constitui, ao contrário, um verdadeiro inconveniente é que o gozo tenha como efeito solidificar o sintoma a pon-

---

2 Na tradução, perde-se o sentido de *nul*, *nulle* (nulo, nula). Em português, "nada" vem da locução do latim tardio *res nata*, "coisa nascida", "alguma coisa", que, com elipse do não (*res* [nos] *nata*) e perda do *res*, passou a significar "coisa alguma", "nada". (Ferreira, 1999, verbete Nada).

> to de torná-lo "inanalisável". Tal é o império que exerce um gozo específico, que Lacan isola, em 1975, em seu trabalho no 7º Congresso da EFP, o terceiro dos gozos, o que ele designa como o gozo do sentido[3] (cf. "La troisième", *Lettres* da EFP, nº 16) *[grifo nosso: Lacan, 1975]*. (p. 22)

Esse texto, "La troisième", foi traduzido para o português como "A terceira", porém deveria ser "O terceiro", pois trata-se do terceiro gozo, o gozo do sentido, que Lacan trabalha em 1975. E como é o gozo do sentido? É não analisável, não permite ser interpretado – ou seja, tem uma outra significação que não aquela mesma.

A explicação está dada; "o sentido [da '*jouissance*' – o sentido de que se goza] é a modalidade pela qual o analisando goza com seu inconsciente em oposição mesmo à análise".

Talvez seja o ponto mais intricado do texto. Como o gozo goza de sentido, poderíamos chegar à conclusão de que "o gozo é a interpretação", e a psicanálise iria se ver colocada em um impasse, porque a interpretação é algo para impedir o gozo. Vejamos a resposta.

> Daí Lacan insistir tanto sobre o fato de que, para visar ao gozo, o psicanalista só dispõe de um único tipo de interpretação: a que incide sobre a cifração, sobre o puro jogo da ambiguidade significante. O problema da interpretação continua sendo, portanto, um problema de retórica. (André, 1996, p. 22)

---

3 *Jouissance* (gozo) é um substantivo feminino.

Ele introduz um termo novo, que temos trabalhado: "retórica". É uma palavra bastante problemática. As definições habituais de "retórica" enfatizam uma forma de falar vazia de conteúdo. É uma crítica habitual feita a esse termo. Quando alguém diz "deixe de retórica", significa "pare de falar dessa maneira e vamos aos fatos". Dessa forma, normalmente repudiamos a retórica e, se a recolocamos, se a incluímos na psicanálise, estamos gerando uma maneira de dizer em que o conteúdo está vazio. O que é bastante criticado em certos discursos retoma na psicanálise como uma técnica, uma necessidade. A posição do analista como retor[4] é a daquele que mantém a retórica. Serge André (1996) vai insistir nesse ponto até chegar em Diderot por meio da retórica.

> Trata-se de voltar à cifra, de fazer um uso cifrado de "*alíngua*", não para fazê-la dizer não importa o quê, mas para enfeitiçar o gozo, para "cativá-lo", como diz Lacan, a fim de que ele não se constitua mais como obstáculo. (p. 22-3)

O gozo é um obstáculo quando ele está espraiado, quando está tomando a vida de uma pessoa, sem uma localização possível; e, como ele se vale dos significantes nos seus interstícios, por mais que se fale, não se apreende o gozo, e ele aparecerá nos diversos momentos da vida, nem sempre de forma interessante, muitas vezes como visitante incômodo. O único

---

[4] Retor, do grego, *rhétor*, pelo latim *rethore*: uma referência à retórica. (Ferreira, 1999, verbete Retor).

meio que temos de cifrá-lo é *enfeitiçando-o,* para que ele faça a ligação – uma linguagem bastante imaginária – e não se constitua em obstáculo.

Se fôssemos dividir uma análise, didaticamente, entre a travessia do fantasma e o final da análise, diria que, do ponto de vista do imaginário da clínica, existem momentos terríveis, próximos ao final da análise. São terríveis, do ponto de vista das surpresas que uma pessoa pode ter. Ela se torna uma pessoa aflita, inquieta, facilmente surpreendida. A cada momento, pode se assustar com as coisas, e isso a incomoda profundamente.

Percebo nisso um certo sentido, porque o fantasma mantém uma orientação das significações da vida de uma pessoa, o que lhe proporciona uma certa tranquilidade neurótica. No momento em que se faz a travessia (que pode durar muito tempo), do momento em que saiu de uma margem e não se chegou à outra, pega-se mar revolto e se surpreende com muita facilidade. A pessoa fica irritadíssima com essas surpresas, que depois são reorientadas, não mais na fantasia, mas na localização da castração, dizendo em termos freudianos, ou na corporificação do nada, em termos lacanianos.

> Enfim, interpretar o gozo, traduzi-lo, nem pensar, nem sequer dizê-lo; é preciso encantá-lo pela pura modulação do significante.
> O campo ou o canto da interpretação se abriria, por conseguinte, tão amplamente, a ponto de se poder sustentar que uma interpretação seria não importa o quê? Sim, diria com Pierre-Gilles Gueguen, cujo adorável "condor" ainda

me arrebata (cf. Ornicar? n° 40, p. 169 ss). Sim, mas com a condição de acrescentar, como o faz: não importa o quê, mas não sem importar como. E aqui uma teoria do ato analítico se mostra necessária para completar a da interpretação. (André, 1996, p. 23)

Serge André está fazendo referência a Pierre-Gilles Gueguen, que descreve o caso de um paciente que fala sobre um condor. Ele frisa que, em uma interpretação, não importa o quê, mas, acrescenta, não sem importar como. A retórica, que estava desprestigiada, passa a ser valorizada. É como ele termina esse item em que faz a colocação do problema, em que se interroga sobre o que é a interpretação, fala sobre a insistência do gozo, questiona-se sobre o que fazer com o gozo, e onde mostra como cativar o gozo para calculá-lo e não nos perdermos em suas surpresas.

Na segunda parte do texto "O ponto sobre o ato psicanalítico", ele insiste na interpretação, mas muda a maneira de interpretar, buscando Diderot. Ele é levado a Diderot para poder falar sobre a verdade do gozo. Com a verdade do gozo, não tem conversa; com ele, não se fala diretamente, não há o imediatismo, mas pode-se apreendê-lo por uma relação externa. Como o gozo é aquilo que excede, também a interpretação deverá ser um excesso para se oferecer à captura do gozo. E continua Serge André (1996):

> O ato que o psicanalista realiza, o ato pelo qual ele se realiza como psicanalista, não é algo de particular. Esse termo não

significa que ele teria de executar um certo número de atos precisos no sentido em que se pode falar, por exemplo, de atos médicos. Não se trata de um ato objetivo [no sentido do "Vou fazer"] – e acrescento imediatamente –, objetivo [no sentido do "Eu estou"], pois o que caracteriza o ato analítico é precisamente que, no instante em que ele ocorre, nele, o sujeito não está presente. (p. 23)

O ato ultrapassa o analista.

O que é preciso compreender é que o psicanalista age o tempo todo. Ele está sempre no ato, mas não o sabe. Não há, pois, salvação possível na abstenção. O esforço a ser feito não consiste em buscar qual o ato que deverá ser efetuado, mas antes em descobrir que tudo o que o psicanalista faz é um ato, ao menos potencialmente. Quando fala, suas palavras não são só palavras, elas são atos. Quando se cala, seu silêncio é um ato. Quando se mexe ou quando fica imóvel, quando escuta ou quando dorme, ele age. O que quer que faça ou não faça, sua presença, a forma de sua presença, a tonalidade de sua presença exercem seus efeitos. O psicanalista não pode não estar presente. Ele não pode escapar ao fato de que age, em si, sem mesmo o querer. (André, 1996, p. 22)

Isso me parece evidente; e para quem não é, será. O ato não é um conteúdo; o ato não tem conteúdo. É um vazio. É uma forma. E o psicanalista é mestre de retórica. É necessário a retórica esvaziar o conteúdo para que o gozo encontre o seu lugar, sua casa. Quem faz a retórica é o retor; e a forma de lidar com o vazio, para que cada um possa se alojar, é o ator quem faz.

Retórica ⇨ Retor ⇨ Ator

Uma questão lógica, simples, não? Mas sempre se soube disso, não?

Por isso, o psicanalista é sempre um retor. "Sua ação não tem a ver com o fato de que possa dizer eventualmente a verdade" (André, 1996, p. 23) – gosto muito dessa frase. O ator não diz a verdade. Sua ação consiste em que ele a diga de uma certa maneira, que não é uma roupagem, mas uma verdadeira manifestação. Ele utiliza o termo "manifestação" do analista. Vocês devem se lembrar de "monstração", uma mistura que Lacan faz de "monstro" e "mostrar". O que se mostra? Vai ficar claro, já, já.

> A verdade depende do tom com que é dita. Quando um obsessivo que se tenha calado por longos minutos nos dirige estas palavras: "Você está dormindo?... Lhe pergunto isso, porque estou ouvindo sua respiração...", entendemos sua questão secreta: você está morto ou vivo? É uma boa tradução, poderia ser o texto de nossa interpretação. Mas seria ainda nutrir de sentimento o sintoma. Não valeria mais a pena passar ao ato e lhe devolver, por exemplo, num longo e ruidoso suspiro? '... Estou ex-pi-ra-a-an-do..."? (André, 1996, p. 24)

Apresentei exemplos semelhantes no seminário anterior, em que a língua não está trabalhando para comunicar nada, mas para presentificar alguma coisa, daí este "Estou ex-pi-ra--a-an-do". Ele se baseia em Lacan para se certificar de que não está alucinando, de que suas conclusões são de vinte anos de prática, e de que não está tirando isso simplesmente das interpretações de Edir Macedo.

> Foi o estudo da retórica que conduziu Lacan na via do ato analítico. Especialmente da retórica barroca de Balthasar Gracian, que ele praticou desde cedo (sobre esse ponto, remeto à minha contribuição na obra coletiva *Lacan, você conhece?*). (André, 1996, p. 24).

Praticar, em francês, quer dizer trabalhar, estudar. Lacan estudou Balthasar Gracian desde cedo.

Serge André facilita o acesso, indicando um texto de sua autoria na coletânea *Lacan, você conhece?* (Giroud et al., 1998) Trata-se de um livro em que várias pessoas escrevem sobre Lacan. Serge André é um dos autores e escreve um texto, "Ser um santo", na parte consagrada à política.

Ele fez uma referência à passagem de Lacan em *Televisão* (2003b) quando lhe interrogam sobre a posição do analista, sobre o porquê dos analistas não estarem nas ruas lutando contra os sistemas autoritários do governo e da universidade. Era o momento das revoluções estudantis em Paris, em 1968. E Lacan dá uma resposta bastante provocativa dizendo, primeiro, que o discurso da revolução requer a dominação, que o discurso de um estudante na rua nada mais faz do que reiterar a dominação. O que ocorreu após 1968 demonstrou a veracidade dessa resposta. E, provocativamente, ele define que a posição do analista deve ser a de um *santo*. E diz que está retirando essa posição de Balthasar Gracian: "Um santo, para que me compreendam, não faz a caridade. Antes de mais nada, ele banca o dejeto: faz descaridade" (Lacan, 2003b, p. 32). É uma afirmação complexa, mas não nos deteremos nela agora.

Serge André o cita para falar dessa posição em dois momentos:

> Consequentemente, a virtude cardeal do herói, chave da santidade deve ser a arte da prudência, a qual implica o domínio de três artifícios: o silêncio, a ausência e o parecer.
> O primeiro – o silêncio – é o contrário do mutismo: trata-se verdadeiramente da capacidade de meio-dizer como condição de bem-dizer. Isso supõe uma retórica elaborada. E uma "discrição", uma suspensão da fala que conserva o segredo e o mistério, um modo de "saber jogar a verdade" que imita o "procedimento de Deus, que mantém todos os homens em suspenso". (Giroud et al., 1998, p. 139)

> "Qual é a tese central em torno da qual se articula o que Gracian chama a 'arte do dito espirituoso?' É a ideia de que a verdade não é, como se crê comumente, o avesso das aparências." (André, 1996, p. 24)

Ele marca três pontos que Lacan buscou na retórica de Balthasar Gracian, para dizer aos analistas sobre a posição necessária a essa cifragem do gozo.

Isso é interessante. No seminário anterior, falei longamente sobre a posição da histérica que sempre acha que existe uma verdade escondida atrás daquilo que é dito. Serge André está montando a retórica em Balthasar Gracian e como isso opera em Diderot. Se a verdade está na aparência, eu posso utilizar a aparência como verdade. Então, retiro de Balthasar Gracian que a verdade está na aparência e aprendo com Diderot a aparentar a verdade e fazer que o gesto do ator possa indicá-la.

Continuemos com a leitura de "O ato e a interpretação", de Serge André (1996):

> A verdade não é a ausência de máscara; ela não se obtém por uma operação de desnudamento ou de clarificação. (p. 24)

A quantas sessões um analisando se dedica para "clarear" o que foi dito, como se pudesse, realmente, chegar a esse real último da verdade e dizer: "Eu lhe disse a verdade!". Pode-se saber disso teoricamente, mas ninguém escapa.

> Ao contrário, a verdade não se revela e não é operante a não ser que ela própria se disfarce de verdade. "A matéria não basta. É preciso também a maneira", diz Gracian. É, pois, a forma, ainda mais que o conteúdo, que nos permite alcançar a substância do conceito. A forma cultivada

> como tal, por ela mesma, o que Gracian chama "a montra", não se opõe à realidade: ela revela sua verdadeira essência, fazendo aparecer sua inconsistência. É o parecer que é o critério do ser, pois a montra, velando duplamente, revela uma dimensão outra: "A montra é como um suplemento próprio para preencher um vazio", ela é "absolutamente necessária e dá às coisas, de alguma maneira, um segundo ser" (Gracian, *L'homme universel*). (André, 1996, p. 24)

Sendo isso muito complexo, ele explica:

> Lacan não parou de pôr em ato essa prática da montra, tanto em seu seminário quanto em seu consultório. Todos os que dele se aproximaram lembram a que ponto ele manejava a arte da pose, da mímica, da tonalidade discordante, da paródia e mesmo da bufonaria. Se quisermos encontrar um estilo em Lacan, seria necessário defini-lo, em oposição ao ideal de simplicidade clássica de Freud, como o cúmulo do artifício. Lacan era um grande bruxo, não por causa de sua grande erudição, mas porque era ademais um grande, um imenso comediante. E é no jogo de sua comédia, no excesso aonde levava o parecer e a ficção, que devemos encontrar o poder do que ele chamou o ato do psicanalista. (André, 1996, p. 24)

No excesso, no parecer e na ficção, podemos encontrar o poder do ato do psicanalista:

> Este, para mim, se apresenta ultimamente ligado ao ato teatral, mais precisamente, mais ao ato do comediante tal como Diderot dele nos propõe a abordagem no *Paradoxe sur le comédien*. O que é o ato do comediante? É uma maneira de sustentar a fala que resolve um paradoxo: como fazer verdadeiro quando de fingir se faz profissão? Releiam o "Discurso à EFP" que Lacan pronuncia a 6 de dezembro de 1967 (*Scilicet* 2/3), e vocês vão verificar que essa questão é igualmente o paradoxo do psicanalista. (André, 1996, p. 24)

É essa a questão trabalhada por Serge André no momento.

Chamo a atenção para uma entrevista que fiz com Jacques-Alain Miller, em 1987, a que me referi no seminário anterior, publicada na *Clínica Lacaniana* nº 2 (Miller, 1987). Fora-lhe feita a seguinte pergunta:

> Vemos na história recente da psicanálise desenvolverem-se cartilhas, verdadeiras padronizações da maneira de ser do analista visando a uma certa 'neutralidade': modo de vestir-se, número de sessões, decoração do consultório, etc. Peço-lhe um comentário sobre as consequências clínicas dessa técnica e suas diferenças com uma clínica a partir do ensino de Lacan. (p. 91)

Ele responde dizendo que a manutenção do ser de um analista impossibilita as análises, "obsessiviza" o obsessivo e eterniza a histérica:

(...) É, também se adota essa posição padronizada, o que torna muito difícil a análise da histérica, na medida em que o sujeito histérico pede ao Outro que pague sua cota, que pague de si mesmo – portanto, que ele manifeste o seu desejo. E, ao recusá-la, a experiência não ocorre, e lançam-se as histéricas na categoria dos *borderline* ou até mesmo dos psicóticos incapazes de assumir a experiência psicanalítica. É necessário, se quiser manter a histérica no tratamento, que o analista abandone uma impassibilidade de comando e que mostre que também coloca de si, mesmo que seja apenas para manter o sujeito que facilmente vai alegar vontade de partir, no fundo para pôr à prova o desejo do Outro. E, a partir do momento em que o sujeito histérico é especialmente dependente do desejo do Outro, se este desejo estiver ausente ou tímido, então a experiência será interrompida. A prática faz a verificação dessas indicações de Lacan. Muitas vezes me aconteceu receber em segunda análise histéricas cuja primeira experiência se interrompera nessas condições e que puderam retomar, continuar, ir além do ponto em que o sujeito havia parado, na medida em que eu não me recusei a dar testemunho de meu interesse por seu tratamento e, quando era o caso, correr atrás para trazê-las de volta à experiência. (Miller, 1987, p. 91)

Correr atrás é correr mesmo, é sair do consultório e correr no meio da calçada...

Eu digo a ele: "Você já deu exemplo de uma histérica que você deixou sem pagar durante alguns meses...". Ele responde:

"Posso dizer que até agora nunca fui decepcionado nessas circunstâncias, sempre fui reembolsado. Naturalmente, é preciso que seja ao mesmo tempo autêntico e que se produza no lugar do semblante. É importante que seja demonstrativo no sentido lógico, mas também no sentido da cena".

Eu lhe afirmo: "Então, há qualquer coisa de teatral na posição do analista, no *savoir-faire* do analista". Ele responde com uma certa inquietação. É uma pergunta dura para qualquer um de nós, pelo que suscita em um analista dizer que há alguma coisa de teatro em sua análise: "Penso, com efeito, que o que comporta a posição do analista no lugar de semblante depende ao mesmo tempo da estrutura lógica, porque, em um sentido, o significante como tal é semblante e, ao mesmo tempo, o *termo savoir-faire* o comporta, pois está também ali operando o que se poderia chamar, no sentido de Diderot, um paradoxo de ator".

Realmente, dez anos depois retomo exatamente na mesma linha, juntando a lógica ao teatro com Serge André (1996):

> É preciso concluir por uma ação e não por um relato – este é o princípio que Diderot coloca no fundamento de sua teoria do ato teatral. A arte do comediante consiste, segundo ele, em produzir no espectador a ilusão de um lance teatral verdadeiro e natural. Coloquemos aqui "natural" entre aspas. (p. 24)

Esse "natural" eu trabalhei, no meu primeiro seminário, como o núcleo, a base do ser, quando retomei em Lacan a afirmação "será necessário você comer o seu *Dasein*"; é o natural que trabalhei em Daumal como "o sabor íntimo da poesia".

De novo, como em Diderot, a análise tem um quê de natural. Aquele natural a que Freud se referia dizendo que não importa que o analisando não concorde, importa que ele volte, importa que haja uma incidência, uma análise, e que o analista não deve se prender ao fato de o analisando concordar ou não. Não é dessa concordância que se trata, mas de outra, em jogo o tempo todo, esta sim uma naturalidade.

Já citei como exemplo o quanto as pessoas que nunca se submeteram à análise de orientação lacaniana se chocam com o tempo lógico da sessão próprio à clínica psicanalítica. Mas, para aquele que se submete a essa clínica, é natural. Serge André (1996) reconhece uma naturalidade em jogo, uma razão, e tenta explicá-la.

> Pois o verdadeiro no teatro é tornar verdadeiro, tornar natural, e tornar verdadeiro significa produzir algo a mais que a natureza – sem o que o verdadeiro não seria mais que o comum, e o comum, o natural não representado, não modelado pelo artifício, não pode produzir o efeito esperado pelo espectador, isto é, a comoção que o faz tomar a cena não como um jogo, mas como alguma coisa mais real que a realidade.
> São passagens não só bonitas, mas que dizem não adiantar a naturalidade da comunidade, que é necessário um excesso para que se possa falar do real.
> A força do verdadeiro no teatro tem a ver, portanto, com a utilização do faz-de-conta para revelar uma verdade que o

natural seria impotente para nos dar a conhecer: "o que a própria paixão não pôde fazer, a paixão bem representada o executa", escreve Diderot. (p. 25)

Um ator pode fazer um espectador ficar mais comovido pela representação da dor do que a vivência da própria dor por aquele que a sofre:

> Para alcançar esse alvo, o comediante precisa saber jogar com três oposições fundamentais que determinam a eficácia de sua ação. Diderot opõe, assim, o acidente trágico ao relato patético, o lance teatral ao quadro, e a pantomima ao discurso. Que ele os oponha não quer dizer que os separe a ponto de conservar a cada vez apenas um dos dois registros que ele distingue. Não existe a pantomima que não se apoie sobre a fala, por exemplo. (André, 1996, p. 25)

O autor está concluindo o texto respondendo à sua pergunta inicial: interpretação e arte são disjuntas? Ele diz: não, porque a interpretação está na cena e o ato está fora da cena, mas é através da cena que eu aponto o que está fora da cena.

> A grande arte, o segredo do ato verdadeiro é conjugar em uma ação os dois polos opostos da cena e do fora da cena, do discurso e do acidente, do artifício e do real – poderíamos continuar a série enumerando os polos opostos do *acting-out* e da passagem ao ato, da fala e da pulsão, da cifração

significante e do gozo. É a união dos contrários que produz o lance teatral: despertar, diria Lacan.

Mas como unir esses polos aparentemente irreconciliáveis? Para qual talento particular o ator deve apelar para consegui--lo? Como a interpretação do comediante pode não apenas ser justa, mas acarretar uma modificação naquele que a recebe? (André, 1996, p. 25)

Ele continua:

O verdadeiro talento, responde Diderot, aquele que leva o ator a ser mais que o intérprete de um texto, é a arte do exagero. O comediante aumenta tudo na cabeça do espectador, e especialmente os sintomas que o afetam: o que seria então o verdadeiro talento? O de conhecer bem os sintomas exteriores da alma de empréstimo, de dirigir-se à sensação daqueles que nos ouvem, que nos veem, e de enganá-los pela imitação desses sintomas, por uma imitação que aumente tudo nas suas cabeças e que se torne a regra de seu julgamento; pois é impossível apreciar de outra forma o que se passa dentro de nós.

Pois bem, se existe um termo que convenha para qualificar a prática de Lacan a partir do momento em que ele começou a explorar a natureza do ato psicanalítico, é exatamente a palavra "exagero". Lacan exagerava tudo o tempo todo. Ele fez, assim, do psicanalista contemporâneo um personagem-chave da comédia humana, uma ficção indispensável à civilização na qual ele é chamado a ocupar seu lugar.

A posição do psicanalista como intérprete é um papel que é preciso saber representar. Porém, representá-lo nada é ainda que permita uma decisão. Para que tenhamos chance de produzir algum despertar em nosso analisando, é preciso ainda que tenhamos a audácia de expor a finta de nosso jogo com a maior ostentação. Pois parece de fato que nossa interpretação só é verdadeiramente eficaz quando ela se revela em nosso ato. E nosso ato, mais que uma matéria, é uma maneira, é mais um parecer que um ser, um proferimento mais que um enunciado, um lance de teatro mais que uma explicitação.

Concluo. A psicanálise é um enxerto que Freud implantou no tronco decepado da sugestão, o discurso do analista se enxerta no discurso do senhor. Não nos admiremos ao ver brotar uma série de renovos selvagens que anemiam esse enxerto afinal já antigo. O futuro da psicanálise depende da exigência em que nos encontramos hoje de descobrir outras possibilidades de enxertos. Lacan já apontou três: a lógica, a comédia, a poesia. De nada adiantaria compreendê-lo, se não nos decidíssemos a tentar-lhe a experiência. (André, 1996, p. 25-6)

O autor termina de maneira provocativa, a meu ver, bastante bonita, falando sobre a ideia do exagero. A minha intenção foi, talvez, a de interessá-los na questão do tratamento do gozo, no seu ciframento, na sua redução, no seu cálculo em uma clínica, e demonstrar de que maneira podemos operar sem desistirmos de ser analistas. O número de psicanalistas desistentes é enorme. E o problema da psicanálise é justamente o de se manter nela, fazendo paródia com a pergunta de Serge André: como se manter na psicanálise?

Finalizo retomando um texto de minha autoria, de 1987, "Há via", publicado em novembro de 1987 no *Correio do Simpósio*, em que há uma indicação de algo para quem se interessar em prosseguir nessa via: "A morte é o que excede as dimensões da vida. A morte é um excesso. A morte está no além, no mais das dimensões da vida. A neurose, no seu reiterado recurso à dúvida, faz compromisso de postergação".

O poeta, pelo contrário, em contrassenso diz: "Não temos tempo de temer a morte".

27 de março de 1996

IV

O ANALISTA E O ATOR

> Não vos expliqueis nunca
> se quereis vos entender.
>
> Denis Diderot

O EFEITO DA LETRA

Recebi hoje as cópias das três reuniões anteriores já estabelecidas. A primeira está pronta, as outras duas estarão disponíveis a partir de manhã. É esquisito ler seu próprio texto estabelecido, um escrito do que se disse.

    Se levarmos às últimas consequências a posição do analisando, que é a de quem sustenta este seminário, poderíamos pensar em uma análise em que a cada dia o analisando volta às sessões tentando retomar o que disse, explicando-se melhor. Acho que, graças a esse feito do "não foi bem isso que falei", eu não tinha autorizado a circulação dos meus seminários. Que circulem – tentarei suportar os feitos do que falo.

Um outro efeito interessante foi o de não saber se, para desenvolver o tema de hoje, eu deveria retomar o texto do que disseram que eu disse. Pensei em retomar os três seminários, mas percebi que, a partir daí, a sequência não seria mais dada na minha memória, na minha sensação do seminário, mas em cima do que foi escrito. Dei-me conta de que não falaria nada hoje se tentasse retomar o "fio da meada" por esse viés, o do escrito, e com isso aprendi algo mais sobre a análise. Não adianta o analisando retomar o que disse na sessão anterior, pois a coerência do dito é mantida não por aquilo que se disse, mas pela letra que mantém o dito.

Por essa razão, também tenho que suportar que existe uma letra que mantém a coerência de nossos encontros, que segue acima da própria sequência do que está sendo escrito. Vejam o trabalho que dá receber. É sempre complicado, principalmente receber a si próprio. É terrível.

Com essas reflexões, dei-me conta de algo que se fez verdadeiro para mim, na frase em que Diderot marca essa questão no *Paradoxo sobre o comediante:* "E continuai mais do que nunca apegado à vossa máxima: *Não vos expliqueis nunca se quereis vos entender"* (Diderot, 1979, p. 162).

Há um paradoxo, uma separação entre entendimento e explicação. Ele sustenta que se entende quando não se explica, e que quanto mais se explica, menos se entende. É uma máxima de um final de análise. Passa-se toda uma análise tentando se explicar, pensando que, caso se expliquem as coisas do mundo, ele será finalmente compreensível, inteligível. É necessária uma mudança no analisando quanto à expectativa de ser compreendido por meio de uma explicação. A base da explicação é a responsabilidade compartida, ao passo que aquilo que não é explicável é de responsabilidade pessoal.

Essas considerações surgiram a partir do momento em que permiti circular o seminário. Há um se dar conta de que o Outro pode falar de mim o que ele quiser – uma outra mudança que ocorre em uma análise. Em uma análise, tenta-se, pela explicação, saber o que o Outro quer, e tentam-se as mais diversas explicações, por muito tempo e muitas sessões, até finalmente se deparar com o que Lacan chamou de falha no Outro. Descobre-se que o Outro não sabe o que quer e, por isso, ele também pode falar o que quiser; o Outro também é um elemento de desejo, ele é desejante.

O preço de se pôr algo no mundo é deixar-se ser falado. Nesse sentido, a psicanálise não é bem parente do recato, da tentativa do não deixar que falem de si. Diderot deixava que falassem dele. E o apresentador da coleção Bibliothèque Larousse, o enciclopedista A. Dupuy o faz, ao apresentar as obras dele:

> Diderot foi um espírito largo, original, curioso, leve, vivo, brilhante e, diríamos com facilidade, um grande espírito se não lhe tivesse faltado um certo recolhimento que incita as sinceridades profundas. (Diderot, 1934, p. 24)

Talvez Dupuy acreditasse no recato como sinceridade profunda. Não é a posição de Diderot.

Também não é a posição de Lacan ao dizer que o inconsciente está na superfície e não na profundidade. Há, portanto, um se deixar perder quando se assume inscrever algo no mundo: "Não vos expliqueis nunca se quereis vos entender" – frase à qual já fiz alusão através de uma outra versão de Disraeli, primeiro-ministro da rainha Vitória: "Não se explique nem se justifique", frase imputada por muitos a Santo Agostinho.

ACESSO À VERDADE EM DENIS DIDEROT E JACQUES LACAN

Lacan trabalhou em vários momentos a diferença entre entender e compreender, que é comparável a entender e explicar. Destaco em especial "A direção do tratamento e os princípios do seu poder" (Lacan, 1998b): "Nada é mais temível do que dizer algo que possa ser verdadeiro". (p. 622). Vejam a relação do termo que Lacan trabalha com o que estamos hoje trabalhando no *Paradoxo sobre o comediante:* "Pois assim se tornaria totalmente, se o fosse, e sabe Deus o que acontece quando alguma coisa, por ser verdadeira, não pode mais ficar na dúvida" (Lacan, 1998b, p. 622) O perigo de se dizer a verdade é a retirada da dúvida.

"Será este o procedimento da análise: um progresso da verdade? Cada vez eu tenho mais verdade?", pergunta Lacan (1998b, p. 622). "Já ouço os cascas-grossas murmurarem das minhas análises intelectualistas: no entanto, que eu saiba, estou na dianteira, para aí preservar o indizível" (Lacan, 1998b,

p. 622). Ele responde aos críticos que dizem ser ele um intelectualista da análise. Diz Lacan (1998b):

> Que seja para além do discurso que se acomoda nossa escuta, sei disso melhor. Sim, isso mesmo; não de auscultar a resistência, a tensão, o opistótono, a palidez, a descarga de adrenalina (sic) em que se reconstituiria um Eu (moi) mais forte (resic): o que escuto é por ouvir. Ouvir não me força a compreender. (p. 622-3)

Vejam essa frase: a mim, analista, o ouvir não me força a compreender.

> O que ouço não deixa de ser um discurso, mesmo que seja tão pouco discursivo quanto uma interjeição. Pois uma interjeição é da ordem da linguagem, e não do grito expressivo. É uma parte do discurso que não cede a nenhuma outra no que tange aos efeitos da sintaxe em uma língua determinada. Ele não acredita em palavras mais expressivas ou menos expressivas, mais verdadeiras ou menos verdadeiras.
> Naquilo que ouço, sem dúvida, nada tenho a replicar, se nada compreendo disso ou se, ao compreender algo, tenho certeza de estar enganado. Isso não me impediria de responder. É o que se faz, fora da análise, em casos similares. Eu me calo. Todos concordam em que frustro o falante, e ele em primeiríssimo lugar, assim como eu. Por quê?
> Se eu o frustro, é que ele me demanda alguma coisa. (Lacan, 1998b, p. 623)

Ele se cala na compreensão para que o falador possa dizer aquilo que deveria ser compreendido.

Marco nesse texto fundamental de Lacan (1958-59) a coincidência de pontos de vista com Denis Diderot (1770) ao falar sobre o acesso à verdade: não é o acesso ao bom entendimento e não é o acesso à verdade conquistada. À verdade a que o analisando chega não é necessária a compreensão do analista; ao ator, não é necessário o conhecimento do que uma pessoa na plateia está sentindo. Por isso se buscam ordens de representação que permitam o particular de cada um se pronunciar, nesse algo de profunda particularidade. Esse ponto será abordado por Diderot. Se é necessário que o analista entenda, não é necessário que ele compreenda. Quem julga o final de uma análise é o Cartel do Passe, e não o analista. Na medida em que surge uma compreensão sobre o sentimento, torna-se desnecessária a presença de um analista.

São esses os pontos que me interessaram no *Paradoxo sobre o comediante*. Leio o comentário do editor de Diderot, nas *Oeuvres choisies*, da Bibliothèque Larousse (Diderot, 1934): "Deixemo-nos, então, a Diderot, do qual sabemos o gosto pela *mise en scene* de suas teorias" (p. 107), ou seja, pela representação, do ponto de vista teatral. O *Paradoxo sobre o comediante* é um diálogo que termina propondo, depois de toda aquela conversa: "Mas está ficando tarde. Vamos cear." (Diderot, 1979, p. 192).

> Reencontramos também aqui a insistência no desenvolvimento, saída e retornos no diálogo, interrupções e digressões.

> Analogias de detalhe com tal ou tal de suas obras, analogias em que vemos um signo da imitação, tudo isto muito habitual em um improvisador como Diderot, que escreve um pouco como falamos e que não está muito preocupado em fazer revisões atentas daquilo que diz. Nada, portanto, que nos surpreenda, nem mesmo quando nessas passagens do *Paradoxo sobre o comediante* encontramos semelhanças com Grimm. (Diderot, 1934, p. 107)

E o editor continua, dizendo:

> Afinal, de tão amigos que eram, é como se tivessem um fundo comum, um capital comum de conhecimento do qual cada um pegasse a seu bel-prazer, em algum momento, algo para utilizar. (Diderot, 1934, p. 107)

Bela essa metáfora da amizade de Diderot com Grimm. Na vida, realmente, acontece de se ter um amigo com quem se divide um capital comum de conhecimento, e nessas parcerias, às vezes, algo pode parecer ser mais de um que do outro, ou pode confundir.

Àqueles que leram esse texto, que é uma crítica da expressão natural do sentimento, recomendo também as cartas apaixonadas de Diderot a Sophie Volland, sua última amante. A partir de uma grande exposição feita no Beaubourg sobre "O masculino e o feminino no sexo e na arte", pode-se ter acesso a uma fita gravada por Michel Piccoli e às cartas de Diderot a essa amante.

Abordei esse aspecto em Lacan com uma crítica à expressão do sentimento natural, como ocorre com Diderot (1979) no *Paradoxo sobre o comediante:*

> Compete à natureza dar as qualidades da pessoa, a figura, a voz, o julgamento, a sutileza. Compete ao estudo dos grandes modelos, ao conhecimento do coração humano, à prática do mundo, ao trabalho assíduo, à experiência e ao hábito do teatro aperfeiçoar o dom da natureza. (p. 161)

Ele faz uma divisão entre o natural e o espírito – divisão que aprofunda no decorrer de todo o texto, sempre mantendo a impossibilidade do acesso à natureza como tal. Ideia essa que não seria difícil para Freud assinar embaixo. O texto é uma alusão à natureza, e não o relato de um acesso direto a ela – alude-se à natureza apenas indiretamente. Como já comentei, não é a pessoa em um sofrimento natural da dor que melhor pode fazer o outro se reportar ao sentimento da dor. Um ator não sentindo nada faz com que o outro viva, sofra ou tenha a sensação da dor, muito mais pronunciadamente do que uma pessoa que esteja no leito com muita dor.

Diderot não tem um método. Por essa razão, abordo grandes temas do texto para que tenhamos um diálogo com sua concepção sobre o ator, no que nos interessa, ou seja, a forma como ele aponta a verdade do sentir do outro – de uma maneira *trav(é)ssa*, ou *trav(ê)ssa* –, como ele faz para que o outro possa chegar a esse ponto da verdade do sentir.

Quando ele diz que a verdade natural não é a verdade do espírito, eu o comparo com o que Lacan (1998b) diz no texto "A direção do tratamento e os princípios do seu poder", quando ele também faz uma crítica aos analistas alertando-os para que não se enganem com a expressão sentimental de seus analisandos, como se esta fosse sinal de verdade de algum estado. Essa crítica é famosa:

> Por intermédio da demanda, todo o passado se entreabre, até recônditos da primeira infância. Demandar: o sujeito nunca fez outra coisa, só pôde viver por isso, e nós entramos na sequência.
> É por essa via que a regressão analítica pode se produzir e que de fato se apresenta. Fala-se dela como se o sujeito se pusesse a bancar a criança. Sem dúvida isso acontece, e essa momice não é do melhor augúrio. De qualquer modo, ela sai do que é comumente observado no que é tido por regressão. Pois a regressão não mostra outra coisa senão o retorno, no presente, de significantes comuns, em demandas para as quais há uma prescrição. (Lacan, 1998b, p. 623-4)

Na primeira parte desse parágrafo, Lacan insiste em que não escutemos uma pessoa na posição fetal em cima do divã como se se tratasse de uma bela regressão a ser exaltada – "Veja a verdade de que foi feita essa pessoa como criança". Ele diz que todos falavam assim, como se a análise devesse levar a esses estados. Atualmente, existem *shows* em teatros em que pessoas, por meio de toques (às vezes lascivos), de provocações da fala, tentam no espaço rápido de uma cena no palco fazer alguém retomar a um ou dois anos de idade, tentando demonstrar com isso que uma análise pode ser muito rápida.

Lacan insiste: essa momice, essa afetação, não é de melhor augúrio, porque trata-se de um aprofundamento na histeria. Uma regressão, um recurvamento em um divã, não é absolutamente sinal de uma verdade, é sintoma histérico mesmo, feito para que o Outro pense tratar-se de uma verdade – o que a histeria procura fazer. Daí a dureza do analista quando não responde "Ah! Coitada, puxa vida, como você está sofrendo!". Corresponder a essas situações seria imbecilizar o analisando, confirmando que a melhor coisa a fazer no mundo é ficar deitado como um bebê, em cima do divã, dizendo "Mamãe".

Lacan responde, na última frase do parágrafo que estamos analisando, o que é regressão, em análise: é o retorno de demandas para as quais há prescrição. O analisando deve falar de coisas para as quais houve prescrição em sua dupla acepção, podendo tanto significar "estar ultrapassado" como "ter obtido resposta". O analisando, ao não encontrar resposta no analista, fala de coisas que obtiveram respostas, mas que pertencem ao passado. A fórmula que resolveu o impasse no passado já não serve mais para resolvê-lo hoje; serve para outro, não mais para ele.

A condenação do poeta é o eterno *poetar*. A poesia que ele fez serve para o outro *cantar* a namorada, como no filme *O carteiro e o poeta;* não serve mais para ele cantar sua namorada.

Não se manda a mesma poesia para a namorada todos os dias. Após a primeira, ele tem que mandar a segunda, a terceira. Ele está condenado ao seu poetar, não podendo ficar amarrado às formas de expressão que teve um dia.

O DESEJO DO ANALISTA E O PARADOXO DO ATOR

Assim viramos a página do *Paradoxo sobre o comediante* e nos deparamos com a concepção de Diderot (1979) sobre ator:

> Quanto a mim, quero que tenha muito discernimento; acho necessário que haja nesse homem um espectador frio e tranquilo; exijo dele, por consequência, penetração e nenhuma sensibilidade, a arte de tudo imitar, ou, o que dá no mesmo, uma igual aptidão para toda espécie de caracteres e papéis. (p. 162)

Qual a relação com o analista? – poderíamos nos perguntar. É uma definição dura, desumana para aqueles que pensam que um analista tem que ser compreensivo, sensível, paciente, afável, amigo – critérios apontados pelo bom senso. Lacan não vê nenhum desses adjetivos como próprios ao analista. Segundo ele, o analista é aquele que sustenta o desejo do analista.

Qual a relação entre esse desejo e a descrição de Diderot? Lacan afirma que o analista mantém o seu desejo em aberto, que ele não se satisfaz com respostas à demanda, ou seja, as respostas à demanda não calam esse desejo, e por não o fazerem, levam o analisando mais longe em sua demanda e a melhor colocar sobre o divã as prescrições que um dia aconteceram em sua vida.

Também poderíamos dizer que ninguém consegue conduzir uma análise além do ponto em que conduziu a sua própria. Uma análise pode parar em certos pontos de inibição. Inibe-se o desejo quando se dá uma resposta pronta, uma resposta irresponsável. Os inibidos nesses pontos não conseguem se oferecer ao analisando com aptidão para toda a espécie de caracteres e papéis que o manejo da transferência solicita.

Diderot pergunta sobre o que aconteceria se o ator fosse sensível: "Se o comediante fosse sensível, ser-lhe-ia permitido, de boa fé, desempenhar duas vezes seguidas um mesmo papel com o mesmo calor e o mesmo êxito?" (Diderot, 1979, p. 163).

Ou seja, poderia alguém, a partir de sua sensibilidade e comprometido em seu papel, falar "eu te amo" duas vezes da mesma forma?

Em seguida, ele responde:

> Muito ardente na primeira representação, estaria esgotado e frio como um mármore na terceira. Ao passo que imitador atento e discípulo atento da natureza, na primeira vez que se apresentar no palco sob o nome de Augusto, de Cina, de Orosmano, de Agamenon, de Maomé, copista rigoroso de si próprio ou de seus estudos, e observador contínuo de nossas sensações, sua interpretação, longe de enfraquecer-se, fortalecer-se-á com novas reflexões que terá recolhido;

ele se exaltará ou se moderará, e vós ficareis com isso cada vez mais satisfeito. Se ele é ele quando representa, como deixará de ser ele? (Diderot, 1979, p. 163)

Com Diderot, falamos do pagamento com o seu ser. Voltando a Lacan, em "A direção do tratamento", ele diz das três formas com as quais o analista paga o seu fazer analítico: com sua palavra, ele paga simbolicamente; com sua imagem na transferência, ele paga imaginariamente; e com o núcleo do seu ser, ele paga realmente.

Este é um tema caro também a Lacan, que divide a ação do analista entre estratégia, tática e política. Em "A direção do tratamento", ele diz: "Vamos adiante. O analista é ainda menos livre naquilo que domina a estratégia e a tática, ou seja, em sua política, onde ele faria melhor situando-se em sua falta-a-ser do que em seu ser" (Lacan, 1998b, p. 596). Esse tema aparece em Diderot em inúmeros momentos. Além dos que acabei de situar, se dermos um salto até a página 177 do *Paradoxo sobre o comediante,* ele reaparecerá de uma forma sintética. Nesse texto, há dois interlocutores nomeados. O primeiro supostamente é Diderot, e o segundo representa as ideias do ator inglês Garrick, que defendia a tese de ser necessária a sensibilidade do ator para melhor representar. O segundo ator, irritado com o que o primeiro dizia, responde: "A crer em vós, o grande comediante é tudo ou não é nada". Resposta do primeiro: "E talvez por não ser nada é que é tudo por excelência, não contrariando jamais sua forma particular, as formas estranhas que deve assumir" (Diderot, 1979).

É a isso que quero me referir quanto a levar uma análise a seu termo. Um analista pode ter coerções em sua forma particular, não tendo levado sua própria análise suficientemente longe, que o impedirão de oferecer-se como analista às necessidades que a análise exige do pagamento com o seu ser. A fórmula a que poderíamos chegar nessa articulação Diderot-Lacan é permitir o analisando se deparar com o que está pedindo.

DO CÁLCULO DO RIDÍCULO AO GOZO

Voltando, então, à qualidade do ator que seria frio, tranquilo, ele se pergunta o que faz um ator, e responde: "É o olho do sábio que capta o ridículo de tantas personagens diversas, que o pinta, e que vos faz rir, quer desses importunos originais de que fostes vítima, quer de vós mesmo. Era ele quem vos observava, e quem traçava a cópia cômica, quer do importuno, quer de vosso suplício". (Diderot, 1979, p. 164) Interessante essa passagem "*o olho do sábio que capta o ridículo*" – quer dizer, o ator capta o ridículo.

O analista levanta o ridículo em cada um. É um tema que já trabalhei via Fernando Pessoa em seu soneto "Todas as cartas de amor". O poeta começa dizendo que as cartas de amor são ridículas e termina afirmando que ridículo é aquele que nunca escreveu cartas de amor, que nunca pôde arriscar-se ao ridículo. É como se analistas, poetas e filósofos dissessem: "Você tem duas opções: ou se arrisca ao ridículo ou se aliena na boçalidade". E não há outra opção: ou somos idiotas no sentido de fazer igual a todo mundo, ou nos arriscamos ao ridículo. Então, é bom saber de que maneira vamos nos expor, fazendo o cálculo do ridículo.

Talvez pudéssemos dizer que uma análise é o cálculo do ridículo, é a inscrição do ridículo na vida, é trazer o obsceno, que é ridículo, à cena. É poder fazer a cena do ridículo sem ser obsceno. Quando o analista levanta o ridículo de cada analisando, não o faz a partir de uma posição sádica para ridicularizá-lo, mas, sim, em uma postura de responsabilizá-lo, de que aquilo que ele diz tem um sentido particular dele – e são as coisas que têm o sentido particular de cada um que são ridículas.

Por isso, as cartas de amor são ridículas. Por isso a linguagem afetiva, os apelidos carinhosos são ridículos: porque dizem respeito a algo que foge do universal. Um apelido carinhoso de uma pessoa para outra é muito ridículo a um terceiro. A civilização rotula como ridículo tudo que é particular. Se um analista ridiculariza o que está sendo dito, não é para transformar o analisando em um envergonhado ou em um obsessivo que faz tudo certo para não passar vergonha, que está sempre adequado, que fala, veste-se e olha; a análise não é para envergonhar, no sentido de ensinar boas maneiras, é para sustentar o ridículo, base da própria análise.

É como entendo Diderot quando diz que o ator capta o ridículo. Ele utiliza um termo lindo. São certos prazeres estéticos que me permito dividir com vocês. Diderot se refere a "macaquice sublime":

> Este tremor da voz, estas palavras suspensas, estes sons sufocados ou arrastados, este frêmito dos membros, esta vacilação dos joelhos, estes desfalecimentos, estes furores – pura imitação, lição recordada de antemão, trejeito patético, macaquice sublime de que só o ator guarda lembrança muito tempo depois de tê-la estudado, de que tinha consciência presente no momento em que a executava [...]". (Diderot, 1979, p. 164)

O texto sobe até atingir "macaquice sublime".

Diderot continua insistindo – põe em destaque – que não está buscando a sensibilidade e que esta é do mau ator:

> É a extrema sensibilidade que faz os atores medíocres; é a sensibilidade medíocre que faz a multidão dos maus atores; e é a falta absoluta de sensibilidade que prepara os atores sublimes. As lágrimas do comediante lhe descem de seu cérebro; as do homem sensível lhe sobem do coração: são as entranhas que perturbam desmesuradamente a cabeça do homem sensível; é a cabeça do comediante que leva, às vezes, passageira perturbação às suas entranhas; ele chora como um padre incrédulo que prega a Paixão; como um sedutor aos joelhos de uma mulher que ele não ama, mas que deseja enganar; como um mendigo na rua ou à porta de uma igreja, que vos injuria quando se desespera de vos comover; ou como uma cortesã que nada sente, mas que desmaia em vossos braços. (Diderot, 1979, p. 165)

Destaco a forma indireta, a forma *travessa*, ou *atravessada*, que o ator e o analista têm de apontar a verdade. No entanto, o analista não é um ator. Qual a diferença? Um analista não se prepara para o papel – esse preparo a que Diderot se refere –, ou seja, o analista não faz a montagem da personagem como o ator; ele é surpreendido na sua posição em vez de se conduzir a ela, o que o leva a suportar o ato, e não a fazer o ato. Ao contrário do ator que executa o ato teatral, o analista sofre o ato analítico, tanto quanto o analisando. A repercussão é distinta, o sofrimento é semelhante. O analista sofre o ato, suporta o ato; do contrário, ele estaria conduzindo o analisando a algo predeterminado.

Diderot inicia o texto referindo-se à separação entre natureza e espírito e, em seguida, fala sobre o ser do ator e o que seria necessário a ele para chegar ao que ele considera ser o verdadeiro:

> Refleti um momento sobre o que se chama no teatro ser verdadeiro. Será mostrar as coisas como elas são na natureza? De forma nenhuma. O verdadeiro nesse sentido seria apenas o comum. O que é, pois, o verdadeiro do palco? É a conformidade das ações, dos discursos, da figura, da voz, do movimento, do gesto, com um modelo ideal imaginado pelo poeta, e muitas vezes exagerado pelo comediante. Eis o maravilhoso. (Diderot, 1979, p. 167)

O maravilhoso é o exagero do ator.

POR QUE EXCESSO?

No texto de Serge André (1996), comentado no seminário anterior, ele se refere ao exagero de Lacan. Qual o sentido do exagero? Para que serve o exagero do analista? Por enquanto, fico com a resposta de Serge André: para seduzir o gozo, para dar um veículo a um gozo disperso.

E por que o excesso? Porque o gozo não tem veículo, uma vez que ele está mais além do princípio do prazer, e a satisfação da linguagem é coerente ao princípio do prazer. No mais, além do princípio do prazer, pode-se oferecer algo em excesso, algo ridículo, e o analista muitas vezes faz e assume posições ridículas: "Imagina o que ele fez nessa sessão!", diz o analisando, referindo-se ao ridículo de certas situações.

Poderíamos nos referir ao ridículo como empréstimos – no sentido em que Lacan emprega essa palavra em *Televisão* (Lacan, 2003b), associando-a à palavra "intérprete", o analista faz um *entreprêt* (neologismo de Lacan que faz equívoco com *interprete*, intérprete), *interempréstimo* àquilo que silencia entre os significantes, *l'entreprêt*, o empréstimo de algo que está entre. Assim trabalha Lacan em *Televisão* e sobre essa frase fiz um longo comentário no texto "A interpretação descompleta" (Forbes, 1995). Dou um exemplo clínico de como a interpretação funciona entre aquilo que é dito, e não sobre o dito. O que está entre aquilo que é dito? O excesso, o além do princípio do prazer; entre um dito e outro fica o gozo.

De que maneira posso emprestar algo que responda ao gozo para que ele fique menos desvairado, invasivo, não contabilizável? Como posso contar algo a que não tenho acesso nesse mundo de termos? Nesse momento, Lacan coloca-se não mais em relação a Diderot, mas ao filósofo Georg Cantor, que, ao contar o que excedia no mundo, inventou um mundo para contar o além do finito, criou o número transfinito.

Difícil equilibrar referências de extrema complexidade, como a matemática, o teatro e a psicanálise, no que elas têm em comum para iluminar nossa prática, o que só é possível indiretamente. Lacan ressalta no Seminário 7 – *A ética da psicanálise* (Lacan, 1991), que nos encontramos sempre na posição do homem que faz o pote, do oleiro, sempre em volta do buraco indizível dessa prática, tentando circundá-la de uma forma que nos permita apontar: é ali.

Há uma passagem interessante no *Paradoxo sobre o comediante* (Diderot, 1979, p. 168), quando ele fala do ator, exemplificando com peças teatrais e com falas. Cenas que podem ser facilmente observadas quando Paulo Autran faz o seu espetáculo *O quadrante*. Ele se vale de vários textos famosos, trechos de grandes peças, às vezes poesias, e interpreta o mesmo texto de diversas formas, dando-lhe um aspecto trágico, dramático ou cômico. Nota-se como ele, um ator diderotiano nesse aspecto, é capaz de buscar os pontos da superfície – como expressa Diderot: "essa macaquice sublime". Ele passa de um velho para um elemento que evoca em todos a referência que está implícita nele e que é preenchida por cada um da plateia.

Isso também está referido em Diderot, quando fala sobre a idade:

> Agora sois poeta: tendes uma peça para ser representada e eu vos deixo a escolha ou de atores de profundo julgamento e de cabeça fria, ou de atores sensíveis. Mas, antes de vos decidirdes, permiti que eu vos faça uma pergunta. Em que idade se é grande comediante? É na idade em que se está cheio de fogo, em que o sangue ferve nas veias, em que o mais ligeiro choque leva a perturbação ao fundo das entranhas, em que o espírito se inflama à menor centelha? Parece-me que não. Aquele que é comediante marcado pela natureza prima em sua arte apenas quando a longa experiência é adquirida, quando o ímpeto das paixões decaiu, quando a cabeça está calma e quando a alma se domina.
> (Diderot, 1979, p. 168-9)

Ele insiste: "(...) Mlle. Clairon quis reaparecer; se representou mediocremente, é porque perdera a alma, a sensibilidade, as entranhas? [*Por que perdera, com a idade, as entranhas?*] De modo algum; perdeu antes a memória de seus papéis" (Diderot, 1979).

Diderot continua procurando manter "o julgamento sobre o sentido". Ele fará essa diferenciação fundamental, que coroa o desenvolvimento entre o sentir e o julgar o sentido.

Fazer a diferença entre o sentir e o julgar, de certa maneira, é estabelecer a diferença entre fazer uma análise e fazer o passe. Fazer uma análise é vivido e fazer o passe é relatado. Fazer uma análise é uma experiência do sensível e fazer o passe é uma experiência do relato, e para isso é necessário um certo distanciamento.

Diderot diz sobre o distanciamento necessário para que se possa contar alguma coisa:

> Será no momento em que acabais de perder vosso amigo ou vossa amante que haveis de compor um poema sobre sua morte? Não. Ai de quem goza então de seu talento! É quando a grande dor passou, quando a extrema sensibilidade está amortecida, quando estamos longe da catástrofe, quando a alma está apaziguada, que nos lembramos da ventura eclipsada, que somos capazes de apreciar a perda sofrida, que a memória se reúne à imaginação, uma para descrever e outra para exagerar a doçura de um tempo passado; que nos dominamos e que falamos bem. Dizem que se chora, mas ninguém chora quando persegue um epíteto enérgico que se recusa; dizem que se chora, mas ninguém chora quando se ocupa a tornar seu verso harmonioso: ou se as lágrimas correm, a pena tomba das mãos, a gente se entrega ao sentimento e cessa de compô-lo. (Diderot, 1979, p. 174)

Portanto, dizer sobre o sentimento é terrível no sentido da fadiga que provoca porque não deixa a expressão solta. Contar o afeto é, a cada momento, estar atento às diversas passagens que ele obriga. Diderot nos deixa repousar um pouco em uma estação. Ele sai da discussão com seu interlocutor como se dissesse: "Olha, se você ainda não entendeu, meu negócio é o seguinte":

> Digo mais: um meio seguro de representar miúda, mesquinhamente é representar nosso próprio caráter. Sois um tartufo, um avaro, um misantropo, vós o representareis bem; mas não fareis nada do que o poeta fez; pois ele fez o Tartufo, o Avaro, e o Misantropo.
> Segundo: Que diferença estabeleceis, pois, entre um tartufo e o Tartufo? Primeiro: O preposto Billard é um tartufo, o Abade Grizel é um tartufo, mas não é o Tartufo. O financista Toinard era um avaro, mas não era o Avaro. O Avaro e o Tartufo foram feitos segundo todos os Toinards e todos os Grizels do mundo; são seus traços mais gerais e mais marcantes, mas não é o retrato exato de nenhum; por isso ninguém se reconhece neles. [...]
> As comédias de verve e mesmo de caracteres são exageradas. O gracejo de sociedade é uma espuma ligeira que se evapora no palco; o gracejo de teatro é uma arma cortante que feriria na sociedade. Não se tem com seres imaginários o comedimento que se deve a seres reais. (Diderot, 1979, p. 176)

Para representar no teatro um ladrão, uma mulher fina ou um homossexual, não é necessário ser homossexual, ladrão ou uma mulher fina. O ator deve apenas saber quais são os traços que permitem evocar no espectador a sensibilidade, o entendimento; a compreensão que está na plateia, e não no palco.

Esse tema, tão diderotiano, é um tema absolutamente freudiano. Fiz a ligação Diderot-Lacan, com a questão do ser, da falta do ser e da verdade, que não se diz toda. Retomo Freud, em seu texto *Escritores criativos e devaneio* (Freud, 1969c), em que ele se pergunta por que as pessoas se interessam pelo que o poeta diz e desprezam o dizer de um chato, quando dizem a mesma coisa:

> [...] como o escritor criativo consegue em nós os efeitos emocionais provocados por suas criações [...].
> Devem estar lembrados do que eu disse [p. 151 e ss.], que o indivíduo que devaneia oculta cuidadosamente suas fantasias dos demais, porque sente ter razões para se envergonhar das mesmas. Devo acrescentar agora que, mesmo que ele as comunicasse para nós, o relato não nos causaria prazer. Sentiríamos repulsa, ou permaneceríamos indiferentes ao tomar conhecimento de tais fantasias. (Freud, 1969c, p. 157)

Freud (1969c) conclui: "Mas quando um escritor criativo nos apresenta suas peças, ou nos relata o que julgamos serem seus próprios devaneios, sentimos um grande prazer, provavelmente originário da confluência de muitas fontes" (p. 158). Mesmo que a base do trabalho seja a mesma do neurótico, ou seja, as fantasias infantis.

Diderot fala sobre a forma como o ator consegue provocar a emoção; Daumal, que a poesia faz sentido quando ela renasce no ouvinte; e Lacan, que a análise faz comer o cerne do seu ser.

Em um primeiro momento, pode-se pensar que o escritor criativo conta coisas interessantes e o chato, coisas chatas;

no entanto, constatamos em Freud que os dois contam a mesma coisa. Então, não é na substância, no contado, que está a diferença, mas no que se faz com o contado:

> Como o escritor o consegue constitui seu segredo mais íntimo. A verdadeira *ars* poética está na técnica de superar esse nosso sentimento de repulsa, sem dúvida ligado às barreiras que separam cada ego dos demais. (Freud, 1969c, p. 158)

O poeta permite que você escute sem repulsa. O analista faz uma análise prosseguir, manejando a angústia que, se levada ao extremo, interrompe qualquer análise. A direção do tratamento possibilita esse manejo. O aparecimento da angústia é pura repulsa ao desejo.

Continuando com Freud (1969c):

> Podemos perceber dois dos métodos empregados por essa técnica. O escritor suaviza o caráter de seus devaneios egoístas por meio de alterações e disfarces, e nos suborna com o prazer puramente formal, isto é, estético, que nos oferece na apresentação de suas fantasias. (p. 157)

Nesse aspecto, sou mais generoso que Freud. Não acho que o poeta suavize o caráter de seus devaneios egoístas, como se fosse sua vontade fazer um disfarce. Ele não consegue mais fazer de sua poesia um cantar egoísta: a poesia lhe ultrapassa. Se é poeta, como diz Rilke, é porque não pôde ser outra coisa. Ele não consegue falar de forma mais verdadeira do que com a sua poesia.

Freud (1969c):

> Denominamos de *prêmio de estímulo* ou de *prazer preliminar* ao prazer desse gênero, que nos é oferecido para possibilitar a liberação de um prazer ainda maior, proveniente de fontes psíquicas mais profundas. Em minha opinião, todo prazer estético que o escritor criativo nos proporciona é da mesma natureza desse prazer preliminar, e a verdadeira satisfação que usufruímos de uma obra literária procede de uma liberação de tensões em nossas mentes. Talvez até grande parte desse efeito seja devida à possibilidade que o escritor nos oferece de, dali em diante, nos deleitarmos com nossos próprios devaneios, sem autoacusações ou vergonha. (p. 158)

Uma análise possibilita sair da culpa, da vergonha, e inscrever o ridículo. Em outro momento, retomarei esse texto de Freud. Hoje continuo com Diderot.

É interessante que o poeta – como já disse Roberto Carlos no *show* em que se vestia de palhaço – possibilite brincar com o Outro. Quando canta a música *Detalhes,* ele diz para o público que está cantando os detalhes dele, mas que, a partir daí, cada um poderia cantar seus próprios detalhes. Com tudo isso, não adianta buscar Roberto Carlos – você poderia não o reconhecer. É alguém que sabe que o fim não está nele. E, se ele se mantém como principal cantor de um país há tantos anos, se é capaz de permanecer nessa posição, ele sabe que alguma coisa o ultrapassa. Talvez todo poeta saiba que não está nele. Existe algo que o ultrapassa, e a pessoa vê esse algo que a acomete a cada momento. Uma análise mostra que todos têm algo a ultrapassar – uma lei do desejo que a cada instante os obriga a se confrontarem ou a dormirem em neurose esplêndida. A neurose já tem uma contagem própria, uma forma de contar a mesma cena idiota no sentido de igual, de idem – dos romances familiares.

O escritor criativo e o cantor são poetas porque permitem que outros cantem, já o analista exige ouvir o canto do analisando. Imaginem se Roberto Carlos dissesse depois do espetáculo: "Agora eu me sento e vocês cantam".

Existe uma lógica durante o percurso de uma análise. No início, o analista fala mais; no final, ele fala muito pouco. Ele torna-se cada vez mais o assistente de uma análise, um assistente exigente nesse "Agora diga", "Cante mais", o que possibilita a saída da culpa, como diz Freud. O escritor criativo faz surgir o verdadeiro porque retira a culpa, retira a vergonha; culpa e vergonha são primas irmãs. A análise dá ao analisando algo a mais: responsabiliza-o.

Falo do ator e do poeta todo o tempo, mas eles não são iguais; um é ator, enquanto o outro é autor. Qual a diferença entre um autor e um ator? Diderot (1979) o diz:

> Um grande comediante é outro títere maravilhoso cujo cordão o poeta segura, e ao qual indica a cada linha a verdadeira forma que deve assumir. [...] No mundo, quando não

> são bufões, acho-os polidos, cáusticos e frios, faustosos, dissipados, dissipadores interessados, mais impressionados por nosso ridículo do que tocados por nossos males; de um espírito bastante sereno ante o espetáculo de um acontecimento lastimável, ou ante o relato de uma aventura patética; isolados, vagabundos, à mercê dos grandes; poucos modos, nenhum amigo, quase sem qualquer dessas santas e doces ligações que nos associam às penas e aos prazeres de outrem que partilha dos nossos. (p. 180)

Deixo o comentário a cada um e que detectem na interpretação dos atores, dos analistas, algum tipo de conformidade. Os atores são tão expulsos da civilização quanto os analistas, o que explica uma simpatia natural entre pessoas de teatro, analistas, jornalistas, pintores, escritores, músicos, etc. São os *fracassados* na sociedade, que não se satisfizeram com o que lhes foi apresentado; de certa forma, têm um quê de pária. As mulheres também. Não é por acaso que a presença feminina na psicanálise e no mundo artístico é maciça.

Há uma diferença que Diderot faz entre o sensível e o sentir:

> É que ser sensível é uma coisa, e sentir é outra. A primeira é uma questão de alma e a outra, uma questão de julgamento. É que sentimos com intensidade o que não saberíamos expressar; é que expressamos só, em sociedade, no pé da lareira, lendo, representando, para alguns ouvintes, e que não expressamos nada que valha no teatro; é que no teatro,

com o que se chama sensibilidade, alma, entranhas, expressamos bem uma ou duas tiradas e falhamos no resto; é que abranger toda a extensão de um grande papel, dispor nele os claros e os escuros, o doce e o fraco, mostrar-se igual nas passagens tranquilas e nas passagens agitadas, ser variado nos pormenores, uno e harmonioso no conjunto, e constituir um sistema firme de declamação que vá a ponto de salvar os repentes do poeta, é obra de uma cabeça fria, de um profundo discernimento, de um gosto refinado, de um estudo penoso, de uma longa experiência e de uma tenacidade de memória não muito comum; é que a regra *qualis ab incoepto processerit et sibi constet*, muito rigorosa para o poeta, subsiste até a minúcia para o comediante; é que aquele que sai dos bastidores sem ter seu desempenho presente e seu papel anotado provará a vida toda o papel de um estreante [...]. (Diderot, 1979, p. 188)

Concluo com Diderot: no final do espetáculo, "o ator está cansado e vós tristes [...]" (Diderot, 1979, p. 165).

É comum perguntarem ao analista como ele se encontra ao final do dia, depois de ter vivido e compartido tantas dificuldades com seus analisandos. O cansaço da posição analítica é o de não ser narcísica, uma vez que em uma análise o analista paga com a imagem, com a palavra e com o ser. Não é uma posição de amigo, que geralmente é escolhido à imagem e semelhança. A amizade acomoda perfeitamente o narcisismo. Se um amigo é muito crítico, enche fácil, fácil.

A posição de sustentar um desejo é extremamente desconfortável. Por não repousar em uma demanda, leva à exaustão e ao desconforto, o que o analista não pode recusar – o cansaço do afastamento do seu próprio narcisismo, o não poder dormir. As pessoas podem estar acordadas dormindo o tempo inteiro (aliás, é o que fazem com muita frequência). Muitos acordam para continuar dormindo, dizia Lacan. Dormem no narcisismo. O analista funciona acordado.

Finalmente, Diderot (1979) diz:

> Meu amigo, há três modelos: o homem da natureza; o homem do poeta e o homem do ator. O da natureza é menor que o do poeta, e este menor ainda que o grande comediante, o mais exagerado de todos. O último deles monta sobre as espáduas do anterior, e encerra-se em um grande manequim de vime, do qual ele é a alma; ele move esse manequim de uma forma assustadora, até para o poeta, que não mais se reconhece, e nos apavora, como bem o dissestes, como as crianças se apavoram umas às outras, segurando seus pequenos gibões curtos erguidos sobre a cabeça, agitando-se e imitando o melhor que podem a voz rouca e lúgubre de um fantasma, que arremedam. (p. 190)

É verdadeira essa tripartição? De que maneira isso se liga, faz compor? Fernando Pessoa diz em um poema que o poeta é um fingidor que acaba fingindo a própria dor.

Diderot (1979), em outras palavras:

> Mas, segundo dizem, um orador vale mais quando se esquenta, quando é tomado de cólera. Eu o nego. É quando imita a cólera. [...] Aquilo que a própria paixão não conseguiu fazer, a paixão bem imitada o executa. (p. 192)

Teríamos que ver a diferença entre o natural e o relato, mas fica para outra vez.

Infelizmente, deixo-os por mais tempo, pois tenho de fazer uma conferência fora do Brasil sobre "As palavras recalcadas". E, certamente, contarei sobre elas mais adiante.

10 de abril de 1996

V

"Ridículas palavras recalcadas"

> A INTERPRETAÇÃO DEVE SE PRESTAR
> PARA SATISFAZER O INTEREMPRÉSTIMO.
>
> *Jacques Lacan*

O DESEJO É RIDÍCULO

Hoje retomarei as questões trabalhadas nos seminários anteriores sobre esta frase de Lacan, que se encontra no final do texto *Televisão* (Lacan, 2003b) e sobre a divisão que ele faz da ação do analista em tática, estratégia e política, no texto "A direção do tratamento e os princípios do seu poder" (Lacan, 1998b). Conforme lhes havia referido, fui convidado para o encerramento do Ciclo de Conferências sobre a Interpretação, realizado pela Escola da Causa Freudiana e pela Seção Clínica do Campo Freudiano, em Paris, na última quarta-feira.

Abro parênteses. Por que seminários às quartas-feiras? Os analistas mantêm essa tradição. Freud a iniciou com as chamadas "Reuniões das quartas-feiras". Ele se reunia em sua casa com um grupo que viria a se constituir como o primeiro núcleo da Sociedade de Psicanálise. Lacan retomou essa tradição. Seus seminários eram às quartas-feiras, no horário do almoço. Atualmente, existem vários seminários das Escolas que são realizados também nesse horário. Alguma mágica? Bem, não deixa de ser simpática a relação da psicanálise com a quarta-feira...

Enfim, a reunião da qual participei também é realizada às quartas-feiras, e nela apresentei um trabalho sobre *palavras recalcadas*, abordando a questão do recalcamento e da interpretação na neurose, uma vez que o recalcamento é típico da neurose; outros trabalhos foram apresentados sobre palavras foracluídas. Escrevi um texto (Anexo, ao final deste capítulo) que intitulei "Ridículas palavras recalcadas" (Forbes, 1996).

Dei-me conta de que nele retomo questões que vínhamos trabalhando, e quero dizer quais são esses pontos. Vou apresentá-lo e, diferentemente dos seminários habituais, abrirei ao final para debate, fazendo o caminho inverso do estabelecimento de um texto.

Antes disso, dirijo-me aos ouvidos atentos que já perceberam que faço referência ao termo "ridículo", como aconteceu no último seminário. A ideia básica do ridículo é que a expressão elementar do desejo é ridícula, o desejo é ridículo na medida em que contradiz a ordem do mundo. O que contradiz a ordem do mundo é estranho, é esquisito; tende-se a dizer que não deveria ser assim, tendemos a ridicularizá-lo.

Pode-se fazer duas coisas com o ridículo e a primeira delas é uma formação de compromisso, como dizia Freud na famosa definição da neurose, ou seja, uma relação de compromisso entre aquilo que o mundo permite e o desejado.

A neurose veste o desejo de uma forma nobre para ser aceita no baile da vida, no baile da civilização acomodada. A neurose acomoda, dá um lugar para o desejo, como referi no Seminário I, acomoda no sentido da relação de compromisso. Quando alguém cede em seu desejo, ganha em reconhecimento. "Está bem, não vou desejar o que quero, mas então você vai me dar uma forma de me expressar, vai garantir o meu direito de desejar, e, se não der certo, volto para reclamar" – é o que o neurótico faz quando algo em sua vida não dá certo: reclama para o outro. "Olha, não deu certo aquilo que você me falou naquela sessão. Saí daqui, fiz tudo como você disse e deu tudo errado" – o neurótico tem sempre uma reclamação; ele tem sempre para quem reclamar. O que se perde em uma análise é justamente o direito à reclamação. Se por um lado podemos fazer uma relação de compromisso e neurotizar o desejo, por outro podemos não ceder sobre o desejo. Como? Não o vestindo com trapos, não fazendo uma relação de compromisso, não o acomodando, não o neurotizando.

Destaco alguns pontos e os proponho à escuta de vocês.

1. Primeiro ponto: o desejo é ridículo. O desejo é ridículo e temos duas opções para lidar com ele: neurotizá-lo ou sustentá-lo. A ideia é bastante simples, bastante elementar. É singela a psicanálise.

2. Segundo ponto: a diferença entre psicanálise e psicoterapia. Podemos discutir essa diferenciação ao marcar que psicanálise não tem nada a ver com o bom senso. Alguns amigos da International Psychoanalitical Association, mais conhecida como IPA, entendem que podem falar coisas as mais diversas porque o que vale é o bom senso. Esse é o discurso comum nessa associação. Há um texto de um americano, Cooper, em que o autor defende a ideia de que em uma sala com mais de 300 psicanalistas cada um defenderia uma ideia distinta do que seria a psicanálise – o que os uniria seria a arquitetura da sala.

O que apresento é que a psicanálise em Freud e em Lacan não tem rigorosamente nada a ver com o bom senso, com a empatia e, sobretudo – isso é fundamental –, não tem a ver com a recuperação de uma história. Desde o Seminário 1 – *Os escritos técnicos de Freud* (Lacan, 1983), Lacan diz que uma análise não foi feita para recuperar, mas para inventar uma história, com toda a inconsistência de uma história inventada – não com a consistência de uma árvore genealógica –, e para servir como suporte de um desejo.

3. Terceiro ponto: a divisão do texto em três partes (um caso clínico, a leitura do ponto de vista do analisando e a leitura do ponto de vista do analista). Quando faço a abordagem do analisando, apresento uma equação das relações entre o saber e a verdade:

- havia um saber, não havia uma verdade;
- havia um saber, havia uma verdade;
- não havia um saber, havia uma verdade.

Eric Laurent interrogou-me, em Paris, se poderíamos utilizar esses três pontos como um matema para todas as análises. Não sei se servem como matema geral. Nesse caso, de uma neurose obsessiva, percebo-os bastante claramente.

4. Quarto ponto: os sonhos. Este texto tem a estrutura de um sonho, *Die Traumdeutung*. O que acontece na vida dessa pessoa também acontece para o sonhador, e a pessoa pode sonhar quando está dormindo ou quando está, por exemplo, no cinema, como é o caso – e aqueles que acabaram de reler *A interpretação dos sonhos*, de Freud, compreenderão como uma imagem, um filme pode desencadear um processo identificatório em alguém.

5. Quinto ponto: a clínica. Trata-se de um caso clínico. Esse cliente, um obsessivo, procura um local no universal, que para ele é representado pela universidade. Ele vai para a Universidade de São Paulo (USP) buscar a raiz onde o mundo se ancora e, ao chegar ao máximo da universidade sempre angustiado, ele questiona se a raiz da universidade está nela mesma. Esta é, fundamentalmente, a questão desse paciente.

6. Sexto ponto: a interpretação. Destaco uma interpretação ao contrário. Já trabalhamos um texto de Serge André em que ele aborda a questão da interpretação e do ato, e um texto de Jacques-Alain Miller sobre o avesso da interpretação, e discutimos

que, nesse momento, as intervenções psicanalíticas estariam indo contra a tendência anterior, contra o inconsciente, contra a associação livre, contra a continuidade das associações significantes. Deixo em suspenso a pergunta: as interpretações evoluem? Muitos analistas têm tendência a pensar da seguinte maneira: "Em 1920, interpretava-se assim; em 1930 assim; em 1940..." Fazem um histórico progressivo da interpretação. Outra tendência é a de que a interpretação sempre foi a mesma, mas como sua base é o elemento surpresa, ela tem que se modificar para reaparecer de outra forma e manter viva a surpresa. Esse é um debate importante, sério e atual.

7. Sétimo ponto: o analista na posição do ator. Veremos se se trata de um exemplo no sentido de Diderot. Aproximo a posição do analista da posição do ator, porém não do ator enquanto gesto, mas da maneira como ele capta, como revela, como aponta a paixão humana. Para defender essa tese, veremos mais dois trechos de Diderot.

8. Oitavo ponto: o ridículo da poesia.

9. Nono ponto: o significante novo.

10. Décimo ponto: a responsabilidade pelo gozo. Retomo a questão de que uma análise leva à passagem da culpa e da vergonha, do lado da neurose, à responsabilidade pelo gozo, do lado do analisado.

Anunciei, no seminário anterior, que voltaria aos textos de Freud, *Escritores criativos e devaneio* (Freud, 1969c), de 1908, e *Romances familiares* (Freud, 1969f), de 1909.

ANEXO: "RIDÍCULAS PALAVRAS RECALCADAS"

I

Aquela pena caindo entre as árvores sobre o rapaz sentado no banco da praça, com cara meio abobalhada, pareceu-lhe um lugar-comum, um apelo fácil ao sentimento da plateia, onde ele estava. José se arrumou em sua poltrona e se preparou para não gostar do filme. Mas, pouco a pouco, o desinteresse foi se modificando, pois José começou a se reconhecer no personagem, tratado como um tonto por sua família, por seus colegas de colégio e que, no entanto, desajeitadamente, ia obtendo sucesso na vida, sempre de maneira atravessada. O personagem ganhava corridas porque se punha a correr, era modelo para cantor de *rock* por sua disritmia, depois herói de guerra por inconsequência e assim por diante.

O filme que lhe pareceu de início chato e sem interesse foi tomando corpo.

Freud dizia que um sonho parece ao sonhador, em um primeiro momento, dessa forma: chato e desinteressante, e que é só conforme avançam as associações que o afeto e o interesse surgem. Pois assim se deu: terminada a sessão – de cinema –, José estava lívido, aquela era a sua história. Que imenso esforço, pensou ele, tinha-lhe sido até então imposto para ultrapassar suas deficiências, anunciadas como tais pelos outros.

Para seus familiares, em seu pequeno país natal, da América do Sul, o bom sempre estava em outro lugar: no Brasil, em

São Paulo, mais precisamente na Universidade de São Paulo. Não havia encontro de família, almoço ou jantar, quando alguém se queixava do confronto com uma situação difícil, que não lhe dissessem: "Ah, para resolver isso, só fazendo um curso na USP". E aquela USP era tão distante para José... Se ele era tão tolo, como pretender ir à USP? E, não indo, como iria suportar as dificuldades? Não tinha jeito; a USP era coisa para um ou outro de seus dois brilhantes irmãos; a ele restava talvez a sorte.

E, no entanto, parodoxo do destino, José estava na universidade e com sucesso.

Na saída do cinema, ele tentou disfarçar suas lágrimas: de raiva pelo esforço sofrido em nome de um ideal e de pena, por autocomiseração.

A hora tardia do final da sessão, meia-noite, não o impediu de querer revisitar cada instituto, cada sala frequentada naqueles últimos anos. Ele já fazia planos para, no dia seguinte, contar a seu analista sua grande descoberta: as razões de seu sofrimento. Queria ir às últimas consequências, sentir tudo o que devia sentir, deixar-se invadir pelas memórias afetivas daqueles lugares, às vezes calvários de castigo, às vezes de redenção, sempre religiosos.

Seria difícil entrar no Departamento de Filosofia tão tarde da noite, mas a porta aberta, amavelmente oferecida por um professor notívago que se retirava, facilitou a empresa. De cada carteira, de cada corredor emanavam as angústias de estar aquém do ideal. Tinha chegado à USP, mas será que a USP era lá?

Dali, foi ao Departamento de Antropologia, em seguida, ao de Sociologia, ao de História... A cada passo mais clara lhe parecia sua vida, seu percurso, como se diz. De certa maneira, não era um saber tão novo com o qual se deparava, mas nova era a forte convicção da verdade desses fatos. Freud não dizia que o obsessivo recalca o afeto, mas não as ideias, diferente da histérica que recalca os dois?

Enfim, fatigado, extenuado, mas feliz pela boa descoberta, foi dormir. Na manhã seguinte, cedo, verificou se não havia esquecido nada do ocorrido na madrugada e que iria relatar a seu analista... Quanta expectativa! Chegada a hora, entrou e imediatamente contou sua noite em todos os detalhes. Ao fazê-lo, começou a notar que não era escutado com o interesse que aguardava. "Será que não estou sendo claro?", perguntou-se, e buscou reforçar a importância do que dizia. O analista, assim terminado o relato, sem nada falar, levanta-se, pondo fim à sessão e lhe dando um novo horário para dali a algumas horas. Novamente no elevador, entre a sideração, a raiva e a frustração, José se perguntou o que era aquilo.

Horas depois, retomando a sua sessão, precavido, não querendo ser de novo surpreendido, de maneira bem objetiva, começou por perguntar se a sessão anterior tinha sido encerrada porque o analista pensava que assim devia fazer ou porque a sala de espera estava cheia. O analista, laconicamente, responde-lhe: "Porque entendi que deveria interromper". José tenta então lhe explicar o absurdo sofrido, voltando sobre sua história, agora não mais emocionado, mas à maneira de um advogado que exige justiça à dor de seu cliente.

E, assim, em poucos minutos, energicamente, retomou e pôs em ordem os pontos capitais de sua reflexão noturna. Recebeu então nova resposta de seu analista, uma interpretação: "Pois é, você arriscava acreditar excessivamente nisso tudo". A sessão terminou aí e, com ela, uma história.

II

Gostaria de comentar essa passagem de uma análise em duas vertentes – a do analisando e a do analista –, lembrando que, o imbricamento sendo tanto, o que será dito para um terá consequências para o outro, e vice-versa.

Começo, então, pelo analisando.

Destacaria três momentos distintos na passagem relatada que sintetizaria nessas proposições:

a) havia um saber, não havia uma verdade;
b) havia um saber, havia uma verdade;
c) não havia um saber, havia uma verdade.

O primeiro momento, "havia um saber, não havia uma verdade", corresponde ao fato de que José conhecia suas coordenadas familiares, sabia, mas não dava a elas peso de verdade. E, como já referido, dissociava no recalque obsessivo a "ideia" do "afeto", o que possibilita uma espécie de convivência irresponsável com o sintoma.

O segundo momento, "havia um saber, havia uma verdade", corresponde ao da suspensão do recalque secundário: ele, José, via-se alienado completamente a uma história. Nota-se um misto de responsabilidade e culpa, onde ele reconhece sua participação, mas culpa o outro por seus tormentos.

Finalmente, no terceiro momento, "não havia um saber, havia uma verdade", José fica com uma verdade incompleta, diríamos quanto a sua compreensão, provocada pelo analista: "Você arriscava acreditar excessivamente nisso tudo" – o que o forçou a ir além do recalque secundário, obrigando-o a fabricar um outro tipo de saber para responder à verdade que lhe tocava.

Podemos ver aí um exemplo do que em 1977 Lacan (1979) estabelecia como alvo de uma análise: um significante novo.

> O que eu sempre enuncio é que a invenção de um significante é alguma coisa diferente da memória. (ou) Nossos significantes são sempre recebidos. Por que não inventar um significante novo? Um significante, por exemplo, que não teria, como o real, nenhuma espécie de sentido? (p. 4)

No caso de José, este vai de sua memória morta a uma memória vivida e, em seguida, a um buraco na memória, o que lhe permite o futuro: o aparecimento de um novo significante.

Em 1908, Freud publica dois textos que vale a pena ler em correspondência: *Romances familiares* (Freud, 1969f) e *Escritores criativos e devaneio* (Freud, 1969c). Freud aí se pergunta por que existem histórias que nos aborrecem, enquanto outras, ao contrário, prendem nossa atenção. Seria em virtude das diferenças dos temas tratados? Haveria alguns mais interessantes que outros? É o que o bom senso levaria a pensar. Mas, ainda uma vez, o bom senso pensa mal, pois Freud descobre, quanto ao tema, que neuróticos e escritores se referem ao mesmo, ou seja, ao que lhes falta, ao que desejam, com a diferença de que a maneira de desenvolver uma resposta não é a mesma para ambos.

A base do romance familiar do neurótico é, ante a decepção sofrida com sua família de origem, constituir uma outra mais valiosa, mais adequada aos padrões ideais. No caso de José, ir para a USP. O escritor criativo, por seu lado, não tem tanta certeza em um ideal. Ele se inventa um lugar e assume a responsabilidade por sua escolha. A particularidade de suas opções permite aos leitores fazerem o mesmo.

Freud destaca a culpa e a vergonha como os fatores que se alteram do neurótico para o escritor criativo:

> [...] a verdadeira satisfação que usufruímos de uma obra literária procede de uma liberação de tensões em nossas mentes. Talvez até grande parte desse efeito seja devida à possibilidade que o escritor nos oferece de, dali em diante, nos deleitarmos com nossos próprios devaneios, sem autoacusações ou vergonha. (Freud, 1969c, p. 158)

Difícil dizer que, à semelhança de um escritor, o analista leve o analisando a se deleitar com seus devaneios, tal como Freud acaba de enunciar. Entretanto, eles se aproximam no ponto em que uma análise também modifica as autoacusações, a culpa e a vergonha. No lugar da culpa sempre referida a um outro, uma análise conduz à responsabilidade sobre seu próprio gozo.

"Coma seu *Dasein*"[1]: fórmula em que Lacan se expressou a respeito da tarefa do analisando, quereria aqui dizer que nenhuma culpa, arrependimento, castigo ou promessa poderia liberá-lo desta dura obrigação, a de roer o osso de sua existência.

A intervenção do analista, no caso de José, o impulsionou a sair de seu repetitivo romance familiar, desacreditando suas queixas ("Eles me viam como alguém distraído e pouco inteligente") e também sua solução ("Tinha que ir para a USP"). Não há uma história que explique uma vida, pois a vida excede todas as histórias.

III

Passemos agora ao comentário da outra vertente, a do analista. Chocou José, ao final da primeira sessão relatada, a pouca, até mesmo nenhuma, solidariedade demonstrada pelo analista perante seu drama. É fato: o analista não é cúmplice da paixão exposta, mas, pela sua posição, revela a qualidade, a função de prótese, de obturação da história contada.

É como se ele ridicularizasse, na acepção de realçar o absurdo, a explicação de um sofrimento. Ele questiona a relação de compromisso estabelecida pelo sintoma neurótico. Para ele,

---

[1] In: Lacan, 1998b.

nesse sentido, também é válida a descrição que Denis Diderot faz do ator, em seu famoso *Paradoxo sobre o comediante:*

> É o olho do sábio que capta o ridículo de tantas personagens diversas, que o pinta, e que vos faz rir, quer desses importunos originais de que fostes vítima, quer de vós mesmo. É ele quem vos observava e quem traçava a cópia cômica, quer do importuno, quer de vosso suplício. (Diderot, 1979, p. 164)

E ainda:

> [...] mais impressionados (os atores) por nosso ridículo do que tocados por nossos males; de um espírito bastante sereno ante o espetáculo de um acontecimento lastimável, ou ante o relato de uma aventura patética; isolados, vagabundos, à mercê dos grandes; poucos modos, nenhum amigo, quase sem qualquer dessas santas e doces ligações que nos associam às penas e aos prazeres de outrem que partilha dos nossos. (Diderot, 1979, p. 180)

Realçando o ridículo que existe no envelope choroso de um sofrimento, o analista colabora para que o analisando não se tome por demais a sério. Dissocia dor e relato da dor, provando que frequentemente se sofre mais pelo que se conta do que pelo que se sente. Como já sublinhado, a vida excede as dimensões de todas as histórias, sendo o que explica, a meu ver, que as biografias só possam contar a história dos que já morreram. Há sempre um excesso, um ridículo a suportar na vida; o ridículo é o particular que não se encaixa em nenhum universal. São ridículos, por exemplo, os termos de ternura quando ditos em público, os apelidos cúmplices, os carinhos. Aquilo que só serve a um, a dois ou a um pequeno grupo é habitualmente tachado de ridículo.

Evitando o excesso da vida, o sintoma neurótico se oferece como uma roupagem sóbria ao ridículo, ao singular de um desejo. É o que podemos notar a propósito do que chamamos o *recalque secundário* – no caso de José, sua infortunada história.

Uma análise deveria levar uma pessoa que a realiza a melhor contar o ridículo de sua vida, tal como o sugere Fernando Pessoa em um poema escrito por seu heterônimo Álvaro de Campos e intitulado "Todas as cartas de amor" (Pessoa, 1974). Ele diz:

> Todas as cartas de amor são
> Ridículas
> Não seriam cartas de amor se não
> fossem
> Ridículas.
>
> Também escrevi em meu tempo cartas
> de amor
> Como as outras,
> Ridículas.

As cartas de amor, se há amor,
Têm de ser
Ridículas.

Mas, afinal,
Só as criaturas que nunca escreveram
Cartas de amor
É que são
Ridículas.

Quem me dera no tempo em que
escrevia
Sem dar por isso
Cartas de amor
Ridículas.

A verdade é que hoje
As minhas memórias
Dessas cartas de amor
É que são
Ridículas.

No começo, ao se deparar com o amor, com o que se diz do amor, as cartas de amor são consideradas pelo poeta como ridículas. Depois, progressivamente, ele se dá conta de que são aqueles incapazes de escrevê-las os que são ridículos. Aí estaria uma metáfora ilustrativa do que quis dizer para uma análise: conseguir, com as palavras para sempre recalcadas, ridículas, escrevê-las em cartas de amor.

Paris, 17 de abril de 1996

Começaremos por Freud em *Além do princípio do prazer* (1969a).

24 de abril de 1996

VI

O EXCESSO – A FALTA DO ANALISTA

O INCONSCIENTE NÃO RESISTE

No seminário anterior, partimos de algo estabelecido, do meu texto "Ridículas palavras recalcadas". Hoje faremos o contrário. Desestabeleceremos. Será necessário suportarmos essa forma de trabalho para retomar um dos textos clássicos de Freud, *Além do princípio do prazer* (1969a), escapando de uma leitura reiterativa. Quando um texto é consagrado, como é o caso de *A montanha mágica*, de Thomas Mann, ou *Os irmãos Karamazov*, de Dostoiévski, ele já não é mais lido. Passa a existir uma impossibilidade de entrar nele.

Como nos aproximarmos da questão que inquietou Freud em 1919-20? E até que ponto essa questão é nossa hoje?

Se insistirmos em um fio condutor, podemos ler *Além do princípio do prazer* (Freud, 1969a) na linha do excesso – daí a importância de refletir sobre o que ele apresenta em comum com o que estamos trabalhando.

Trabalhamos o gesto como algo que excede a palavra; o ridículo como algo que excede o aceitável; a interpretação no que excede o sentido, como o sem-sentido. Talvez seja conveniente lermos *Além do princípio do prazer* como algo que excede o prazer.

Freud escreveu esse texto durante três meses, e refletiu sobre ele por mais seis meses, pelo menos. Um texto com sete capítulos. Destes, Lacan destaca, especialmente, o terceiro.

No Seminário 2 – *O eu na teoria de Freud e na técnica da psicanálise* (1954-55), Lacan fala:

> Vou tentar concentrar estas considerações todas no esqueminha resumidor que já lhes apresentei [uma referência ao esquema L].
> No início do terceiro capítulo de *Além do princípio do prazer*, Freud explica as etapas ao progresso da análise. Texto luminoso, do qual vocês todos deveriam ter a cópia no bolso, para que pudessem a todo instante referir-se a ele. (Lacan, 1985a, p. 399)

Fico ainda no elogio de Lacan a Freud: levem no bolso o capítulo três desse livro.

Elogiar os grandes é fácil, mas vamos sair do elogio e nos deter nas pontuações de Lacan sobre esse texto:

> Primeiro, diz ele [Freud], tínhamos visado à resolução do sintoma fornecendo sua significação. Obteve-se algumas luzes e até mesmo alguns efeitos mediante esse procedimento.
> Rev. P. Beirnaert: Por quê?
> [Lacan:] O que lhes ensino é apenas a expressão da condição graças à qual aquilo que diz Freud é possível. Por quê? pergunta o senhor. Porque o sintoma é em si mesmo, e de ponta a ponta, significação, ou seja, verdade, verdade posta em forma. Ele se distingue do indício natural pelo seguinte – ele já está estruturado em termos de significado e significante, com o que isso comporta, ou seja, o jogo de significante. No próprio interior do dado concreto do sintoma já existe precipitação num material significante. O sintoma é o avesso de um discurso. (Lacan, 1985a, p. 399)

Lacan explicará essa passagem alguns capítulos depois, mas ele chama a atenção para o terceiro capítulo, sobre a tripartição do progresso da psicanálise.

Freud apresenta três momentos distintos em uma análise, e sobre eles fixarei minha atenção:

- sugestão;
- significação;
- convicção.

Retorno à pergunta inicial: as questões que Freud se propunha em 1919-1920 obtêm hoje respostas dos analistas? Ou ainda temos problemas para enfrentá-las? Esse era o problema enunciado em 1920: "Vinte e cinco anos de intenso trabalho tiveram por resultado que os objetivos imediatos da psicanálise sejam hoje inteiramente diferentes do que eram no começo" (Lacan, 1969a, p. 31). Uma frase dura.

De passagem, é interessante constatarmos a partir de quando Freud data o início da psicanálise. Estamos em anos que podem ser o centenário da psicanálise. Muitos defendem 1895, considerando a publicação dos *Estudos sobre a histeria* (Freud, 1974a); outros 1900, por causa de *A interpretação dos sonhos* (Freud, 1972). Neste texto, o fundador da psicanálise datou o seu início em 1895: "Vinte e cinco anos passados...", ele diz, em um texto de 1920 – portanto, o centenário da psicanálise foi mesmo em 1995.

Continuo com Freud:

> A princípio, o médico que analisava não podia fazer mais do que descobrir o material inconsciente oculto para o paciente, reuni-lo e, no momento oportuno, comunicá-lo a este. A psicanálise era então, primeiro e acima de tudo, uma arte interpretativa [interpretativa de uma significação oculta, que chamei de significação]. Uma vez que isso não solucionava o problema terapêutico, um outro objetivo rapidamente surgiu à vista: obrigar o paciente a confirmar a construção teórica do analista com sua própria memória. Nesse esforço, a ênfase principal reside nas resistências do paciente: a arte consistia, então, em descobri-las tão rapidamente quanto possível, apontando-as ao paciente e induzindo-o, pela influência humana – era aqui que a sugestão, funcionando

como "transferência", desempenhava seu papel –, a abandonar suas resistências. (Freud, 1969a, p. 31)

Vou passo a passo. Como se trata de um texto clássico e denso, é necessário retomá-lo no vigor do questionamento clínico de Freud.

Vejamos: "Uma vez que isso não solucionava o problema terapêutico, um outro objetivo rapidamente surgiu à vista [*qual objetivo? Insisto na resposta de Freud*]: obrigar o paciente a confirmar a construção teórica do analista com sua própria memória" (Freud, 1969a, p. 31).

Atenção mais à frente à expressão "influência humana":

> Nesse esforço, a ênfase principal reside nas resistências do paciente: a arte consistia então em descobri-las tão rapidamente quanto possível, apontando-as ao paciente e conduzindo-o, pela influência humana – era aqui que a sugestão, funcionando como "transferência", desempenhava seu papel –, a abandonar suas resistências. (Freud, 1969a, p. 31)

É bastante pesado dizer que um analista induz e que, pelo seu peso, sugere e força o analisando a aceitar a proposta da memória oferecida. Isso leva a uma clínica de analistas respeitáveis, clínica do respeito, do discurso do mestre, em que o analista tem uma palavra respeitosa o suficiente para sugerir, mesmo a pessoa não se lembrando. Como a análise é a cura pela reminiscência, haveria de se aceitar a existência de uma falha na memória. Tal como o médico que alguém procura por estar gripado e que afirma ao paciente estar faltando vitamina C em seu organismo. O cliente não tem a menor ideia se falta ou não, mas, se o médico diz, pelo peso do respeito que lhe é devido, toma-se a vitamina C – que geralmente não funciona e o sujeito continua gripado.

Lacan começa a interrogar a comunidade analítica sobre a resistência do paciente a partir desse ponto. Vamos reler Freud em Lacan, no *Seminário 2*:

> O principal, no decurso destes esforços, continua o texto, acaba recaindo frente às resistências do paciente. A arte é agora descobrir o mais depressa possível essas resistências, mostrá-las ao doente, e movê-lo através da influência humana, levá-lo a abandonar estas resistências. (Lacan, 1985a, p. 400)

Ele retoma o comentário de Freud que fala sobre a sugestão funcionando como "transferência", que desempenhava seu papel, levando ao abandono das resistências, apoiando-se, o analisando, na palavra do analista.

Se o primeiro momento era o da significação, o segundo era o da sugestão, ou seja, abandonar as resistências.

Vejam uma outra passagem que nos interessa mais de perto, em Freud, 1920.

Muitos acham fácil ler Freud. No entanto, foram necessários 70 anos para que pudéssemos tirar conclusões do que ele disse em 1920:

> Contudo, tornou-se cada vez mais claro que o objetivo que fora estabelecido – que o inconsciente deve tornar-se consciente – não era completamente atingível através desse método. (Freud, 1969a, p. 31)

Ou seja, também a sugestão não funciona: "O paciente não pode recordar a totalidade do que nele se acha reprimido, e o que não lhe é possível recordar pode ser exatamente a parte essencial" (Freud, 1969a, p. 31). Frase simples e soberana na psicanálise. É Freud: não adianta fazer o paciente recordar porque do que ele não se lembra é exatamente o essencial. A psicanálise deixa de ser o tratamento da memória; não se trata mais de recordar algo que ficou impedido, mas de inventar algo que nunca foi sabido.

Vejam a seguir: "Dessa maneira, ele não adquire nenhum sentimento de convicção da correção da construção teórica que lhe foi comunicada" (Freud, 1969a, p. 31). A memória imposta não funciona com a sugestão, porque não existe nada mais a ser lembrado.

O analisando não se convence, falta-lhe convicção, o tratamento fracassa. A sugestão fala de uma memória que se esqueceu, a que não se teve acesso, mas, de qualquer maneira, estava escrito... nas estrelas. Um astrólogo seria muito semelhante a esse psicanalista sugestivo – e muito melhor, porque não precisaria nem que o analisando falasse. Seria só consultar os astros, o que eles determinam.

Esse elemento de convicção que pode ser dado pela memória deixa de existir a partir de 1920, quando, para Freud, não se trata mais de um problema na psicanálise, de uma falha da memória ou de uma questão de entendimento, ou mesmo de uma resistência do inconsciente. É impressionante como, depois de 70 anos, uma forte corrente de analistas continua insistindo na tese de que o inconsciente resiste.

Se viro a página, encontro a frase de Freud:

> A fim de tornar mais fácil a compreensão dessa "compulsão à repetição" que surge durante o tratamento psicanalítico dos neuróticos, temos acima de tudo de livrar-nos da noção equivocada de que aquilo com que estamos lidando em nossa luta contra as resistências seja uma resistência por parte do inconsciente. O inconsciente, ou seja, o "reprimido", não oferece resistência alguma aos esforços do tratamento. (Freud, 1969a, p. 32)

Freud é muito claro: o inconsciente não resiste. Mas foi necessário uma pessoa da envergadura de Lacan para lê-lo dessa forma. É certo que tenha ficado obscuro por muito tempo se os analistas faziam ou não uma psicanálise da resistência do inconsciente; mas, ainda hoje, sabemos que analistas continuam tratando da resistência, com a crença de que podem ser melhores que o próprio sentido inconsciente. Fazem isso por meio da contratransferência. Não me deterei nesse conceito; sigo nosso fio condutor, via compulsão à repetição.

Esse tema é atual, revigorado no texto "Interpretação pelo avesso", de Jacques-Alain Miller, publicado no *Correio* nº 14 (1996), ao lembrar que quem interpreta é o próprio inconsciente e que ele, o inconsciente, não é contra a interpretação, nem resiste a ela, mesmo porque ele *é* a interpretação. Ele não pode, portanto, ser contra sua própria natureza.

A CONVICÇÃO DE UMA ANÁLISE

Bastante atual essa questão para que nos perguntemos, a começar pelos candidatos a analistas, como obter a convicção de uma análise, infelizmente, uma das maiores dificuldades da psicanálise. Essa dificuldade encontra-se entre os próprios analistas: muitos abandonam a psicanálise por um outro tipo de tratamento.

Como ter convicção da verdade em uma análise? Uma convicção que em um primeiro momento foi dada por uma significação? De certa forma, todos, analisandos e analistas, encontram-se diante desse problema: sessões e mais sessões, e a coisa não anda. É comum essa queixa em supervisões, e não só da análise que se dirige, mas da própria análise. "Nada acontece na análise..."; "O que posso fazer?". É significativo o número de analisandos que terminam suas análises por cansaço, ou por cinismo, ou buscando um outro analista. São as maneiras habituais de se interromper uma análise.

Em um momento crucial, a questão da convicção surge. Eu diria que se trata de um momento em que se tem um saber, só que esse saber não serve para nada. Uma pessoa inicia uma análise; nesse percurso, surge um saber a respeito do seu mal-estar, momento da significação; e depois, como dar uma convicção a esse saber no tratamento?

Ouve-se muito em papos de corredor: "Eu sei que sou histérica mesmo". Ao dizer isso, a histérica está se colocando como locutora de si mesma, ou seja, você e eu sabemos dela em uma exterioridade absoluta: uma declaração inconsequente.

Quando uma pessoa pode se convencer de que ela é ela? Realmente, qualquer um pode se dizer histérico, obsessivo, louco; mas, em uma análise, em determinado momento isso ganha vida, corporifica. Há uma convicção quando alguém para de ser locutor de si mesmo, de contar sobre si, com exterioridade a seu respeito. Há que se evidenciar a própria histeria, a obsessão, etc., como um rabo que se forma para se tropeçar nele, para que se possa *atravessar* esse discurso. O fato de alguém se dizer histérico não quer dizer que ele ou ela não o seja.

Enquanto analistas, como transmitir tal convicção? Como transmitir a convicção da psicanálise aos analisandos? Como formar um analista? Convencendo alguém da existência do inconsciente? Como diria Lacan, ninguém formará analista algum se ele mesmo não estiver convencido de que quer ser analista, se não tiver passado por uma análise, porque mágica não existe.

Impossível se submeter a uma análise, ou dirigir uma análise, e, ao mesmo tempo, fazer sugestão, um tipo de ajuda. Há uma radicalidade necessária à psicanálise. Ninguém é obrigado a ser psicanalista, mas se decide sê-lo, aí sim, ele é obrigado a ser psicanalista. Um sujeito pode duvidar se quer ou não, pode protelar sua decisão, mas, a partir do momento em que disser "sim", não dá mais para brincar. Não dá para brincar de ser analista. Psicanálise é algo que realmente tem que valer a pena: para o analista e, sobretudo, para o analisando.

É comum vermos em análise pessoas suficientemente informadas de sua história, do seu mito familiar, para não quererem saber de mais nada; no entanto, continuam na mesma. A análise teve um percurso suficiente para que se possa ter certos pontos de referência.

Imaginemos a menina do interior, de família pobre, pai quase analfabeto, mãe costureira, que vem para São Paulo, faz Administração de Empresas na Getúlio Vargas, abre um escritório e começa a ter sucesso. Quando é procurada por clientes como o Banco Itaú, o Unibanco, entra em crise, perde os contratos e vai para a análise com o discurso da "pobre menina do interior". Queixa-se da impossibilidade de ter acesso aos salões da burguesia paulista, em uma insistência em remeter-se de novo ao romance familiar para tentar, ao recontar sua história de alguma outra forma, descobrir ainda alguma coisa. Seria isso o final da análise? Que a vida é boa para os privilegiados e má para os outros? Nesse momento, qualquer explicação só atrapalharia. Serve como amuleto para tamponar todas as dificuldades que se tem na vida.

Existe um longo tempo na análise para contar e recontar a história, buscar todos os ângulos possíveis antes de se convencer de seu esgotamento. Mas cabe a nós, analistas, perguntarmo-nos se não podemos abreviar esse tempo. A questão freudiana da prática analítica, da duração de uma análise, continua viva. Se continuarmos insistindo que uma análise deva durar dez, quinze, vinte anos, a existência da psicanálise estará seriamente ameaçada. Como avançar e chegar ao final da análise em um tempo menor? Nos anos 1970, em Paris, achava-se normal fazer uma análise durante vinte anos. Era *in*. Hoje, isso não é *in* em lugar algum. Para mantermos a psicanálise no mundo, é necessário precisar sua atuação. É necessária uma resposta a essa exclamação: "Vinte anos? Ah, não, prefiro continuar neurótico". Lacan apontava em "A direção do tratamento" a necessidade de um desgaste na multiface imaginária da vida de uma pessoa.

Como operar de forma tal a dar uma convicção? Parar de contar a história e viver algo transferencial da ordem da repetição dura é a resposta freudiana: algo do impossível se repete com o analista.

Volto a Lacan, no *Seminário 2* (1985a), em seu diálogo com Octave Mannoni e P. Beinaert:

> A comunicação da significação ao doente o faz sarar, na medida em que ela acarreta no doente a *Überzeugung*, ou seja, a convicção. O sujeito integra, no conjunto das significações que já admitiu, a explicação que o senhor lhe dá, e pode não ser sem efeito, de maneira pontual, na análise selvagem. Mas está longe de ser geral. (p. 399)

Lacan volta sobre cada fase freudiana. Ele acabou de falar sobre a primeira, a comunicação da significação ao paciente que se integra à significação anterior, levando a um certo alívio. Agora, no segundo momento, ele trata da questão da *integração:*

> Eis por que passamos à segunda etapa, em que é reconhecida a necessidade de integração no imaginário. É preciso que surja não apenas a compreensão da significação, mas a reminiscência propriamente falando, ou seja, a passagem para o imaginário. O doente tem de se integrar neste contínuo imaginário que se denomina o eu, tem de reconhecer como sendo dele, tem de integrar em sua biografia, a sequência das significações que ele estava desconhecendo. Estou, por enquanto, seguindo o terceiro capítulo dos *Essais de psychanalyse*. (Lacan, 1985a, p. 400)

O terceiro momento, da desintegração do ego, ocorrerá no final da análise. Digo ego porque a seguir, quando Freud fala que o inconsciente não resiste, ele vai dizer que a resistência é do ego, que busca a coerência. O inconsciente não busca coerência. As pulsões do homem põem em risco a coerência do ego e é o que uma análise também põe em risco. Uma pessoa busca uma análise à procura de uma forma coerente de ser. Como devo estudar, amar, trabalhar? São perguntas elementares em qualquer análise. Ninguém quer se fazer responsável por suas opções, de certa forma – quer se adequar às já existentes, a uma opção marcada. Lacan (1985a): "Terceira etapa – a gente se dá conta de que não basta, isto é, que há uma inércia própria àquilo que já se acha estruturado no imaginário" (p. 400).

Essa etapa encontra-se em Freud:

> Os pacientes repetem na transferência todas essas situações indesejadas e emoções penosas, revivendo-as com a maior

> engenhosidade. Procuram ocasionar a interrupção do tratamento enquanto esse ainda se acha incompleto; imaginam sentir-se desprezados mais uma vez, obrigam o médico a falar-lhes severamente e a tratá-los friamente; descobrem objetos apropriados para seu ciúme; em vez do nenê apaixonadamente desejado de sua infância, produzem um plano ou a promessa de algum grande presente, que em regra se mostra não menos irreal. Nenhuma dessas coisas pode ter produzido prazer no passado, e poder-se-ia supor que causariam menos desprazer hoje se emergissem como lembranças ou sonhos, em vez de assumirem a forma de experiências novas. (Freud, 1969a, p. 34)

Escutem bem, é Freud, ele é cristalino. Não façamos rumores:

> O que a psicanálise revela nos fenômenos de transferência dos neuróticos também pode ser observado na vida de certas pessoas normais. A impressão que dão é de serem perseguidas por um destino maligno ou possuídas por algum poder "demoníaco"; a psicanálise, porém, sempre foi de opinião de que seu destino é, na maior parte, arranjado por elas próprias e determinado por influências infantis primitivas. (Freud, 1969a, p. 21)

Sobre os destinos que as pessoas se dão:

> Assim, encontramos pessoas em que todas as relações humanas têm o mesmo resultado, tal como o benfeitor que é abandonado iradamente, após certo tempo, por todos os seus protegés, por mais que eles possam, sob outros aspectos, diferir uns dos outros, parecendo assim condenado a provar todo o amargor da ingratidão; o homem cujas amizades findam por uma traição por parte do amigo; o homem que, repetidas vezes, no decorrer da vida, eleva outrem a uma posição de grande autoridade particular ou pública e depois, após certo intervalo, subverte essa autoridade e a substitui por outra nova [pessoas que vão de mito em mito na vida]; ou, ainda, o amante cujos casos amorosos com mulheres atravessam as mesmas fases e chegam à mesma conclusão. (Freud, 1969a, p. 35)

Freud, depois de uma exemplificação exaustiva, conclui:

> Essa "perpétua recorrência da mesma coisa" não nos causa espanto quando se refere a um comportamento ativo por parte da pessoa interessada, e podemos discernir nela um traço de caráter essencial, que permanece sempre o mesmo, sendo compelido a expressar-se por uma repetição das mesmas experiências. Ficamos muito mais impressionados nos casos em que o sujeito parece ter uma experiência passiva, sobre a qual não possui influência, mas nos quais se defronta com uma repetição da mesma fatalidade. (Freud, 1969a, p. 35-6)

O analisando se dá conta disso interrogando-se, impaciente, quando a análise vai mudar o filme da sua vida. Aí é necessário um *basta* do analista, atravessando essa monotonia, porque a pessoa já se queixa sem grande convicção. Há vários momentos na vida em que se pode repetir: perde-se um amigo hoje, faz-se outro amanhã, muda-se de cidade, faz-se qualquer coisa para suportar o peso da própria loucura, da própria neurose.

Começo a concluir esses questionamentos com uma frase de Lacan respondendo ao analista no último capítulo do *Seminário 2*:

> O analista participa da natureza radical do Outro, dado que ele é o que há de mais dificilmente acessível. Desde então, e a partir desse momento, o que parte do imaginário do eu do sujeito concorda não com este outro ao qual ele está habituado, e que é apenas seu parceiro, aquele que é feito para entrar no seu jogo, mas, justamente, com o Outro radical que lhe está vedado. O que se denomina transferência se passa muito exatamente entre *A* e *m*, na medida em que *a*, representado pelo analista, faz falta. (Lacan, 1985a, p. 405)

O analista oferece a seu analisando uma parceria do ponto radical do Outro, e expõe aquilo que não oferece: a parceria do outro, ou seja, do cúmplice. Ele se oferece no ponto radical do Outro, faltando a seu analisando, não estando onde é esperado, surpreendendo. É necessária essa passagem para que a análise possa se concluir. É como entendo a expressão freudiana que diz que uma análise não se faz em ausência, nem em efígie. Uma análise se faz em uma relação direta com um analista, e a resposta que talvez possamos ter é o esgotamento das histórias, é o momento em que as posições que a pessoa ocupava na repetição neurótica de sua história são relatadas em sua própria análise ao analista.

No último seminário, apresentei o caso de um analisando a quem chamei de "José", e fiz uma tripartição entre saber e verdade. Hoje, já não o apresentaria da mesma forma. Eu o reapresentei no I Congresso da Escola Brasileira de Psicanálise, em Curitiba e, a partir das discussões, outras intervenções me fizeram refletir sobre uma certa lógica em considerar essa tripartição como um matema – portanto, válido para todos os casos. Uma das questões incidia sobre esse ponto diretamente, a outra interrogava-me sobre a conclusão dessa análise. Se pude escrever sobre esse caso como o fiz, é porque se trata de uma análise concluída, e falar sobre tal conclusão possibilita refletir sobre a convicção necessária à conclusão:

- havia um saber, não havia uma verdade;
- havia um saber, havia uma verdade;
- não havia um saber, havia uma verdade.

Chamo a atenção nesse texto para o momento em que José vai para a USP e entra nos diversos departamentos, e, "a cada passo, mais clara lhe parecia sua vida, seu percurso, como se diz. De certa maneira, não era um saber tão novo com o qual se deparava, mas nova era a forte convicção da verdade desses fatos. Freud não dizia que o obsessivo recalca o afeto, mas não as ideias, diferente da histérica que recalca os dois?". Quero marcar esse ponto onde José, movido por essa imagem, vê-se nessa história. O filme para ele teve um quê de "Analista Número I", de analista da significação, que o autoriza a dizer que aquela é sua história e ele a vive dramaticamente, entrando pelos corredores da USP, de madrugada, para sair de lá com a queixa de ter sido obrigado a fazer todos os cursos que fez porque acreditou que era burro.

O tema do "menino burro" ficou clássico a partir do texto *L'idiot de la famille* ("O idiota da família"), de Jean-Paul Sartre, que escreveu sobre Gustave Flaubert, considerado por muitos como o maior escritor da língua francesa, que, até os 15 anos, mal sabia ler. Depois de muitas queixas, José concorda que acedeu ao que o Outro queria dele, aceita sua responsabilidade, mas culpa o Outro: "Foi minha família que me disse isso". Esse é o momento de uma convicção significativa; ele realmente vê o que é sua vida, está satisfeito com ela, não busca mais deslocamentos para sua história.

Estive me perguntando se toda análise passa necessariamente pela transferência negativa. Lacan responde que sim, ela é necessária, mas que o analista não deve colaborar. Ela pode ser docemente necessária. É o que explicam certas passagens de análises com Lacan, em que seus analisandos afirmam que, em momentos cruciais, Lacan dizia *"Mon Cher..."*, de forma afetiva, carinhosa.

Retomando o "Caso José", sobre a conclusão da sua análise, eu diria que, mesmo tendo ele obtido uma convicção de sua história, ele a obteve do ponto de vista de "A história": "Eu sou a personagem desse filme". Se continuasse esse raciocínio, ele poderia ter concluído: "eu sou obsessivo", ou seja, a análise não faria o seu trabalho, manteria José como personagem do filme. Ele pôde manter um distanciamento. Primeiro houve um esvaziamento da sua história por meio da interpretação: "Você corria o risco de acreditar excessivamente nisso tudo". Depois dessa interpretação, ele passa por um período de acalmia. Passados seis meses, durante um final de semana, ele precisou de um acolhimento fraterno, em um período de intensa crise, quando deveria tomar uma decisão pessoal, uma decisão universitária da maior importância para sua vida. Ele entra em contato com o analista na sexta-feira e fica de voltar a contatá-lo no sábado, o que não aconteceu. Tal fato faz com que ele se depare com a ausência dos dois irmãos mais velhos em um momento de decisão, o que provocou o surgimento de uma violência muito grande contra o analista, "Você me abandonou no momento mais importante de minha vida", que dura um longo período com queixas, reclamações. Depois de mais algumas sessões ele diz: "Então minha análise terminou".

Terminou porque ele pôde suportar a não resposta. Suportar uma não resposta quando se está distante da pessoa é diferente de suportá-la estando próximo. Quando se encontra em presença, você não tem mais o recurso da explicação, do porquê não ter tido aquela resposta. A queixa de José era que o analista estava próximo e não respondeu. Se o analista tivesse dado qualquer justificativa para a sua não presença, o resultado seria outro. Qualquer justificativa por parte do analista deixaria a esperança de que a presença responderia.

Freud diz que é na presença que uma pessoa pode ter a convicção de uma verdade. É o que pude entender no "Caso José", especificamente essa passagem em que o analista faz alguma coisa: não dizer "O meu celular não funcionava" é fazer alguma coisa. Se dizer é um fazer, não dizer também é um fazer. Não dar uma justificativa, suportar a queixa, é um fazer, é um ato. E suportar a queixa é terrível; do ponto de vista da amizade, da fraternidade, como também é terrível tomar uma decisão crucial na vida e não contar com a pessoa que lhe é mais próxima – o analista. Todos sabem que é horrível, mas necessário. A falta do analista aponta a um excesso de significação, além do princípio do prazer, como dizia ao iniciar.

Mas por que um final de análise? Remeto-os ao texto de Lacan "Subversão do sujeito e dialética do desejo":

> A falta de que se trata é, com efeito, aquilo que já formulamos: que não há Outro do Outro. Mas esse traço do Sem-Fé da verdade, será mesmo ele a última palavra que presta para dar a sua resposta à pergunta "que quer de mim o Outro?", quando nós, analistas, somos seus porta-vozes? – Certamente não, e justamente porque o nosso ofício nada tem de doutrinal. Não temos que responder por nenhuma verdade última, especialmente nem pró nem contra religião alguma.
> (Lacan, 1998g, p. 833)

Lacan é claro: não se tem uma garantia da verdade do Outro; não existe o Outro do Outro. É isso que deveria ser dito ao paciente: "Eu não estava aqui, porque você tem mesmo que decidir sua vida"? Dizer isso seria uma conduta moral, moral do cinismo. Ele termina o trecho dizendo: "Certamente não, e justamente porque nosso ofício nada tem de doutrinal. Não temos que responder por nenhuma verdade última, especialmente nem pró nem contra religião alguma". Não se trata de dizer para o paciente que não adianta; existe esse tipo de interpretação: "Não vou lhe atender nesse final de semana porque não quero me oferecer a você como um irmão que possa lhe sustentar em um momento difícil da sua vida". Isso é extremamente confortante para a pessoa ficar tranquilamente neurótica para o resto da vida. Inadmissível receber garantia em sua própria análise para continuar neurótico.

Não sei se consigo transmitir a minha preocupação. Daí eu ter sugerido o título desse seminário *Da palavra ao gesto do analista*. Que fazer é esse do analista que possibilita a uma pessoa terminar sua análise? A que Lacan se refere como uma vacilação calculada, um cálculo preciso?

No caso que discuto, como juntar todos esses aspectos que permitiram a essa pessoa não ir embora, possibilitando a conclusão de uma análise? Isso poderia não ter sido uma conclusão, poderia ter sido uma saída, um final de análise cínico: "Se quando eu mais preciso o analista não responde, que o mundo se dane".

Depois dessa passagem, há toda uma forma de se apresentar na análise, diferente. Ele se dá conta de que a análise tinha terminado. Ele se dá conta disso apesar dele, quando diz "Então a análise terminou?!" – mal sabia ele que a análise tinha mesmo terminado. E, para isso, foi necessário ter que mudar. A análise terminou porque ele estava lá e não tinha mais a quem recorrer, a falta radical em absoluta presença.

Então, será que do ponto de vista clínico é necessário passar por esse momento de transferência negativa? Diria com Lacan que sim, é necessário e talvez tenha ocorrido aí o impedimento de Freud quando Ferenczi reclama dizendo não ter conseguido analisar a sua transferência com Freud. Tínhamos que achar algum nome para esse momento de apoio, necessário para que se possa prosseguir em uma análise.

Hoje, deixo esse questionamento.

8 de maio de 1996

VII

REPETIR NA IDIOTICE OU REPETIR NA NOVIDADE

UMA ANÁLISE DEVE POSSIBILITAR AO ANALISANDO

CANTAR DEPOIS QUE O ARTISTA VAI EMBORA.

JORGE FORBES

PUBLICAR É PRECISO

Começo por um breve comentário. Recebi ontem a *Carta de São Paulo* nº 15, que agora se apresenta em papel *couché* brilhante e, nesse número, com uma foto da Casa das Rosas na capa.

Confesso que, ao menos para mim, esse boletim se apresenta como um dos mais interessantes objetos, no mar de publicações psicanalíticas. Temos sido bombardeados por um número de publicações de psicanálise que vai muito além do nosso interesse, e que, a meu ver, começa a desinteressar, cansar, e até mesmo provocar um certo desprezo. A cada dia sai uma nova publicação, mais um livro, mais uma revista, mais um artigo. Há uma certa repetição nas instituições psicanalíticas atuais, no mau sentido.

O Brasil foi um dos primeiros países a implantar a psicanálise. Sua prática começou em São Paulo por volta de 1920, com o Dr. Franco da Rocha e o Dr. Durval Marcondes, seu assistente. Em termos de publicações, o Brasil ficou em dívida com o mundo durante muitos anos. Houve uma época, dita kleiniana, em que não havia produção no Brasil, em que os analistas produziram pouco. Agora, passados 20 anos da implantação do lacanismo no Brasil, temos, em abundância, produção de lacanianos e não lacanianos.

É interessante notar, em qualquer revista, a presença de seus termos, sem citação; muitos utilizam os termos de Lacan e apagam o seu nome. Vemos esses termos pululus: sujeito, discurso, real, ato, etc. Mas – observem – há nesse fenômeno um certo cansaço que deve nos preocupar para que não sejamos nós, os próprios analistas, a transformar a psicanálise em objeto fatigante. Para a manutenção da causa freudiana, há um melhor trabalho a ser prestado.

Nesse sentido, a *Carta de São Paulo* tem se destacado. É um objeto atraente, não apenas por sua capa colorida, nem tampouco por mostrar detalhes da cidade, onde esta Seção se inscreve, mas pela forma como se inscreve, como se apresenta.

Na página 15, pode-se ler uma bela síntese do I Congresso da Escola Brasileira de Psicanálise, em Curitiba.

Leio:

I Congresso da Escola Brasileira de Psicanálise
Como se Interpreta Hoje?
Os Casos Clínicos.
Foi um sucesso. Mais de cem participantes e todos lá.
Quatro plenárias "no sentido do termo".
Muitos trabalhos, clínicos ["Muitos trabalhos", vírgula, "clínicos", marcando a orientação].
Na volta, todos com uma música na cabeça:
Existirmos, a que será que se destina?
Pois quando tu me deste a rosa pequenina
vi que és um homem lindo e que se acaso a sina
do menino infeliz não se nos ilumina
tampouco turva-se a lágrima nordestina
Apenas a matéria vida era tão fina
e éramos olharmo-nos intacta retina
A cajuína cristalina em Teresina.

A cajuína, de Caetano Veloso...

Viro a página e encontro na rubrica "Galeria" uma foto de um grupo de analistas aplaudindo José Miguel Wisnik, de pé, com esta legenda: "Psicanalistas presentes ao I Congresso da EBP aplaudem José Miguel Wisnik". Quem a escreveu não colocou em evidência o que a foto já mostra: os analistas aplaudem de pé.

Não é comum ver analistas aplaudirem alguém de pé. Muito menos a outro analista. Mas, a José Miguel Wisnik, eles aplaudiram. E, na foto acima: "José Miguel Wisnik dá um show de Interpretação" jogando com o tema do congresso, a Interpretação, ele é visto ao piano interpretando uma música, *A cajuína*.

Acho interessante alguém, ao fazer a síntese de um congresso de psicanálise, dizer que ficou com a música de Caetano Veloso na cabeça, e que isso apareça justamente em uma revista oficial da Seção São Paulo da Escola Brasileira de Psicanálise. Dizem ser mais importante o que fica. No caso, ficou a música. Concordo plenamente com essa avaliação e dela retiro algumas consequências.

José Miguel Wisnik é titular de literatura da USP, compositor, cantor. Muitos, talvez, conheçam sua música do filme *Terra estrangeira*, de Walter Moreira Salles. Recentemente, ele fez uma série de trabalhos com José Celso Martinez Corrêa. Ele atravessa diversas fronteiras: pode dar aula de literatura, de história da música, pode fazer uma metamúsica, um show, como foi dito, e pode cantar a própria música. E não só cantou como entusiasmou os analistas pela forma de apresentar, e pelo que apresentou. Mostrou aos analistas o que Caetano Veloso traz nessa canção.

QUANDO A REPETIÇÃO TRAZ O NOVO

Vemos na letra de *A cajuína* Caetano Veloso se perguntando sobre a base de nossa essência, para que vale existirmos.

A resposta é o próprio cantar a existência. Não existe uma resposta na música em si também, ele não é americano... O que existe é a própria música em seu movimento, uma resposta do por que existimos, ao ser cantada, pelo menos, três vezes.

Os presentes viram na demonstração de José Miguel Wisnik que, ao cantá-la três vezes, se impõe uma série – absolutamente lacaniano. Foi interessante como ele explicitou essa questão, detalhadamente, achando que o auditório poderia ter dificuldades em entender por que o *três* abre uma série. Ele cantou a música três vezes, mostrando que, ao acompanhar o poeta dizer o porquê de existirmos, a música entra em tensão resolutiva, vem a solução: "A cajuína cristalina em Teresina". Daí, ele a retoma no começo: "Existirmos, a que será que se destina?", em um movimento de retorno a seu próprio início. Única resposta possível a esse movimento: cantar.

Não existe uma resposta racional no sentido do entendimento. Só existe uma resposta necessária: fazer uma ação perante isso. Em Curitiba, a ação foi o cantar. Um auditório de psicanalistas cantou *A cajuína,* sem música, à capela, e, por três vezes, retomou-a, no início, em uma demonstração de que algo sempre escapa, e do que escapa faz-se algo de bom. Os analistas cantaram. Não apenas cantaram como ficaram felizes, e, no final, aplaudiram, de pé, não só a José Miguel Wisnik, mas a eles próprios, por terem vivido aquele momento, por terem participado daquela plenária diferente.

Foi interessante também acompanhar a demonstração de Wisnik, de como a mesma música poderia ser cantada de uma forma idiota no sentido duro do termo, no sentido que

Lacan dá em *Televisão*. Retomo o termo para lembrar-lhes que o termo "idiota" se refere àqueles que são idênticos, a si mesmos, daí o termo "idiotia", ou "idiotice" – a repetição do mesmo. É nesse sentido que o utilizo.

Cantar essa música, em ritmo de baião, de pé seria uma forma idiota de transformar a genialidade de Caetano Veloso nessa letra e música, banalizando-a. Ou seja, fazê-la virar forró no sentido de uma marcação sincopada, própria do baião.

Alterando-se a tonalidade da música, pode-se ter a repetição do baião, a mímica sincopada. Quebrando-se essa mímica, onde se esperava a repetição do mesmo, surge uma mudança tonal, a partir da própria palavra "existirmos", que ele canta subindo. No baião, cantando "Existirmos, a que será que se destina...", no mesmo tom, ou melhor, mais baixo, faz-se o sincopado do forró.

Chamo a atenção para o que seria uma análise através do exemplo de José Miguel Wisnik porque, em uma análise, não se trata tanto de alterar uma história, mas de cantar a mesma história em outro tom. Em uma intervenção que fiz nessa plenária, comentei que uma pessoa pode cantar a sua vida na idiotia de um baião, ou pode se apropriar dela e fazer uma genialidade.

Repetir a idiotice ou repetir na novidade. São duas formas de repetição, só que uma é idiota e a outra é criativa. Chegaremos a isso depois de uma incursão pelas páginas freudianas de *Além do princípio do prazer* (1969a), citadas no último encontro, e de *Recordar, repetir e elaborar* (1969e), para concluir com uma observação de Lacan, de 1960, quando ele salienta a distinção entre a repetição do velho e a repetição do novo – o que diferencia a psicoterapia da psicanálise.

REPETIR CRIANDO

Insisto ainda sobre as produções, e diria que estamos em um mar de produções psicanalíticas nulas. E, quando digo nulas, não estou dizendo que o são do ponto de vista de que um ou outro trabalho não é importante em si; digo que são nulas porque estão mais para baião repetitivo do que para algo que possa interessar às pessoas, que já não leem mais o que está sendo produzido. Por outro lado, existem pessoas que sabem falar da psicanálise e são ouvidas com muito interesse, como José Miguel Wisnik, Arnaldo Jabor e tantos outros que fazem a psicanálise vibrar em cordas renovadas.

Há duas formas de provocar o interesse na transmissão da psicanálise: ou pegamos baiões conhecidos e tocamos com novas cordas ou criamos novas músicas. Não é fácil criar novas músicas. Não temos um Freud ou um Lacan a cada dia. O avanço da psicanálise se faz por meio de novos conceitos elaborados, da criação de novos matemas, de um novo recorte do conteúdo semântico, para voltarmos ao professor Greimas. Não se faz isso todos os dias; não dá para ser novidadeiro sempre.

O que se pode fazer é fazer valer, poder dizer o que se faz com esses instrumentos conceituais que foram criados e ousar dizer de que maneira essa particularidade pode se juntar ao universo de interesse dos outros.

Isso faz pensar na diferença que marca um analista, um literato, um jornalista, um cineasta, etc. Há algo em comum entre eles: são os profissionais do incompleto. Somos os profissionais do incompleto porque trabalhamos na expectativa do incompleto. Deixamos a expectativa do completo, talvez, para os executivos, para todas as áreas do social que repetem o mesmo. Claro que teria dificuldade em dizer para os idiotas, que têm *"idem"*, "igual", "o mesmo" em sua raiz.

Quando pensava nisso, ocorreu-me: "os idiotas são muito mais ricos que os não idiotas". É verdade, o mundo paga muito mais aos idiotas que aos não idiotas. Paga-se um preço por não ser idiota. Porém, o contrário do idiota não é o esperto, é o tolo – aquele que suporta a incompletude, que vive no mundo, mesmo sabendo que ele é incompleto. O cínico, por sua vez, sabe que, como idiota, ele é incompleto, mas finge não saber. O executivo, por exemplo, finge administrar a incompletude do outro. Há uma proximidade entre o cínico e o perverso.

Por que um analista não é aplaudido de pé como José Miguel Wisnik? Porque, tal como o escritor criativo, o músico, principalmente quando canta, faz a plateia se esquecer de sua culpa, de sua autoacusação. Minha referência é o último parágrafo do texto de Freud, *Escritores criativos e devaneios* (1969c), à página 157, quando ele escreve que o escritor criativo libera as pessoas da culpa e da autoacusação e possibilita um canto irresponsável. As pessoas que cantavam naquele auditório, ao sair, não cantavam mais. Elas cantaram sustentadas pelo canto de José Miguel Wisnik, acompanharam baixinho, timidamente. O problema é, terminado o *show*, a pessoa ser capaz de continuar a cantar, sozinha.

Uma análise deve possibilitar ao analisando cantar depois que o artista vai embora, uma vez que o que ela oferece ao analisando é a responsabilidade sobre seu próprio canto.

Poderíamos dizer que, quando se canta em grupo, acompanhando um cantor, esse canto é irresponsável. Havia um responsável ali, José Miguel Wisnik. O coro e o leitor são anônimos, cúmplices, narcísicos. No coro, todos cantam bem, quem canta mal é o vizinho. Cada um contribui com o melhor de si; inclusive aquele que não canta para não estragar o canto.

Depois de Frank Sinatra cantar uma música, nunca mais essa música foi a mesma. Ela passa a ser *A* música, como foi o caso de *Eu sou a música*, interpretada por ele. Pessoas como Frank Sinatra e Lacan podem sustentar estes discursos: "eu sou a música", "eu sou a verdade"; podem ser escutados por milhares de pessoas e suportar a transferência por saberem não o ser. Coloco aqui um novo personagem conceitual: a capacidade de suportar a transferência.

O cantor, o compositor, o literato, o poeta, o jornalista, enfim, todos aqueles profissionais que eram catalogados nas ciências humanas – ao que acrescento um lógico, como Newton da Costa, e um físico, como Mário Schenberg –, pessoas que, não tanto pela especificidade de suas matérias, mas pela maneira como trabalham essas matérias, podem ser chamadas de profissionais do incompleto.

Qual a diferença entre os profissionais do incompleto e o psicanalista, que também o é? O psicanalista é o único a responsabilizar o sujeito na incompletude. É o único que se dedica a retificar a posição do sujeito diante dessa nova razão. Daí o título do texto de Lacan, de 1957: "A instância da letra no inconsciente ou a razão desde Freud" (Lacan, 1998c).

A pessoa deve mudar depois de uma análise, deve poder cantar sua vida em uma nova razão. É o que se pode obter em uma análise: uma nova retórica que é uma nova razão de dizer.

Somo minhas preocupações com o cansaço em torno das publicações psicanalíticas a uma discussão bastante atual na Associação Mundial de Psicanálise. O problema, nesse momento, é a fadiga proveniente do tema do IX Encontro Internacional de Buenos Aires, a Interpretação, causada pela prática de manter a cada dois anos um congresso internacional com um tema preestabelecido.

Se, por um lado, anunciar o tema do próximo encontro com antecedência pode cansar, por outro é interessante a possibilidade da simultaneidade do trabalho sobre um mesmo tema no mundo todo, o que, evidentemente, facilita as trocas.

Acho que é necessário colocar em discussão o trabalho da psicanálise e lembrar que existem duas formas de encaminhá-lo: uma criada do ponto de vista conceitual e outra recriada do ponto de vista pragmático. Qual a práxis possível da psicanálise? De que forma transferir, que é a própria base da sua transmissão? Foi por onde comecei meu elogio à *Carta de São Paulo*.

Não é necessário que todos os analistas sejam professores ou autores, não se trata de uma necessidade. Para ser analista, não é necessário o dom da oratória ou o dom da escrita. Tais aspectos ultrapassam uma análise: ela não vai gerar um escritor nem um orador. Se a pessoa for um escritor ou um orador, sem dúvida isso irá se revelar, mas jamais poderá dar a uma pessoa um dom que ela não possui. Mas podem se revelar outros dotes. Eu adoraria tocar piano como José Miguel Wisnik. Cantaria *A cajuína* para vocês, ao final de cada seminário...

É nesse sentido que deveria ser revalorizada a função do cartel, onde alguém pode ser escutado na sua relação com a psicanálise. A mesa de conferências não é o único lugar para fazê-lo. Pode-se conferir, aprofundar e, às vezes, muito melhor, nesse pequeno grupo chamado cartel. É uma proposta de Lacan, interessante, mas habitualmente esquecida. O cartel possibilita a qualquer pessoa apresentar suas questões e avanços, sem ser escritor ou orador.

E AGORA, JOSÉ? FINAL DA FESTA DO INCONSCIENTE

Vocês verão que esse longo percurso está vinculado ao que virá.

Se alguém pensou que dei o nome "José" ao paciente referido anteriormente em virtude do poema de Carlos Drummond de Andrade, acertou. Foi exatamente por esse motivo, mas só descobri isso depois. Um dia a festa acaba e, realmente, o que fica na cabeça é o verso, a pergunta de Drummond. De que maneira responder ao *E agora, José?*

> José
> E agora, José?
> A festa acabou,

a luz apagou,

o povo sumiu,

a noite esfriou,

e agora, José?

E agora, você?

Você que é sem nome,

que zomba dos outros,

você que faz versos,

que ama, protesta?

E agora, José?

Está sem mulher,

está sem discurso,

está sem carinho,

já não pode beber,

já não pode fumar,

cuspir já não pode,

a noite esfriou,

o dia não veio,

o riso não veio

não veio a utopia

e tudo acabou

e tudo fugiu

e tudo mofou,

e agora, José?

E agora, José?
Sua doce palavra,

seu instante de febre,
sua gula e jejum,
sua biblioteca,
sua lavra de ouro,
sua incoerência,
seu ódio – e agora?

Com a chave na mão
quer abrir a porta,
não existe porta;
quer morrer no mar,
mas o mar secou;
quer ir para Minas,
Minas não há mais.
José, e agora?

Se você gritasse,
se você gemesse,
se você tocasse
a valsa vienense,
se você dormisse,
se você cansasse,
se você morresse...
Mas você não morre,
você é duro, José!

Sozinho no escuro
qual bicho do mato,

> sem teogonia,
>
> sem parede nua
>
> para se encostar,
>
> sem cavalo preto
>
> que fuja a galope,
>
> você marcha, José!
>
> José, para onde? (Andrade, 1991)

Esse poema se adapta muito bem ao percurso de uma análise, explicitamente à análise de José, quando a festa do inconsciente acaba.

O inconsciente é uma festa que um dia acaba. Como ir além da festa? Como não sair de uma análise antes do seu final? Como prosseguir no osso, no resto de uma festa? O que fazer com o que restou das associações? Perguntaram-me sobre a sequência do "Caso José". Comentei que em uma sexta-feira aconteceu-lhe algo importante em sua vida e ele precisou desesperadamente de seu analista. Telefonou-lhe e o analista lhe respondeu que faria contato com ele, mas não disse quando. José esperou que fosse no mesmo dia, mas o retorno só ocorreu na segunda ou terça-feira seguinte.

Naquele final de semana, ele teve que tomar decisões fundamentais, sem o analista. Isso levou alguém a se referir a essa situação como uma *puxada de tapete* pelo analista, quando o analisando menos esperava. Ou seja, o analista cria a expectativa para depois "puxar o tapete". Afirmação formidável, por retratar bem o imaginário que uma situação como essa provoca – "Você me vendeu um sonho e entregou-me um pesadelo". "Você disse que me acompanharia e quando eu precisei, você não estava."

À primeira vista, poderia parecer uma puxada de tapete. Não responder à demanda, porém, não é puxar o tapete. Puxar o tapete, em última análise, seria uma perversão, uma maestria sobre o gozo do Outro. Utilizo o tapete como metáfora do gozo, daquilo que sustenta o gozo de uma pessoa; ou seja, na medida em que se puxasse, é porque saber-se-ia como administrar o gozo do Outro. Só se pode puxar o tapete quando se o localiza. Ao apresentar o "Caso José" surge a pergunta sobre o cálculo do analista. A ausência no final de semana foi calculada propositalmente? "Puxar o tapete", normalmente, é proposital.

O ato analítico, porém, não pode ser proposital, porque o analista o suporta, não o executa. O ato lhe ultrapassa. Tentarei dizê-lo de outra maneira, mais clara. Alguma coisa é calculada em uma análise? Sim. O manejo da transferência é importante? É fundamental.

Em seu texto *Recordar, repetir e elaborar*, Freud (1969e) falava do fundamental no manejo da transferência. No entanto, o analista suporta a parte final do manejo – o ato. Ele o suporta porque nele existe algo de incalculável, de não previsível. No momento final do ato, há algo que se calcula e algo que não se pode calcular.

Como sabem, há uma equação comum, bastante clássica no tratamento da histérica: a ereção do homem como Todo-Poderoso e, em seguida, a sua derrogação. Primeiro, ela elogia o analista, depois, diz que ele não presta. Dou um exemplo: um analista é procurado por uma histérica para se tratar. Já nas primeiras entrevistas, após uma série de elogios, ele é bombardeado pela derrogação: "Você é formidável, mas jamais poderá me entender por não ser uma mulher"; "No fundo, as mulheres têm problemas que só as mulheres podem compreender".

Após escutar repetidas afirmações desse contrassenso, "Porque você não é mulher", "Só uma mulher pode entender uma mulher", o analista, em uma última tentativa de colocá-la em análise, diz-lhe: "O que lhe faz pensar que eu seja um homem?".

Havia um diagnóstico, o analista sabia tratar-se de uma histérica e do impedimento transferencial que ele devia desemperrar para possibilitar uma retificação subjetiva da relação desse sujeito com o saber, da sua relação com o seu inconsciente. É impossível dizer que ele pensou nessa interpretação anteriormente. Mesmo porque, se tivesse pensado, provavelmente não teria tido coragem de pronunciá-la. Ele diz isso quando o saber lhe ultrapassa, só aí ele faz o ato. É a própria definição do ato. Impossível dizer se houve um cálculo ou se não houve, se o fez de propósito.

Se fosse premeditado, seria uma perversão, uma administração do gozo do Outro. O analista não se oferece para administrar o gozo do Outro, ele não é um puxador de tapetes, mas ele responde do lugar da falta do Outro, o que provoca o imaginário.

Foi a questão levantada por José: havia ali um analista? Se ele tivesse tomado o ato do analista por uma puxada de tapete, certamente não teria terminado sua análise. Por poder suportar a não resposta à sua demanda, ele pôde concluir a análise. Uma outra questão tem me ajudado a refletir: José sai da análise quando ele mais teria a falar, disseram-me. A verdade é que muitas pessoas saem da análise não porque esgotaram o que tinham para falar, mas porque não têm mais o que falar na sustentação do analista.

Respondi essa questão quando me referi ao cantar além da presença do cantor. Pode-se sair e manter o canto, sair da análise mantendo-se analisando. Sair da análise para se manter nela mesma, quando não mais se precisa do analista para suportá-la. Finaliza-se a análise e mantém-se a transferência com a psicanálise.

Deixo como referência as descrições do Cartel do Passe, publicadas no livro *Como terminam as análises*:

> O fim da análise foi ligado à máscara da castração materna de que o analista se revestiu, diante da qual o passante recuou. O sujeito tentou visar à completude significante para reduzir esse ponto. O clarão não se produziu.
> (AMP, 1995, p. 166-7)

Trata-se de uma moça que fazia análise com uma analista, que tinha muitas coisas para falar e, de repente, descobre em sua análise que, embora não tivesse organizado nada em sua vida – coisa que se espera no final de uma análise, ter uma certa lógica na vida –, tinha a convicção de não ter mais a quem se dirigir para organizá-la.

O Cartel do Passe afiançou um final de análise graças à sua convicção de que não havia um organizador possível ante aquela bagunça. O que não quer dizer que ela estivesse organizada; mas uma série de significantes ainda não encaminhados se referia, nesse momento, ao final de uma análise.

Não se trata de um caso semelhante ao de José; ele adquiriu uma organização que essa paciente não conseguiu. Há uma multiplicidade de finais de análises, cada um particular.

Poderíamos dizer que as entradas em análise são semelhantes e as saídas são diversas. Disso resulta que possamos tipificar com mais facilidade a entrada em análise, ao passo que do final só podemos ouvir a inscrição de um a um, no Cartel do Passe, onde não se pode ser o juiz de alguém. Não é o Cartel do Passe que vai julgar se alguém cumpriu os requisitos. O Cartel do Passe se deixa ensinar, é o oposto de uma banca universitária que vai avaliar se a pessoa adquiriu ou não os requisitos necessários para obter o título de mestre ou doutor. O Cartel do Passe reconhece se a pessoa cumpriu requisitos, mas para entrar em sua particularidade. Só aquele que sustenta a sua própria particularidade pode transmitir, interessar e causar; do contrário, fica chatíssimo.

Volto ao início, quando falei do aborrecimento da psicanálise, do cansaço, para situar a questão de como dar convicção no final da análise, questão esta vinculada à teoria da verdade, que trabalhei da última vez.

UM SABER SEM EXPRESSÃO: A VERDADE

Retomo pontos fundamentais como formas do dizer verdadeiro no percurso de uma análise, em *Além do princípio do prazer*

(1969a) e em *Recordar, repetir e elaborar* (1969e) – que, como o próprio nome indica, são três pontos pelos quais podemos nos orientar.

Em um primeiro momento, a verdade é referencial, como já dito, ou correspondencial. Quando uma pessoa procura uma análise, ela se queixa na verdade correspondencial: "Procurei um analista porque minha professora disse que eu preciso me analisar". Ela diz algo a respeito de uma professora que realmente existe. Se o analista pergunta: "O que a análise tem a ver com a professora?", ela responde: "Se não me analisar, vou tirar notas baixas". Existe uma assertiva, uma verdade referente a um fato, uma verdade que tenta comover o ouvinte, uma verdade correspondencial. Freud abandonou essa verdade em 1897, como ele narra a Fliess na "Carta 69", para, em seguida, situar a psicanálise na verdade por coerência.

A verdade por coerência é a verdade que se busca em uma análise, depois da verdade correspondencial. Aqueles que trabalham em uma análise correspondencial costumam entrevistar pai e mãe para perguntar se é verdade o que o filho diz; certificam-se da veracidade da história, fazem visitas, etc.

Com a verdade coerencial, o destaque é colocado na realidade psíquica, em detrimento da realidade do mundo. Freud passa a relativizar a realidade do mundo. Vimos, porém, desde o seminário anterior, que, na realidade psíquica, a verdade por coerência não é suficiente para manter o final de análise. Esse seria da ordem da infinitude. Uma associação leva a outra em uma cadeia infinita, tudo é válido porque há sempre uma interpretação. Mas, em algum momento, é necessário sair desse "tudo vale tudo". Uma história contada em uma análise pode parecer pouco importante, menos para quem conta. Quando se relata um caso clínico, às vezes se ouve uma risada. Interessante é aquele que conta poder rir um dia, mas ele irá rir de outra forma, certamente. Ele poderá rir se lhe for possível suportar a variação ficcional da sua própria história.

Já que nem a verdade correspondencial nem a verdade coerencial sustentam o percurso de uma análise, que nome dar à verdade do final de análise?

Em outro momento, disse que talvez seja uma verdade incompleta. Mas que nome dar a essa verdade? Newton da Costa e eu pensamos testar a expressão "verdade pragmática". De imediato, fico reticente, porque se trata de uma fórmula utilizada no início do século com outros objetivos. Segundo Newton da Costa, atualmente há uma nova definição na lógica de pragmatismo, o que poderia justificar o uso desse termo. Não chegamos a uma conclusão. Trata-se de uma pesquisa que está esperando por um melhor encaminhamento, ao menos da minha parte. De qualquer forma, acho difícil encontrarmos um nome passível de universalização para essa verdade. É uma verdade que tem como característica a manutenção da sua incompletude, o que leva à questão que estamos trabalhando, ou seja, à convicção de uma verdade que não é provada em um saber. A verdade correspondencial é provada em um saber e a verdade coerencial é provada em um outro saber.

Repito a questão: já que a prova a que se está normalmente acostumado é a do saber, como se convencer de uma verdade cuja prova não é o saber? A verdade por correspondência e a verdade por coerência se justificam de maneira diferente. A primeira se justifica na realidade, na relação língua-objeto, é a verdade aristotélica. Dizer o que é verdadeiro ou o que não é verdadeiro se justifica na relação língua-objeto. A segunda, a verdade por coerência, não se justifica no saber língua-objeto, mas se justifica no saber de língua a língua. O sonho leva a crer que as associações criam, há um saber do inconsciente que deposita uma verdade. É a língua na língua que exclui o objeto, mas existe um saber na língua.

O problema é que existe um terceiro elemento a ser alcançado, e esse terceiro elemento, que nos questiona hoje em dia, é o que estou tentando trabalhar ao dizer que a análise vai da palavra ao gesto do analista. A base está em Freud (1969e), em *Recordar, repetir e elaborar*.

Serge André (1996) coloca a questão:

> Daí Lacan insistir tanto sobre o fato de que, para visar ao gozo, o psicanalista só dispõe de um único tipo de interpretação: a que incide sobre a cifração, sobre o puro jogo do equívoco significante. O problema da interpretação continua sendo, portanto, um problema de retórica. Trata-se de voltar à cifra, de fazer um uso cifrado de "*alíngua*", não para fazê-la dizer não importa o quê, mas para enfeitiçar o gozo, para "cativá-lo", como diz Lacan, a fim de que ele não se constitua mais como obstáculo. Enfim, interpretar o gozo, traduzi-lo, nem pensar, nem sequer dizê-lo. É preciso encantá-lo pela pura modulação do significante. (André, 1996, p. 22)

"*Alíngua*" é O gozo, que não é cifrado; é um material em extensão. Interpretar o gozo seria se tornar mestre do gozo do Outro; seu analisando tornar-se-ia vítima e você, o algoz.

Repito essa frase de Serge André (1996): "É preciso encantá-lo pela pura modulação do significante", que coloco em correspondência com a "vacilação calculada". Seria outra forma bonita de dizer isso com Lacan (1998g), nos *Escritos*, em "Subversão do sujeito e a dialética do desejo no inconsciente freudiano". Existem outros exemplos trabalhados, como aquele do "Estou expirando...", quando um obsessivo quis se certificar se o analista estava morto.

Serge André também coloca essa questão em relação com Balthasar Gracian, ao dizer que a verdade se mostra. A *montra* é suplemento próprio para preencher o vazio absolutamente necessário que dá às coisas, de alguma maneira, um segundo ser. Traz em si a ideia da verdade, não como se crê comumente, como o avesso da aparência. A verdade está na aparência. Ela é provocada a partir da aparência. É toda uma modificação na maneira de ver, de apreender a verdade. Estou me ressituando, no texto de Serge André, para lembrar-lhes que, no seminário anterior, fiz referência ao capítulo III de *Além do princípio do prazer*, em que Freud (1969a) classifica o progresso na psicanálise.

Abro parênteses. Nessa época, Freud ainda busca na biologia uma sustentação para uma descoberta absolutamente revolucionária para ele e para o mundo. Ele declara que não existe só pulsão de vida, existe também a pulsão de morte, o retorno ao inanimado.

Fiquei pensando se hoje em dia sustentaríamos a pulsão de morte em uma referência biológica, como ele o fez em 1920. Lacan retoma essa questão nos *Seminários 3, 4 e 5*. Talvez pudéssemos dizer, provisoriamente, que, hoje, o saber da matemática ou da lógica substitui a utilização da metáfora biológica, porque é mais econômico, mais consistente e universalizável – portanto, mais de acordo com os ideais científicos.

Isso me levou a falar, no início, sobre os profissionais do incompleto, e não a afirmar que a biologia demonstra que existe um incompleto. Eu diria que existe uma episteme do incompleto, da qual a biologia faz parte. Eu a coloco entre outras, e não como mestre em sua excelência. Nesse sentido, Freud, como um gênio do novo pensamento, ainda paga uma hipoteca ao pensamento de onde ele veio. É baseado nesses fatos que surgem livros tais como *Freud, o biólogo da mente* (*Freud, biologist of the mind: beyond the psychoanalytic legend*, de Fransk J. Sulloway, 1992). É a resposta que dou a essas referências biológicas nos capítulos que seguem.

Recupero essa tripartição em *Além do princípio do prazer* destacando que, no início, a psicanálise revelava. O ato do analista era de revelação, em seguida de convencimento, pelo peso da transferência, diz Freud (1969a). Nesse texto, surge o impasse, pois existe um repetir que leva ao problema da convicção. É um repetir de algo ruim, e não de algo bom. Até 1920, a orientação de que estaríamos no mundo para obter prazer vinha em auxílio de Freud. A partir dessa data, essa orientação é descartada pela psicanálise. As pessoas não querem viver pelo bom senso. O gozo não tem nada a ver com o prazer do bom senso. Freud não pode contar com isso para convencer seu analisando, nem com a sustentação do saber a que acabei de referir na verdade correspondencial e coerencial. Os analisandos cobram o prazer: "Faço análise para me sentir melhor e estou cada dia mais angustiado" é a voz corrente. Se não cobram isso, é porque estão no bom senso, o que não é nada bom.

Freud (1969e), em *Recordar, repetir e elaborar*, aponta a necessidade de um tempo para elaborar; ele alerta para não esperar que o analisando mude, mas também para não pensar que a análise é um fracasso, que é necessário tempo – daí o título.

Teoricamente, essa posição está vinculada ao texto *Além do princípio do prazer*. É um achado clínico ler os dois textos juntos. Destaco a primeira página de *Recordar, repetir e elaborar*, porque Freud reproduzia a mesma organização de *Além do princípio do prazer*, seis anos depois, para demonstrar a lógica de sua questão. Vejam que interessante: "Não me parece desnecessário continuar a lembrar aos estudiosos as alterações de grandes consequências que a técnica psicanalítica sofreu desde os primórdios" (p. 193). Vejam agora *Além do princípio do prazer*:

> Vinte e cinco anos de intenso trabalho tiveram por resultado que os objetivos imediatos da psicanálise sejam, hoje, inteiramente diferentes do que eram no começo. A princípio, o médico que analisava não podia fazer mais do que desco-

brir o material inconsciente oculto para o paciente, reuni-lo e, no momento oportuno, comunicá-lo a este. (Freud, 1969a, p. 31)

Ele fala da questão do tempo e registra as mudanças que observou nesses seis anos. Em sua primeira fase de trabalho com Breuer, a da catarse, a psicanálise consistia em focalizar diretamente o momento da formação do sintoma. Esforçava-se, persistentemente, por reproduzir os processos mentais envolvidos nessa situação, a fim de dirigir a descarga ao longo do caminho da atividade inconsciente, em uma tentativa de provocar a recordação e ab-reação.

Retomando:

- Ponto 1: recordar e ab-reagir;
- Ponto 2: resistir; e
- Ponto 3: repetir.

Sugiro que continuem nessa leitura para acompanhar como, em 1914, Freud já detectara a dificuldade da clínica psicanalítica na convicção de um saber sem uma expressão – portanto, de uma verdade inexpressável, a não ser na modificação da pessoa. Nada nos resta a fazer a não ser cantar e contar, e o Outro é que saiba. O saber é do Outro.

Quando se escreve na *Carta de São Paulo* "e saímos daquele congresso com a música na cabeça", *nós* saímos, e não José Miguel Wisnik. Tal como o ator, em Diderot, ele sai do palco sem ficar impregnado por sua personagem, porque ele não encarna mais a personagem, ele a transferiu para a plateia, e esta, sim, sai cantando *A cajuína*. Ele, José Miguel Wisnik, foi cantar, compor outra música, em outro lugar, porque aquela já havia lhe ultrapassado.

Nós – nós recomeçamos *A cajuína*...

15 de maio de 1996

VIII

AS QUATRO POSIÇÕES SUBJETIVAS

OS PROFISSIONAIS DO INCOMPLETO

Retomo meu comentário de nosso último encontro sobre os profissionais do incompleto. Quando relacionei jornalistas, artistas, psicanalistas como profissionais do incompleto, utilizei essa nomenclatura em substituição a uma anterior, que se referia a esses profissionais como humanistas.

Nesta semana, especialmente, estaremos vinculados aos médicos, às vésperas de um Seminário sobre depressão. Ocorreu-me, então, aprofundar a questão do médico e do psicanalista como profissionais do incompleto. Antecipo minha preocupação sobre o tema, articulada com a questão trabalhada por Freud (1969a) em *Além do princípio do prazer:* a psicanálise é ou não dualista? E, se a resposta for afirmativa, em que sentido ela o é?

Freud discute essa questão à página 73, mas gostaria de acrescentar de que maneira poderíamos, hoje, pensar em um dualismo. Por enquanto, mantenho a terminologia "profissionais do incompleto" para discutir a relação do psicanalista com o médico.

Na semana anterior, logo após o seminário, recebi o telefonema de um amigo, um grande médico paulista, dizendo-me que iria receber uma homenagem, e que não tinha a menor ideia do que falar sobre o médico aos médicos, e se eu poderia propor alguma ideia, escrever algo no prazo de uma hora e meia. Tratava-se de um catedrático em medicina que iria receber, na abertura de um congresso, uma medalha, um título importante. Fiz um texto, pequeno, proporcional ao tempo que me fora dado, e percebi depois haver realinhavado questões trabalhadas aqui na última quarta-feira, o que justifica dividir com vocês um texto oferecido a um amigo.

Parece que os médicos gostaram muito, foi o retorno que recebi. É um texto "cyranoico": o amigo recebeu a homenagem e Cyrano ficou atrás do pano. O meu presente é poder lê-lo aqui, evidentemente com a autorização do meu amigo (que, aliás, não esconde isso). Ele conta, com uma certa graça, o embaraço em que se encontrou após a homenagem, quando lhe pediram para escrever uma mensagem no Livro de Ouro da faculdade – ao que ele respondeu: "Já que gostaram tanto do discurso, escrevam-no no livro".

Faço essa abertura no sentido em que Lacan, ao falar sobre psicanálise e medicina, colocava a psicanálise como a verdadeira medicina, como aquela que restou de uma medicina extraviada. É a metáfora que ele usa e que nos toca diretamente: referir-se à psicanálise como a última flor do lácio da medicina.

Então, o "Discurso aos médicos", um discurso cyranoico:

> Queridos colegas e amigos
>
> É esperado de um homenageado que, ao falar, pinte um arco-íris e indique o pote de ouro ao seu final.
>
> Não foi para isso que vim; não tinha as tintas, perdi o pincel.
>
> Não posso agradecer essa homenagem que tanto me anima com a palavra de ilusão fácil, com o descompromisso do tudo bem, com um tapa nas costas, com um "preparemo-nos em vão".
>
> Esta é uma semana especialmente difícil para os médicos, os pesquisadores. Os principais jornais e revistas do país publicam em manchete a precariedade atingida pelo médico brasileiro: salário médio mensal de R$ 1.100,00 resultado de quatro empregos, aliás, de quatro subempregos. Permitam-me a dureza de dizer: o médico brasileiro está de quatro. Há que se levantar, e, para isso, a pergunta: "Como chegou a ficar de quatro?". Para onde foram os princípios de autonomia sonhados no início da carreira, na escolha da profissão dita liberal? Onde estão as possibilidades do exercício da medicina desejada, da compra de um livro, de um momento de estudo, da educação de um filho? Onde estão? A situação é tão grave e alarmante que o médico de hoje nem mais tem condições de reclamar, de pensar em outras possibilidades, de reinventar seu futuro. Ele ficou de quatro.

Não sei a resposta total à minha pergunta, do como esse presente foi construído. Restrinjo-me ao exame de um aspecto que me parece importante: o médico está de quatro por ter acreditado, como Ícaro, que as máquinas o fariam voar, ultrapassar os horizontes, alcançar a saúde total.

Explico-me: houve um tempo em que gostosamente repetíamos com Miguel Couto: "A clínica é soberana". E o que era a clínica? Era a clínica? Era a escuta do detalhe, do toque sutil, a percepção refinada que escapavam às determinações maquínicas. Era o tempo em que o nome "auxiliares" bem conceituava os exames – exames auxiliares, e não principais. A "clínica soberana" queria dizer que não há clínica sem médico. E, no entanto – paradoxo da ilusão –, os médicos acreditaram, contribuíram a uma clínica sem médico. Dizia-se: amanhã, tudo olharemos com as novas gerações de raio X, tudo apalparemos com os revolucionários ultrassons, tudo auscultaremos, etc., etc.

Os médicos esqueceram que, se o progresso da semiologia e da terapêutica é evidente, não menos o é o surgimento de novas patologias. Ontem, a tuberculose, a sífilis, o câncer. Hoje, a Aids, amanhã, a vaca louca inglesa, o cérebro em esponja se decompondo. Exagero? Não; falo do que está aí.

A solução, penso eu – e lhes proponho à discussão –, não se encontra na esperança da nova máquina ou do novo remédio, transformadores de antigos médicos em técnicos-eletricistas ou leitores de bulas; mal assalariados. A solução, uma solução possível, é dizer basta à loucura do Ícaro. Chega de cair de quatro. Progredir, sim, sempre. Saber mais, sim, sempre. Defender a vida, sim, sempre, mas sempre reconhecendo que a morte é inevitável e que nenhuma ilusão dela nos defenderá. E, na balança entre a vida almejada e a morte inevitável, no lugar do fiel, ali deve haver um médico, de pé – não de quatro –, soberano sobre os exames e os remédios, lembrando que o homem iludido se joga pela janela e cai de quatro. De outra forma, com tempo e prudência, pode fazer um avião que, no nosso caso, estampe, divulgue, balance em seu leme, como aqueles aviõezinhos de propaganda nas manhãs de domingo nas praias: "A clínica é soberana, não há clínica sem médico".[1]

Permito-me dividir com vocês essa inquietação: os médicos se esqueceram da medicina. Talvez possamos viver neste final de semana um confronto interessante entre o psicanalista que se quer o verdadeiro médico, o herdeiro da medicina, e aqueles médicos que podem ter excluído o sujeito do *estar* humano (não digo do bem ou do mal-estar, mas do estar humano, simplesmente).

Vejo que as vagas para o Seminário se esgotaram. Fico contente e acho que é uma grande responsabilidade nossa tanto a discussão em si, como a posição de psicanalistas e psiquiatras perante a depressão, tema do colóquio. Começaremos com a posição sobre a depressão do ponto de vista filosófico com Olgária Matos, e do ponto de vista psicanalítico com François Leguil. No sábado, pela manhã, teremos uma mesa-

---

[1] Texto escrito em maio de 1996.

-redonda de três horas de duração, com três psiquiatras da melhor estirpe: dois jovens, Saulo Castel e Doris Hupfeld, e o professor Carol Sonenreich, conhecido de todos. Em seguida, os comentários de François Leguil e, na sequência, um debate entre eles. Leguil esteve próximo de Henri Ey e, quando fez residência, de Lacan. A seguir, veremos a depressão em Freud, nos pós-freudianos, em Lacan, e em cada estrutura clínica. Ao final, o tratamento da depressão.

Esse seminário foi pensado de forma a entrar no principal do debate, no campo da saúde mental, uma preocupação da Escola Brasileira de Psicanálise (ao menos foi como escreveu seu diretor-geral em "Retratos da reconquista", texto recente, a ser publicado na revista da Associação Mundial de Psicanálise). Nesse texto, digo que a psiquiatria no Brasil, como em quase todo o mundo, é quem melhor representa o mestre moderno na área da saúde.

Uma discussão está instalada a partir da clínica da depressão. Uma linguagem compreensível será necessária neste encontro, será um esforço.

Na próxima semana, verificaremos se houve um debate, se algo novo se produziu, ou se psiquiatras e psicanalistas continuam na sublime indiferença recíproca. Sabemos que a indiferença depois de estarem juntos é pior do que aquela de antes. A meu ver, há uma responsabilidade aguardando-nos nesta discussão.

Destaco da minha referência à Associação Mundial de Psicanálise o momento atual da psicanálise no mundo. Extraí esse argumento no momento em que defendia a ideia do nosso embate, hoje, não ser tanto com a IPA, como no tempo de Lacan, nos anos 1950. Hoje, são dois os embates: com a universidade, no que ela pensa poder suprir a função de uma escola de psicanálise no sentido da garantia do analista, e com a psiquiatria, no que ela pode entender que, na exclusão do sujeito, existe a felicidade do homem. Talvez possamos discuti-los neste final de semana.

Há um quê de ironia quando digo "uma linguagem compreensível será necessária nesse encontro, será um esforço". Não me dirijo somente aos psiquiatras; é, sobretudo, aos psicanalistas que o faço. Ainda no sentido da transmissão e da manutenção da psicanálise no mundo, insisto na responsabilidade, que não melhora com linguagens mistificadas, *lacanagens* ou coisas semelhantes.

Toquei nesse ponto no seminário anterior e notei que fiz um certo sucesso; vários ecos ressoaram e confirmaram que, realmente, existe um cansaço na leitura da produção "analítica". Voltei a esse ponto porque encontrei uma forma interessante – ao menos para mim, e espero que seja para vocês – de estruturar a maneira como cada um pode se inscrever na produção da psicanálise.

AS QUATRO POSIÇÕES SUBJETIVAS

Cheguei a quatro maneiras de o sujeito se posicionar na produção psicanalítica, a partir da observação do que ocorre na pintura. Os quadros de pintura ajudaram-me a refletir sobre essa questão. Faremos um passeio pela arte, especialmente pela arte brasileira.

Claro, se eu tivesse os quadros para apresentar-lhes, ao vivo e em cores, seria uma apresentação mais interessante, mas faço-a com o auxílio do livro *Tradição e ruptura: síntese de arte e cultura brasileiras*. Alfredo Volpi. Um pintor autodidata bastante conhecido nosso.

É interessante observar o seu quadro *Casario de Santos* e compará-lo com outros, posteriores: a composição de cores e as formas geométricas já aparecendo de maneira mais acentuada. Ele começou pintando paisagens interioranas, nas quais podemos observar certos destaques sobre vários elementos das casas, em especial as portas, as janelas e os telhados.[2]

Acompanhando os quadros de Volpi, podemos chegar às bandeirinhas. Na realidade, não são bandeirinhas, são telhados de casas do interior, são os telhados das chuvas, em 45 graus, postos em destaque de forma que, quando fixamos o olhar, vemos um monte de bandeirinhas.

Em uma exposição de Volpi, temos a chance de ver uma sequência de quadros, um encaminhamento desde a paisagem de Mogi-Mirim até o momento em que ele aparece pintando uma bandeirinha. O detalhe foi abstraído de algo da realidade, com um colorido todo especial, misturas, tão original como misturar o rosa com a cor terra, coloração típica das nossas cidades do interior. Quem já foi ao interior deve ter visto as

---

[2] O leitor saberá preencher com sua memória imaginativa as ilustrações dos quadros, deixando-se guiar pelo texto.

ruas de terra com aquelas casas rosas, um certo colorido que Volpi recupera em suas telas. Dependendo da conjugação de cores, vemos algumas bandeirinhas ou figuras geométricas, umas na frente e outras atrás. É a genialidade dele. Em alguns quadros, podemos imaginar que os azuis estão na frente, os brancos fazem uma parede lateral, os verdes atrás, os amarelos na frente e atrás, depende da forma como ele conjuga cores e figuras. Para produzir o efeito de profundidade, ele não utiliza a perspectiva dos quadros de Leonardo Da Vinci, ele não precisa da construção da perspectiva para reproduzir esses diversos planos, aos nossos olhos – ele os produz por meio das cores, das suas combinações. Isso implica toda uma questão técnica também, para ele algo fácil, eu imagino.

Alfredo Volpi nos faz ver coisas que antes não víamos. Foi o primeiro no mundo a pintar dessa forma. É um autor que criou algo, inscreveu no mundo sua forma específica de visão.

Tomemos outros pintores, como, por exemplo, Pancetti e Aldo Bonadei. Muitos, em um relance de olhar, poderiam confundi-los com Cézanne, que marcou uma nova forma no impressionismo ao criar algo que outros interpretaram. Pancetti é um intérprete de Cézanne, entre outros. Interpreta, sem perder sua especificidade. Não é um copista.

Um outro tipo de pintura é o de Flávio de Carvalho; em 1932, ele pintava em São Paulo.

Di Cavalcanti e a influência cubista de Picasso, claríssima, nessa sua época. Em um quadro de Di Calvacanti, vemos uma mulher puxando os cabelos, figura consagrada em um dos quadros de Picasso, interpretada também por Flávio de Carvalho.

Encontramos nos quadros reinterpretações de algo original, primitivo, primeiro como as inúmeras releituras do cubismo de Picasso.

É interessante a construção de Di Cavalcanti – de inspiração picassiana e, no entanto, o motivo nada tem a ver com os motivos de Picasso. Em *As mulatas*, podemos observar a construção originária dentro do motivo novo. Picasso não fez um mulato com um bandolim.

No Brasil, um quadro muito famoso, quase um ícone, é *O Abaporu*, pintado por Tarsila do Amaral para seu namorado Oswald de Andrade. Antes de vender esse quadro, o seu proprietário, e também de uma galeria de arte em São Paulo, solicitou uma reinterpretação dele a vários pintores brasileiros, todos eles artistas contemporâneos.

Muito engraçado o de Rita Loureiro, do Amazonas, a *Urupabá Oca*, uma oca e todas as feiticeiras da Amazônia em volta do Abaporu. Outro quadro muito bonito, aos meus olhos, é o de João Câmara. Ele pinta uma mulher. O Abaporu vira uma mulher segurando o sol, mais próximo do quadro original. Gustavo Rosa, que também pinta uma mulher, vestida com um vestido de bolinhas vermelhas, mas com uma lua. Vocês sabem, a mulher tem maior pudor do seu corpo que o homem porque esconde a castração. Ela está com saudades do Abaporu, desfolha em sua mão um "mal-me-quer, bem-me-quer". Se vocês contarem as pétalas, verão que Gustavo Rosa, ao pintar o quadro, contou-as para dar certo ao final, bem-

-me-quer... Uma criança de sete anos denominou esse quadro de *Abaperua*.

Finalmente, falarei de um outro brasileiro, Visconti, do final do século. Vendo um quadro dele, entendi porque experimento uma certa restrição a ele: é uma cena de mulher amamentando um filho no Jardim de Luxemburgo – bem pouco brasileiro.

Fiz essa visita pela Galeria para falar de quatro maneiras de tratar com a arte.

A primeira é a do autor que faz um conceito. Não estou falando apenas de arte conceitual, mas daqueles que criam uma escola, que criam algo, como a bandeirinha de Volpi, o cubismo de Picasso; criam um recorte novo do mundo. Estes seriam os autores do conceito: Picasso, Volpi e todos que fizeram escola. Em segundo lugar, mantenho o nome de autor para o comentador, o autor-comentador, aquele que faz um comentário de um pintor anterior: Di Cavalcanti, Bonadei, Pancetti. Em terceiro lugar, coloco o crítico de uma obra. Acabo de mostrar livros que não foram escritos por artistas ou, se foram, por artistas em sua função *meta-arte*, ou seja, falando da arte.

Em quarto lugar, coloco o que não falei: o idiota, o que faz a cópia como tal. Existem certas lojas, hoje em dia, que se dedicam à idiotice de copiar bem a *Mona Lisa* ou outras obras de arte, inclusive se apresentam dizendo da importância daquela reprodução em tela, com moldura igual à do Louvre, por R$ 100,00. É a morte da arte, o idiota pode acabar com a *Mona Lisa* – que, de certa forma, está acabada. O que é, hoje em dia, a *Mona Lisa*? Um quadro do Louvre, solitário, com um vidro em volta, cercado por turistas. Não se consegue mais olhar a *Mona Lisa*. Com isso, ela perdeu a importância que deveria ter.

Existem intérpretes que enobrecem o trabalho de determinados autores; outros, no entanto... Lembro-me de alguém cantando sulfurosamente em um *show* poemas de Fernando Pessoa – um enorme desserviço. Aproximo essa divisão do campo de nosso interesse: a psicanálise. O comentário que faço sobre a arte, penso, vale para o nosso campo.

No que se refere ao autor conceitual, poderíamos, evidentemente, começar pelo pai da matéria, por Sigmund Freud; a seguir Lacan, que também criou inúmeros conceitos; Melanie Klein criou os conceitos de posição depressiva e esquizoparanoide, entre outros; Otto Rank, o conceito de traumatismo do nascimento; Jung; Adler, o protesto masculino; enfim, todos aqueles que, de alguma forma, inventaram conceitos. É uma classificação imparcial.

Esses autores permitem que um recorte do mundo seja comprado por outros, que seu bisturi seja usado por outras mãos e que tenha valor como nas suas. Os conceitos são como bisturis para operar sobre o conteúdo semântico do homem e, na medida em que aquele bisturi serve para cortar melhor, o autor se torna mais consagrado. Temos os comentadores desses autores. Nessas divisões, podemos perceber que ninguém é uma só coisa. Lacan, além de um autor conceitual, é um grande comentador de Freud que, por sua vez, além de autor conceitual é comentador de vários autores. É difícil ser autor sem ter sido antes, ou ao mesmo tempo, comentador.

Certos comentadores do nosso meio são bastante conhecidos, a saber: Jacques-Alain Miller, um grande comentador de Lacan, às vezes tão forte que a clareza do seu comentário tem a força de um conceito. Por exemplo, o recorte sobre o sintoma e o fantasma – que, em si, não são conceitos de Jacques-Alain Miller, são conceitos de Lacan, mas a ordenação e a clareza com que são referidos, e com a qual se conseguiu vender essa leitura, trazem a sua marca. É um comentário muito forte. Em uma conferência em São Paulo, ele propôs uma visão da clínica do sintoma ao fantasma. O conceito de fantasma é de Lacan e, antes de Lacan, é de Freud, basicamente. No entanto, no nível conceitual, o fantasma, em Lacan, possui elementos diferentes em relação ao fantasma em Freud.

Frank Sinatra, para darmos um exemplo da música, não foi o compositor de *The lady is a tramp;* no entanto, é dele que lembramos ao ouvi-la. A maravilha da interpretação, a ironia que ele conseguiu imprimir ao cantar "essa mulher é uma atrevida", de uma maneira que não choca, como se fosse um enorme elogio, fez alguns cantarem para as suas namoradas, até descobrirem o significado gramatical da palavra *tramp*... A força de Frank Sinatra torna sua interpretação uma autoria. De algumas músicas não se sabe quem são seus compositores, mas sabe-se quem são os intérpretes que as consagraram. Ser um intérprete pode ser tão importante quanto ser um autor conceitual, o compositor.

O que ele faz, o autor-comentador? Três coisas. Ele dá clareza, põe em destaque e mostra novos usos. Alguém poderia pensar que a forma de Picasso pintar só serviria à *Guernica;*

no entanto, quando Di Cavalcanti pinta uma cena carioca de mulatas dançando ao som do bandolim do malandro, pode-se ver uma escola não presa ao representado – ao contrário, apontando uma passagem, cantada de uma outra maneira.

Confesso, de novo: orgulho-me do meu comentário sobre "O homem cordial e a psicanálise". Esse trabalho incitou a publicação do livro *Raízes do Brasil,* na França.[3] Possibilitei a interlocução entre Sérgio Buarque de Holanda e Lacan; um comentário que convenceu, tornou possível algo até então impensável por aquele editor, Gallimard. Como? Juntar Lacan com Sérgio Buarque de Holanda? Dois temas, duas pessoas, dois universos tão distintos e, de repente, juntos? Isso pode funcionar? Funcionou.

Os pintores-comentadores têm a característica de pôr em destaque um aspecto de uma obra, como o fotógrafo centra o seu olho sobre um determinado ponto da arquitetura de uma cidade, de um detalhe.

A terceira posição seria a do crítico. A crítica, no caso da psicanálise, é feita pelos próprios psicanalistas. Inúmeras vezes fazemos metapsicanálise, comentamos a psicanálise. Freud fazia metapsicanálise a ponto de escrever artigos sobre a metapsicologia, ou seja, a maneira como a psicologia fala, pensa, age, funciona. No contexto da crítica, o psicanalista e o filósofo são os críticos da psicanálise por excelência. Aliás, criticar é a vocação básica da filosofia. Podemos colocar do

---

[3] Publicado como posfácio na edição francesa do livro *Raízes do Brasil,* de Sérgio Buarque de Holanda (*Racines du Brésil*, Paris: Éditions Gallimard, 1998).

lado dos críticos: Alain Grosrichard, com seu notável sabor de saber; Jean-Claude Milner, um crítico da psicanálise, da obra de Lacan como em seu último texto, *A obra clara* (1996); François Regnault, Bento Prado Júnior, para mencionar brilhantes críticos da psicanálise, críticos positivos. Os negativos são muitos. Lembro-me, no Brasil, do diplomata José Guilherme Merchior, um bom exemplo.

Finalmente, a idiotia. Na psicanálise, ocorre, como na pintura, a cópia. Eu diria que todos passam pela fase da idiotia. Não acho que devamos dizer "comigo não", optando por nos inscrevermos como autor-conceitual, autor-comentador ou como crítico. Existe o momento da idiotia, momento fundamental de alienação perante um impacto, perante o amor contido no saber. O problema é saber como exercer a própria idiotia. Somos todos idiotas, porém ser idiota e não desconfiar disso, aí é triste.

Quatro posições, portanto: autor, autor-comentador, crítico e idiota. Espero que possamos nos situar a partir de que lugar operamos e com que simultaneidade.

Se analisarmos um texto de Freud sob esse aspecto, veremos que ele funciona nas três posições. A idiotia é o que, às vezes, não se mostra; ela não foi publicada, mas pode ser detectada nas cartas. E, mesmo aquilo que poderia ser considerado como uma idiotia em Freud, para nós não o é. Uma "idiotia" de Jorge Luis Borges: textos recusados por ele que Maria Kodama, sua mulher, deseja publicar, insistindo ser Borges. Poderíamos afirmar: é Borges e não é Borges.

Há um dado biográfico interessante na vida de Volpi. Em determinado momento de sua vida, para ganhar dinheiro, ele pintou quadros por encomenda. Anos depois, aquele pintor de parede virou Alfredo Volpi. Então, é claro, as pessoas queriam os seus quadros assinados por ele. Ele se indispôs com várias, por ter se recusado terminantemente a assiná-los. Reconhecia aquelas cenas como de sua autoria, mas assim mesmo se recusava a assiná-las.

Freud funcionou nas três primeiras categorias. Ele é crítico de si mesmo, o tempo inteiro. Lemos na última passagem de *Além do princípio do prazer*:

> Temos de ser pacientes e aguardar novos métodos e ocasiões de pesquisa. Devemos estar prontos, também, para abandonar um caminho que estivemos seguindo por certo tempo, se parecer que ele não leva a qualquer bom fim. Somente os crentes, que exigem que a ciência seja um substituto para o catecismo que abandonaram, culparão um investigador por desenvolver ou mesmo transformar suas concepções. Podemos confortar-nos também, pelos lentos avanços de nosso conhecimento científico, com as palavras do poeta:
> *Was man nicht erfliegen kann, muss man erhinken.*
> [...] *Die Schrift sagt, es ist keine Sünde zu hinden.*[4] (Freud, 1969a, p. 85)

---

[4] Tradução livre: "Ao que não podemos chegar voando, temos de chegar manquejando (...) O Livro diz-nos que não é pecado claudicar." Trata-se das últimas linhas de *Die beiden Gulden*, versão feita por Rückert de um dos Maqâmât, de al-Hariri.

Como o poeta citado, ele faz críticas sobre si mesmo, sobre o seu próprio percurso.

Nesse texto, ele também é um comentador da biologia, quer encontrar na biologia respostas para o que descobre, o que o desespera – a saber, a existência de uma força nas pessoas de irem contra si mesmas.

A REPETIÇÃO EM FREUD

Ele apostava tratar-se de um problema de tempo, de adequação, e que, no final das contas, o prazer do princípio de prazer viria, finalmente, com maturidade e prudência se adequar ao princípio da realidade. O princípio da realidade não é, como foi consagrado pelos pós-freudianos, o contrário do princípio do prazer – ele é a continuidade do princípio do prazer; favorável, portanto, a este. Ele observa as pessoas repetirem certas situações – traumáticas – que, aparentemente, não estão a serviço de nenhum prazer.

Nesse texto, ele já tinha descoberto, nos capítulos I e II, existirem certas repetições a serviço de "determinado" prazer, vendo o seu netinho jogar e apanhar um carretel na famosa brincadeira do *Fort-Da,* fora e aqui, fora e aqui, para ter certeza da presença. Por que jogar fora? Joga-se fora pelo prazer de recuperar, pelo prazer de reencontrar. "Você é a saudade que eu gosto de ter", escreveu Isolda, autora dessa música de Roberto Carlos.

Ele pensa, com o jogo do *Fort-Da,* existir uma força não vinculada à vida, não vinculada ao prazer. Notem no início do IV capítulo: "O que se segue é especulação, amiúde especulação forçada, que o leitor tomará em consideração ou porá de lado, de acordo com sua predileção individual. É mais uma tentativa de acompanhar uma ideia sistematicamente, só por curiosidade de ver até onde ela levará" (Freud, 1969a, p. 39).

Seguindo Freud, nos três primeiros capítulos, ele elabora a compulsão à repetição e, do IV até o VI, tenta explicá-la por meio da biologia. Na nota da página 82, ele faz um resumo da teoria das pulsões iniciada já nas páginas 70 e 71, um resumo feito pelo autor da teoria das pulsões. Ele explica a tentativa de localizar a dualidade pulsional. Poderíamos retomar a questão inicial: Freud é dualista? Ele responde:

> De modo algum era nossa "intenção" produzir tal resultado. Nosso debate teve como ponto de partida uma distinção nítida entre os instintos do ego, que equiparamos aos instintos de morte, e os instintos sexuais, que equiparamos aos instintos de vida. (Achávamo-nos preparados, em determinada etapa [p. 55], para incluir os chamados instintos de autoconservação do ego entre os instintos de morte, mas subsequentemente [p. 70] nos corrigimos sobre esse ponto e o retiramos.) Nossas concepções, desde o início, foram "dualistas" e são hoje ainda mais definidamente dualistas do que antes, agora que descrevemos a oposição como se dando não entre instintos do ego e instintos sexuais, mas entre instintos de vida e instintos de morte. A teoria da libido de Jung é, pelo contrário, monista; o fato de haver ele chamado sua única força instintual de "libido" destina-se a causar

confusão, mas não precisa afetar-nos sob outros aspectos. (Freud, 1969a, p. 73)

Freud responde a Jung desde 1913; esse texto é de 1920. Do capítulo IV ao capítulo VI, ele faz uma diferenciação entre duas pulsões, entre duas forças, buscando na biologia uma força mortal que explicasse por que todo organismo vivo tende à morte. Ao ser perguntado por que então se evita a morte, ele responde que todo organismo vivo quer morrer na sua hora, e não precipitadamente por mecanismos inadequados. Ou seja, ele se defende da falsa morte. A discussão é ampla e inconclusiva.

No capítulo VII, ele põe em contradição todos os argumentos utilizados para sustentar sua teorização. Ele termina dizendo não ter deixado uma estrada clara, mesmo porque ele se considera um pesquisador e não um messias – ele deixa entrever essa interpretação.

De que maneira poderíamos manter o dualismo hoje em dia? Ele poderia ser mantido entre aquilo que pode ter um nome e aquilo que não pode ser nomeado. É a forma mais simples de recuperar o conceito de real, em Lacan. Esse conceito faz Lacan ir além de Freud, por não ter se baseado na biologia. Freud se baseava na biologia por ser a grande ciência, a discussão de sua época, o que não era o caso de Lacan. Ele discute com a etologia no âmbito do comportamento. No Seminário 3 – *As psicoses* (1988), discute com a antropologia, com a linguística, com a lógica, com a matemática, etc.

Freud afirma em *Além do princípio do prazer* ser necessário recorrer à biologia para dar força a seu conceito:

> As deficiências de nossa posição provavelmente se desvaneceriam se nos achássemos em posição de substituir os termos psicológicos por expressões fisiológicas ou químicas. É verdade que estas também são apenas parte de uma linguagem figurativa, mas trata-se de uma linguagem com que há muito tempo nos familiarizamos, sendo também, talvez, uma linguagem mais simples.
> Por outro lado, deve-se deixar completamente claro que a incerteza de nossa especulação foi muito aumentada pela necessidade de pedir empréstimos à ciência da biologia. A biologia é, verdadeiramente, uma terra de possibilidades ilimitadas. Podemos esperar que ela nos forneça as informações mais surpreendentes, e não podemos imaginar que respostas nos dará, dentro de poucas dezenas de anos, às questões que lhe formulamos. (Freud, 1969a, p. 81)

Considerando-se essa passagem poder-se-ia acreditar, conforme a leitura, que o avanço da biologia traria novas soluções para a psicanálise. Sabemos, porém, que a psicanálise não é uma ciência dependente da biologia, não é sua disciplina. Poderíamos, talvez, dizer que ela se encontra paralela à biologia, mas não dependente. Portanto, as questões que interessam à biologia podem interessar ao psicanalista, mas não que as soluções da biologia sejam transformadoras da psicanálise.

Chamo a atenção para essa passagem, quando Freud apela para a necessidade de um linguajar aceito cientificamente, como o linguajar da biologia. Lacan diz coisa semelhante em "A instância da letra no inconsciente freudiano", ao afirmar que a utilização da linguística esclareceu conceitos de *A interpretação dos sonhos*.

Se todo organismo vivo realmente tende à morte, como fica a célula germinal, ela, sim, imortal? Esse é o paradoxo da questão. A célula germinal passa de organismo em organismo, e essa é uma contradição ao dizermos que existe uma morte no organismo biológico – um bonito paradoxo da biologia. Não vou me aprofundar nessa questão. O problema da célula germinal é retomado por Lacan em vários momentos.

Podemos verificar outros paradoxos, lógicos, que trabalham no mesmo nível de complexidade conceitual. Hoje em dia, a nossa questão é entre o que pode ser dito; talvez dizendo assim fique mais claro. Em vez de utilizarmos a biologia como forma de expressão científica, podemos utilizar, como exemplo, o teorema de Göedel, para demonstrar a insistência da incompletude em direção à verdade. Ganhamos bastante ao raciocinarmos dessa maneira porque elucida a clínica. Em *Além do princípio do prazer*, notamos existir alguma coisa para além desse princípio. Freud escreve:

> Não lhes seria possível desempenhar essa função até que a totalidade da vida mental houvesse aceitado a dominância do princípio do prazer. Se existe um "além do princípio de prazer", é coerente conceber que houve também uma época

anterior em que o intuito dos sonhos foi a realização de desejos. (Freud, 1969a, p. 49)

Ele está discutindo o princípio do prazer; o que pode escapar está além dessa passagem pela linguagem das pulsões do homem.

Freud já havia se perguntado sobre isso, em *Formulações sobre os dois princípios do funcionamento mental,* de 1911. Nesse texto, básico sobre o princípio de prazer e o princípio de realidade, no item (4), Freud (1969d) já destacava: "Na realidade, a substituição do princípio de prazer pelo princípio de realidade não implica a deposição daquele, mas apenas sua proteção". Ou seja, não existe uma passagem integral do princípio de prazer para o princípio de realidade; um não implica a deposição do outro. Existe alguma coisa que persiste do domínio do princípio de realidade.

Aqui começam as consequências clínicas que gostaria de examinar. No seminário anterior, fiz um quadro esquemático sobre o percurso de uma análise, da verdade por correspondência à verdade por coerência e, desta, para uma verdade que não sabemos nomear, que evitei nomear de verdade pragmática. Hoje a nomearei de verdade analítica.

Em *Recordar, repetir e elaborar,* Freud (1969e) inicia, na verdade, por correspondência, a verdade catártica, deixar fluir o mal-estar que não pôde fluir na época. Essa foi a primeira verdade destacada por Freud desde o período anterior a 1897.

A segunda, a verdade por coerência, seria uma verdade por ab-reação, em que uma forma de tratamento implicava um convencimento, era necessária a reação emocional da pessoa, a ab-reação, para convencê-la da verdade daquilo que ela estava revivendo, a repetição que daria o seu ponto de apoio. Nesse segundo momento, a autoridade do analista entraria no sentido de implicar o paciente em sua repetição. Sempre se chegava à conclusão de que o paciente resistia. Também nas supervisões era comum essa postura, que chocava a muitos no início da sua prática. A supervisão sempre começava por detectar quem resistia. Era uma verdade universal e, muitas vezes, com o analista na posição de policial.

Um dos problemas surgidos nas análises, em algum momento, pode aparecer como uma dificuldade perante o final de uma análise, a saber, a questão de responsabilizar-se ou adaptar-se a seu desejo. De certa forma, uma análise é um "*playground* de emoções", termo utilizado por Freud em *Recordar, repetir e elaborar*:

> Todavia, o instrumento principal para reprimir a compulsão do paciente à repetição e transformá-la num motivo para recordar reside no manejo da transferência. Tornamos a compulsão inócua, e na verdade útil, concedendo-lhe o direito de afirmar-se num campo definido. Admitimo-la à transferência como a um *playground* no qual lhe é permitido expandir-se em liberdade quase completa e no qual se espera que nos apresente tudo no tocante a instintos patogênicos, que se acha oculto na mente do paciente. (Freud, 1969e, p. 201)

Quero questionar essa ideia, ainda meio confusa. Para ele, nesse último momento, uma análise pode levar a uma confusão entre adaptação e realidade. Enquanto o analisando estiver na verdade coerencial na associação livre, existe um "tudo é permitido", uma certa exaltação. O sujeito se sente inteligente, bom em tudo, apresentando uma queixa comum. "Ajude-me a decidir, afinal, tenho jeito para tudo." Há um certo risco nesse bom para tudo. Isso ocorre mais com os homens, por causa de sua identificação fálica – acham-se bons em tudo, só não fazem nada, ficam na impotência, em um círculo vicioso.

Na passagem dessa exaltação para a necessidade da criação de algo no mundo, a pessoa pode ter a impressão de que a análise está adaptando-o, exigindo-lhe decisões. É quando reivindica a sua singularidade. Esse é um dado novo para mim; interessante colocá-lo em discussão. Os novos avanços da prática do final de análise, a meu ver, levam a essa problemática da direção do tratamento, ou seja, a diferença entre singularidade e adaptação, daí a minha cautela com a palavra "pragmática". No pragmatismo, há um lado adaptacionista terrível. Ser pragmático, no conceito popular, é ser adaptado à regra do mundo.

Como sair da adaptação para uma ação responsável? A adaptação é repetir o conhecido, é se garantir na igualdade.

Responsabilizar-se não é adaptar-se. Enquanto a adaptação mantém o ideal, a responsabilidade é a possibilidade do exercício do impossível nas brechas que o mundo oferece.

Volpi pôde criar as bandeirinhas, mas viveu sob a coerção necessária da tela. Se ele não tivesse pintado na tela, não poderíamos comprar uma obra sua. A arte só existiu porque houve a possibilidade de alguém se responsabilizar por alguma coisa. Não existe responsabilidade absolutamente individual, ela passa pelo mundo; de alguma forma, ela deve responder ao mundo. Futuramente, entrarei em maiores detalhes sobre esse aspecto.

Chamo a atenção para esse trecho de *Recordar, repetir e elaborar,* em que Freud sugere que a análise deve dar maior tempo para o analisando poder recordar:

> As táticas a serem adotadas pelo médico, nesta situação, são facilmente justificadas. Para ele, recordar à maneira antiga – reprodução no campo psíquico – é o objetivo a que adere, ainda que saiba que tal objetivo não pode ser atingido na nova técnica. Ele está preparado para uma luta perpétua com o paciente, para manter na esfera psíquica todos os impulsos que este último gostaria de dirigir para a esfera motora; e comemora como um triunfo para o tratamento o fato de poder ocasionar que algo que o paciente deseja descarregar em ação seja utilizado através do trabalho de recordar.
> (Freud, 1969e, p. 200)

Destaco a insistência de Freud, nessa época, no recordar. Ele acha que é possível recordar. O que acontece se eu espero que possa haver essa lembrança?

> Se a ligação através da transferência transformou-se em algo de modo algum utilizável, o tratamento é capaz de impedir o paciente de executar algumas das ações repetitivas mais importantes e utilizar sua intenção de assim proceder, *in statu nascendi*, como material para o trabalho terapêutico. Protege-se melhor o paciente de prejuízos ocasionados pela execução de um de seus impulsos, fazendo-o prometer não tomar quaisquer decisões importantes que lhe afetem a vida durante o tempo do tratamento – por exemplo, não escolher qualquer profissão ou objeto amoroso definitivo –, mas adiar todos os planos desse tipo para depois de seu restabelecimento. (Freud, 1969e, p. 200)

Como manter essa posição, de pedir ao paciente para não tomar decisões importantes, em uma época em que as análises duram dez anos? Talvez funcionasse em casos como o de Catharina. Porque não se trata de recordar, não se trata de esperar por essa lembrança, não é mais o mesmo objetivo. Se em Freud ainda se mantinha essa esperança, com Lacan, ela se perdeu. No Seminário 11, *Os quatro conceitos fundamentais da psicanálise,* há um comentário de Lacan em 1964 sobre *Recordar, repetir e elaborar*, em que ele recoloca a questão do ato, da necessidade de uma decisão sem saber, uma decisão sem a lembrança. E, para isso, o analista deve ser capaz de levar o analisando a se deparar com esse ponto de não resposta, ponto do ato que corresponde ao final da análise.

Vejo que aí se mantém do texto freudiano a necessidade da repetição, da transferência, mas não da repetição da transferência no sentido do "Você está fazendo comigo como fez com a titia". Não é isso; o analisando nunca deixou de fazer, é exatamente a mesma coisa que tem que ser quebrada, ou seja, a interpretação que ele deu à castração, ao seu impossível, e a forma como responde a ela em sua relação com o analista.

Daí ser difícil pensar que não exista transferência negativa em uma análise, próximo tema a ser introduzido na discussão. Assustam-me certos relatos de grande positividade entre analista e analisandos. Escuto-os com um pé atrás. Aprende-se muito na transferência positiva, mas na transferência negativa também.

Freud não é otimista sobre essa relação, ele diz em várias passagens desse texto que, a partir do momento em que a pessoa começa a encerrar a sua representabilidade no significante, surge o impasse, que pode ser vivido de forma mais suave ou mais dura. Não é necessária briga de foice, mas existem variações; por exemplo:

> Se o paciente começa o tratamento sob os auspícios de uma transferência positiva branda e impronunciada, ela lhe torna possível, de início, desenterrar suas lembranças tal como o faria sob hipnose, e, durante esse tempo, seus próprios sintomas patológicos acham-se inativos. Mas se à medida que a análise progride a transferência se torna hostil ou excessivamente intensa e, portanto, precisando de repressão, o recordar imediatamente abre caminho à atuação (*acting-out*).
> (Freud, 1969e, p. 197-8)

Ainda na página 197: "Enquanto o paciente se acha em tratamento, não pode fugir a esta compulsão à repetição; e, no final, compreendemos que esta é a sua maneira de recordar".

A compulsão à repetição é ainda recordar, ele insiste:

> O repetir, tal como é induzido no tratamento analítico, segundo a técnica mais recente, implica, por outro lado, evocar um fragmento da vida real; e, por essa razão, não pode ser sempre inócuo e irrepreensível. Essa consideração revela todo o problema do que é tão amiúde inevitável a "deterioração durante o tratamento". (Freud, 1969e, p. 198)

São inúmeras as respostas de Freud sobre o manejo da transferência. Para Lacan, a resposta é o desejo do analista.

Ao que Freud chamou de manejo da transferência, Lacan deu o nome de desejo do analista, para aí se defrontar com a rebeldia do real, diabólico em muitos casos. O real é realmente diabólico. As expressões são freudianas: destino maligno e poder demoníaco. Podemos encontrá-las no capítulo III de *Além do princípio do prazer*. É o diabo que volta marcando o destino inexorável das pessoas com essa força diabólica, a repetir situações como se fossem marcadas por ele, caindo diretamente aos infernos. A única forma de se defrontar com esse diabo é através do desejo do analista.

Volto ao "Caso José", à sessão que comentei amplamente, quando ele teve a experiência de viver o drama familiar, e, depois de se descolar desse drama de forma muito violenta, a partir da interpretação: "Você se arriscava a acreditar excessivamente nisso tudo".

O analisando, na compaixão chorosa de si mesmo durante todas as sessões, naquela gosma do gozo, de cutucar suas chagas em uma mostração das mesmas, deve ser arrancado, deslocado desse drama até que possa rir e confrontar sua maneira de ser atual com a anterior.

O problema não está em ser ou não ser idiota, mas em o que fazer com a idiotia. José passa por esse ponto e, na sexta-feira, em um momento fundamental de sua vida, mesmo já tendo vivido diversas situações conflitivas na análise, ele procura o analista, desesperadamente. Nesse momento, não o encontra. Quando vai o reencontrar, a decisão já tinha sido tomada. Ele se viu confrontado com a responsabilidade do que estava vivendo na transferência – a mesma situação, aliás, que vivia anteriormente. Ele duvidava que pudesse resolver qualquer problema sozinho, sem a presença de um de seus dois irmãos. O analista entrava aí, fazendo parte dessa irmandade, inclusive ao ser referido como um amigo, um irmão. A adaptação não é possível porque, perante o conflito, ela não serve para nada, nunca resolve. A questão é mesmo de desejo, e o que resolve a questão do desejo é a responsabilidade e o risco ao assumi-lo. Ele vive um momento terrível de negativização da transferência. Mas, quando se queixa, percebe-se fazendo na sessão o mesmo que fazia anteriormente e que pensava já ter resolvido. Nisso reside o viver na presença; não se trata de alguém em efígie ou em *absentia*.

Existe uma vivência na própria reclamação, não existindo mais nem mesmo a lembrança de si mesmo minutos antes. José, no momento em que reclama, dá-se conta de que não podia mais reclamar daquele lugar; a sessão anterior iluminara aquela, e ele constata que não pode permanecer naquele lugar. Como naquela observação sobre determinada atitude que muitos se admiram de encontrar em quem já fez análise. A pessoa repete, mas sai da situação mais depressa por ter passado por uma análise. Quando se fez análise, não se pode mais acreditar no conforto do seu sintoma.

José não rompe com o analista – um problema sério são as mudanças de analista hoje em dia, em que a procura da manutenção de uma transferência positiva é a condenação da possibilidade de uma análise. Alguns passam por cinco, seis análises e insistem em completá-la; não percebem, não chegam nem mesmo a entrar em análise. É difícil, são pessoas com longos anos nesse trajeto, nessa insistência no "mas não é isso...". Não se trata de continuar ou completar; nunca entraram em análise. Os analistas estão implicados; existe uma responsabilidade terrível ao aceitar uma pessoa em análise.

Fecho parênteses para voltar ao texto de 1914, à insistência de Freud sobre a recordação, em que observamos um jogo de tempo com a expectativa do recordar. Lacan dá todo o tempo do mundo para a pessoa não se lembrar de nada, e sabe de antemão que ela terá realmente que inventar algo. Nesse aspecto, há uma nova análise, uma nova possibilidade que estou nomeando por intermédio do termo responsabilidade.

E, chegado a esse ponto, como prosseguir? Primeiro, lembrando que aquela interpretação do final de semana é também um gesto. O ausentar-se é um gesto do analista. Não fiquemos presos à imagem do gesto como a imagem do teatro, também foi um gesto do analista não estar lá. Para Lacan, *o não estar lá* seria desejo do analista e, para Freud, manejo da transferência.

A análise de cada um, isso é de uma simplicidade cristalina, deve me convencer que o analista não tem nada melhor a fazer por seu analisando, a não ser a análise.

Então, diante do apelo da sexta-feira, diante da separação do final de semana, diante das possíveis dúvidas dá-se remédio, tapinhas ou conselhos ao cliente, há uma incidência pura da psicanálise. E a melhor coisa que um analista pode fazer, sobretudo em momentos cruciais na vida de uma pessoa, é ser analista. Mas ele só conseguirá isso se estiver suficientemente convencido de sua análise – portanto, se ele teve um analista. Não é possível chegar a um final de análise se o analista não sustentar o seu desejo. Desejo de analista não se compra em botequim nem se adquire lendo livros.

A única possibilidade é levar a própria análise à radicalidade. Radicalidade esta, a meu ver, mais clara quando Lacan, em Caracas, substitui a tópica freudiana pela sua tópica do Real, Simbólico e Imaginário. Com isso, ele simplifica a situação da psicanálise e o seu debate com a ciência, com a civilização.

Parece interessante avançarmos sobre dois aspectos: aprofundar a posição do analista perante a transferência negativa

– não se trata de convencer o analisando do contrário, evidentemente – e manter a responsabilidade, discutindo o que é necessário a um analista para chegar à posição que levaria o analisando à diferença entre criar e sublimar.

A diferença está na sexualidade em jogo.

Nas próximas reuniões, vamos entender melhor.

22 de maio de 1996

IX

A Terra é azul

> HÁ DOIS PERIGOS EM TUDO O QUE TANGE
> À APREENSÃO DE NOSSO CAMPO CLÍNICO.
> O PRIMEIRO É NÃO SER SUFICIENTEMENTE CURIOSO. [...]
> O SEGUNDO É COMPREENDER.
>
> JACQUES LACAN

O ANALISTA, INSACIÁVEL CURIOSO

Se eu pudesse destacar apenas uma coisa neste seminário, destacaria as duas frases de Lacan (1985a) colocadas na pedra, retiradas do Seminário 2 – *O eu na teoria de Freud e na teoria da psicanálise*. Talvez pudéssemos, um dia, chegar ao seminário minimalista com essas duas frases, aparentemente contraditórias, sobre o significado do excesso que a psicanálise põe em jogo no mundo, na clínica.

Estamos acostumados a compreender a partir da direção da curiosidade. Aprendemos que é necessário ser curioso para compreender: é o que nos foi dito. A psicanálise confirma a importância do ser curioso, mas adverte para não compreender em demasia. A curiosidade não foi feita para servir de motor à compreensão. Lacan, lição de 2 de fevereiro de 1995:

> Há dois perigos em tudo o que tange à apreensão de nosso campo clínico. O primeiro é não ser suficientemente curioso. Ensina-se às crianças que a curiosidade é um defeito feio, e, em geral, é verdade, não somos curiosos, e não é fácil provocar esse sentimento de maneira automática. O segundo é compreender. Compreendemos sempre demais, especialmente na análise. Na maioria das vezes, nos enganamos. Pensa-se poder fazer uma boa terapêutica analítica quando se é bem dotado, intuitivo, quando se tem o contato, quando se faz funcionar esse gênio que cada qual ostenta na relação interpessoal. E, a partir do momento em que não se exige de si um extremo rigor conceitual, acha-se sempre um jeito de compreender. Mas fica-se sem bússola, não se sabe nem de onde se parte, nem para onde se está tentando ir. (Lacan, 1985a, p. 135)

Para Lacan, a primeira frase está vinculada a algo ensinado pela sociedade: é feio ser curioso – "Menino, não pergunte a uma senhora a sua idade". O analista, no entanto, deve ser profundamente curioso. François Leguil, por exemplo, em recente apresentação de pacientes, no Hospital das Clínicas da

Universidade de São Paulo, mostrou-se um analista profundamente curioso a respeito da vida de uma senhora tratada com medicamentos, com um quadro típico de depressão; um exercício enérgico de curiosidade a respeito de uma pessoa.

Após a apresentação, ele comentou aquela história – em sua ausência, evidentemente – e se perguntou sobre a compreensão, sobre a importância de a paciente estar ou não de acordo com o que ele falava a seu respeito. Como as coisas ditas naquele momento poderiam se inscrever na vida dela?

É necessária a curiosidade no analista e, talvez, uma boa forma de autorizar uma análise é ser profundamente curioso a respeito do analisando. A curiosidade do analista intriga o analisando, leva-o a falar.

Os analisandos têm uma certa razão ao reclamarem, nas entrevistas preliminares, da falta de perguntas do analista. Uma das formas de o desejo do analista se apresentar é pela curiosidade, um certo entusiasmo em descobrir algo na história de um analisando. Ele mantém viva essa chama com o "Diga-me", "Então, e aí?", "Como é mesmo?", "Como aconteceu?". Enfim, perguntas que demonstram seu interesse. Em contrapartida, quase em um reflexo contrário a isso, há o incompreendido: há uma solicitação de resposta a essa curiosidade e, ao mesmo tempo, uma insaciabilidade com relação às respostas obtidas.

Essas frases de Lacan são fabulosas, um exemplo profundamente simples da necessidade de sermos curiosos e de mantermos a incompreensão como efeito da curiosidade sobre o que está sendo dito. Entre a curiosidade e a incompreensão resultante, alguma coisa pode escapar e inscrever-se no mundo como um novo laço social, distinto do ideal. O ideal é factível de ser compreendido, pode ser referido por meio de um modelo.

Há um excesso entre a sustentação de uma curiosidade e a não compreensão, a não resposta. Talvez "insaciável curioso" seja um outro nome para o desejo do analista.

Retomarei essa questão do não compreender na vertente da transferência negativa, que propus trabalhar ao lembrar da relação existente entre os analistas. Interrogo-me sobre o tipo de cimento, de ligação que os mantém relativamente juntos, apesar de se darem tão mal entre si.

Antes, porém, faço um pequeno comentário sobre uma questão enviada por N.B.C. e que se refere ao que falei sobre a quadripartição da relação psicanálise-arte. Ela retoma as quatro posições subjetivas na produção do saber analítico, que articulei a partir da produção do artista. A saber: o *autor,* aquele que marca algo, da forma como fizeram psicanalistas como Freud e Lacan; o *autor-comentador,* que volta sobre essa marca; o *crítico* da obra, posição de exterioridade, posição *meta* – a metapsicologia freudiana, por exemplo –; e o *idiota,* que desnatura a arte, o que produz os "quadros da Praça da República".

Várias questões foram apontadas, entre elas, se eu não estaria utilizando um ponto de vista típico do século XIX da arte pré-industrial ao me referir, como o fiz, ao objeto artístico. Não sei se minha concepção da arte é do século XIX; não sou crítico de arte. Se tivesse uma concepção da arte, preferiria que fosse a do século XVIII – estaria mais próximo de Diderot.

Grimm, grande amigo de Diderot, incita-o a frequentar os salões de arte de Paris. De início, ele não se entusiasma com a ideia, depois escreve ao amigo, agradecendo-lhe pela experiência de ter ido a uma exposição de arte. É quando ele começa a escrever o comentário dos quadros. Não se sabe o que é mais bonito – se os quadros ou o comentário de Diderot. Aproveito para recomendar-lhes seus livros *Salon de 1765* e *Essais sur la peinture, Salons de 1759, 1761, 1763*.

Conto uma ligeira história.

Existe um poeta, escritor e pintor no Rio de Janeiro, José Paulo Moreira da Fonseca (1922-2004). As fronteiras na arte brasileira, infelizmente, impedem que certos grandes pintores fiquem conhecidos em outros estados. Talvez José Paulo não seja tão conhecido em São Paulo. Ele ficou consagrado como pintor de portas e janelas, uma temática com um pequeno quê de volpiana. Como poeta, ganhou o "Prêmio Jabuti" mais de uma vez. Houve uma época em que José Paulo pintava em todos os seus quadros, um pouco na lateral, uma bandeirinha, uma flâmula. Tive a oportunidade de perguntar-lhe se era realmente uma bandeirinha e o porquê dela. Ele respondeu que a ida do homem à Lua lhe havia inspirado, e que como por onde o homem passa ele põe uma bandeirinha, então ele começou a pintá-las em seus quadros. Depois, passado um tempo, visitando-o em seu atelier, detecto a falta da bandeirinha nos novos quadros e faço-lhe essa observação. Ele responde: "Agora já estou convencido de que um homem passou por aqui".

Na minha leitura, de não especialista, quero destacar o objeto que tem a marca do seu criador. Primeiro, o homem passou por aqui. O "passou por aqui" possibilita a passagem de outros pelos mesmos caminhos, pela mesma produção.

Há uma outra questão que recebi sobre a diferença entre a idiotice da cópia de uma *Mona Lisa* e a arte industrial, da série de objetos que não se sabe se são objetos de uso ou de arte. Uma pergunta bastante interessante, mas não sei se vou respondê-la. Pensei em certos objetos artísticos que provocam releituras, como o divã de Le Corbusier. Ele é de uma leveza estrutural magnífica, tem a base do desenho da cama hospitalar e pode se adequar a qualquer posição. Pode-se comprar o próprio divã Le Corbusier ou um outro, rígido, que retoma sua figuração.

Certos divãs que nele foram inspirados, mas que alteraram seu desenho e sua mecânica, não têm mais nada em comum com o objeto de arte inicial. Não é mais um *design*, mas um móvel baseado na funcionalidade da ergonomia, da boa posição corporal que o móvel proporciona, e que perdeu a arte na passagem de um traço para outro. Não digo que este último seja idiota. Ele não se diz um Corbusier; talvez um móvel comum, funcional. Que estatuto ele teria? Não sei.

Outros objetos: por exemplo a máquina de escrever Remington que se encontra no Museu de Arte de Nova York; a caneta Parker 51, aquela pretinha com tampa dourada ou prateada. Quem não teve uma Parker 51? Washington Olivetto recupera "o meu primeiro Valisère". Perde-se o primeiro Valisère, mas a Parker 51 pode-se usar... No Museu de Arte Moderna de Nova York, há uma sala inteira só de cadeiras Thonet, de madeira roliça, em suas inúmeras variações. O Cartier quadradinho, com números romanos, modelo Tank, ficou na história do desenho industrial; o Volkswagen, etc., etc.

Na arquitetura, quando Pei constrói a pirâmide em frente ao Louvre, interferindo na paisagem, temos o efeito criativo do contraste da pirâmide de vidro com o arco do carrossel e com o palácio. Todos ganham um novo sentido causado pelo ruído semiótico. Vejam também a obra e os objetos de Philippe Stark, como o Café Costes em Paris e o Hotel Royalton em Nova York. Quando se depara com uma obra dele, você reconhece o seu trabalho, sua marca, pela forma e pelas cores.

Mais perto de nós, Oscar Niemeyer, o desenho do conjunto da Pampulha, em Belo Horizonte. Brasília – não se fica indiferente à Catedral, ao Palácio do Itamaraty. No Memorial JK, quando você está em frente à pedra do túmulo do fundador, você percebe que está debaixo de uma pedra maior, aquela que se vê de fora. O brilhantismo de Niemeyer: colocar o visitante do memorial junto com o fundador JK, em seu túmulo, na cidade que ele criou!

Mais próximo ainda: a Assembleia do Parlamento Latino-Americano. Sentar-se à mesa, escutar aquele som da sala, olhar a cúpula projetada por Oscar Niemeyer, os quadros atrás, o tapete, as bandeiras... Uma experiência inesquecível vê-lo vazio. É de uma beleza *chorante*. Um objeto, que vocês não podem deixar de ver; inteligente; uma obra de arte não divulgada. Como esse homem consegue, simplesmente com suas formas de cimento, tocar uma pessoa de forma tão profunda! Até a posição de uma cadeira tem a marca de Oscar Niemeyer. É uma sala falante; ela fala por si mesma.

Outro ambiente falante é o Musée d'Orsay, em Paris, concebido por uma arquiteta italiana a partir de uma estação de trem. O grande problema enfrentado pelo museu é sua própria beleza; sua arquitetura compete com as obras de arte que lá se encontram.

Passo à pergunta seguinte: "Um dos momentos mais preciosos para a psicanálise não é exatamente o da repetição no jogo que instaura a relação simbólica na criança? E se pensarmos a questão da produção artística a partir daí?" Achei interessante essa pergunta. Como, em determinado aspecto, me referi à repetição como idiota, a autora da carta interroga se não é exatamente a repetição que é valorizada no jogo da criança. Não. Não se trata dessa repetição que tento desenvolver. O momento mais precioso da psicanálise não se encontra na repetição, no jogo em que se instaura a relação simbólica na criança. Não que ela não seja importante, mas a repetição que Freud (1969a) desenvolve nos três primeiros capítulos de *Além do princípio do prazer,* quando observa o seu netinho no jogo do *Fort-Da,* não vem dessa repetição, mas da repetição de algo que não dá para cernir. No *Fort-Da*, pode-se observar o que se repete, o que leva uma criança a querer ouvir sempre a mesma história. O prazer em ouvi-la, sempre igual, está em certificar-se de que a Branca de Neve continua lá e a bruxa também. Quando um adulto, ao contar uma história para uma criança, inverte ou muda dados da história, provoca a maior confusão. A criança imediatamente reage, recusa as modificações; ouvir exatamente a mesma história lhe dá prazer.

Mas, em *Além do princípio do prazer*, do quarto até o sétimo capítulo, Freud se refere à repetição de alguma coisa que não dá prazer. A discussão levantada nos seminários anteriores é sobre essa repetição apontada por Freud a partir da ideia do trauma. Por que se repete o trauma?

A repetição a que me refiro é de outro viés. É uma repetição de que Freud não conseguiu dar conta, embora tenha apontado. Ao se referir à biologia, em *Além do princípio do prazer* (capítulos IV, V, VI e VII), ele tropeçou na própria biologia.

A resposta final não será encontrada em Freud, não será encontrada na repetição simbólica do *Fort-Da*; faltou-lhe o conceito de real, teorizado por Lacan, que iria liberar a clínica de uma significação fechada, de uma compreensão, um sentido, e promover uma clínica curiosa, sem compreensão.

Quando Lacan (1985a) afirma, no *Seminário 2*, que a partir do momento em que não se exige de si um extremo rigor conceitual, acha-se sempre um jeito de compreender, ele está se referindo aos riscos de se desconsiderar o conceito, ou seja, de resvalar-se para a compreensão consensual. É interessante essa questão, da qual podemos retirar consequências para a clínica, para a forma de fazer psicanálise. Para um conceito favorecer uma clínica, é necessário o rigor desse conceito para não se embarcar na compreensão, no bom senso. O conceito é totalmente contra o bom senso.

A TRANSFERÊNCIA A PARTIR DO CONCEITO DE REAL

Fiz dessa questão uma ponte para introduzir a transferência negativa anunciada para o trabalho de hoje. Por ser um conceito abrangente, é necessário precisar seus efeitos na clínica e na instituição.

Os efeitos da transferência negativa na clínica são destacados por Freud (1969b) em um texto de 1917, *Conferências introdutórias sobre psicanálise,* a conferência XXVII, "Transferência". Ele a define:

> Devo começar por esclarecer que uma transferência está presente no paciente desde o começo do tratamento e, por algum tempo, é o mais poderoso móvel de seu progresso. Dela não vemos indício algum, e com ela não temos por que nos preocuparmos enquanto age a favor do trabalho conjunto da análise. Se, porém, se transforma em resistência, devemos voltar-lhe nossa atenção e reconhecermos que ela modifica sua relação para com o tratamento sob duas condições diferentes e contrárias: primeiro, se na forma de inclinação amorosa ela se torna tão intensa e revela sinais de sua origem em uma necessidade sexual de modo tão claro que inevitavelmente provoca uma oposição interna a ela mesma; e, segundo, se consiste em impulsos hostis em vez de afetuosos. Os sentimentos hostis revelam-se, via de regra, mais tarde que os sentimentos afetuosos, e se ocultam atrás destes; sua presença simultânea apresenta um bom quadro da ambivalência emocional [p. 497-9], dominante

na maioria de nossas relações íntimas com outras pessoas.
(Freud, 1969b, p. 516)

Para Freud, a transferência, presente desde o início, possibilita o tratamento, porém possui duas qualidades contrárias: o amor e a hostilidade. Freud apresenta em uma sequência: transferência, transferência amorosa, transferência hostil. Transferência de uma maneira geral: quero falar para você; segundo: quero falar com você com amor; e terceiro: quero falar com você, sem amor, apesar de você... Ao falar dos sentimentos afetuosos, Freud já está se preparando para falar sobre a ambivalência. Pensa-se normalmente que a transferência é sempre amorosa. Ele aponta a ambivalência que é abordada diferentemente em Melanie Klein e Lacan. Para Lacan, o mais importante não é saber se a transferência é positiva ou negativa, mas a possibilidade de suportá-la.

Durante um certo tempo, na psicanálise, a questão era positivá-la: estimular a transferência positiva e evitar a transferência negativa. Com Lacan, a questão não é tanto se a transferência é positiva ou negativa, uma vez que elas são uma e a mesma coisa. Na clínica, o importante é como será suportada, repito. Teoricamente, o analista terá mais facilidade de suportar a transferência boa, salvo o analista masoquista... Este se dá melhor com a transferência ruim. Mas a questão mesma é suportá-la em sua ambivalência.

Normalmente, quando falamos de transferência negativa, estamos nos referindo a seu lado imaginário, hostil, e à sua estruturação. Com o conceito de real, podemos falar da transferência negativa como um vínculo, um ponto de negatividade que toda transferência porta em si, ou seja, negativa como a presença da morte no elemento transferencial. Pode-se "transferir uma série de sentimentos", mas há algo que não se transfere. É sobre esse algo não transferível, *o cerne do sujeito*, que nos referimos como a transferência negativa. Não se transfere o resíduo: "Eu mesmo" é o resto da transferência.

Observo certos semblantes se fechando. Tudo ia bem enquanto falava em um puro raciocínio lógico. Se transferir é *transportar*, é levar de um lugar para outro, se digo transferência negativa, é para assinalar alguma coisa que não foi transportada, que fica, que é dura. É necessária a transferência, para evidenciar esse aspecto. O final da análise está relacionado à fixação desse ponto duro, desse osso, dessa pedra resistente às significações transferenciais. E o final de análise é esse "Eu mesmo", essa alguma coisa que ficou.

Se voltarmos à crítica de Ferenczi de que Freud não soube lidar com a sua transferência negativa, que o deixou em uma posição transferencial insuportável, veremos que ele aponta o fato de ter amado Freud e este não lhe ter correspondido como era por ele esperado. Avançando até o final de *Análise terminável e interminável* (1975), de Freud, poderíamos dizer que a questão conclusiva versa sobre o final da análise na transferência negativa. Quando Freud chega ao *protesto masculino* no final de análise de homens, ele está destacando a existência de um ponto negativo. Para ele, o ponto negativo é negativo em relação à proposta da análise, ou seja, ele associa resistência à transferência negativa – resistência em alcançar alguma coisa, em fazer a compreensão mudar uma pessoa. Não basta compreender um problema para esse deixar de existir.

No último capítulo, ele é claro: por mais que se avance, haverá sempre algum ponto não tocado. É sobre esse ponto que me refiro. Ele não utilizou o termo transferência negativa aí, mas há uma referência implícita.

Lacan (1985b), no Seminário 11 – *Os quatro conceitos fundamentais da psicanálise,* no capítulo sobre "A presença do analista", diz de forma curiosa que a transferência negativa não é ódio:

> Diremos, com mais justeza, que a transferência positiva é quando aquele de quem se trata, o analista no caso, pois bem, a gente o tem em boa consideração – negativa, está-se de olho nele. (Lacan, 1985b, p. 120)

É como Lacan explica a transferência negativa: é "estar de olho nele", uma certa desconfiança.

A INTRIGA HISTÉRICA

Escolhi um texto antigo de Lacan, de 1948, dos *Escritos,* para trabalhar em detalhe sua posição em relação à transferência negativa. É um texto importante, pouco lido: "A agressividade na psicanálise". Lacan, ao ser convidado a escrever sobre a agressividade, defende cinco teses, que nos auxiliarão no estudo da transferência negativa:

1. Tese I: "A agressividade se manifesta em uma experiência que é subjetiva por sua própria constituição".
2. Tese II: "A agressividade, na experiência, nos é dada como intenção de agressão e como imagem de desmembramento corporal, e é nessas modalidades que se demonstra eficiente".
3. Tese III: "Os impulsos de agressividade decidem sobre as razões que motivam a técnica da análise".
4. Tese IV: "A agressividade é a tendência correlativa a um modo de identificação a que chamamos narcísico, e que determina a estrutura formal do eu do homem e do registro de entidades característico de seu mundo".
5. Tese V: "Tal noção de agressividade, como uma das coordenadas intencionais do eu humano, e especialmente relativa à categoria do espaço, faz conceber seu papel na neurose moderna e no mal-estar da civilização".

Pareceu-me interessante examinar essas teses, nas quais observamos, só pela enunciação, a agressividade como constitutiva do ser humano, as consequências da agressividade na técnica, o trabalho na análise e sua relação com o mal-estar na civilização. Quando falamos da transferência em sua vertente negativa, notamos a pertinência dessas teses sobre a agressividade para esse estudo.

Ao trabalhá-las, veremos, com mais clareza, o lado clínico e também institucional. É difícil separar a clínica da instituição; ambas se dão sob transferência. Podemos ler fenômenos clínicos e institucionais com o mesmo aparato conceitual.

Optei por abordar a transferência negativa por intermédio de textos de vários analistas. De Jacques-Alain Miller, "O banquete dos analistas" (2002), texto elaborado a partir de um de seus cursos, e a conferência "Affectio societatis" (1995), pronunciada no Rio de Janeiro e publicada no *Correio* nº 11 ; de Lilia Mahjoub, "A intriga" (1995), publicado também no *Correio* nº 11; de Jean-Pierre Klotz, "A Escola e a raiva do grupo" (1996), publicado recentemente. São textos que falam do interesse, da incompreensão e da curiosidade que a psicanálise desencadeia.

Faço um pequeno introito sobre uma questão que preocupa a muitos: a maneira como os analistas se relacionam. Talvez seja interessante nos perguntarmos sobre a função da psicanálise no mundo, se conseguiremos mantê-la viva ou se só conseguimos nos manter vivos, matando-a. Qual o nosso posicionamento? Em um primeiro momento, abordarei a transferência negativa a partir do movimento social dos analistas para, depois, abordá-la na relação analista-analisando.

Em comparação com outros grupos, eu não saberia responder se, estatisticamente, os analistas brigam mais ou menos. Só sei que brigam muito. Vejo como razão para tal fato o rebaixamento do ideal – efeito produzido por uma análise – que normalmente ocorre no agrupamento de analistas. Quando se faz uma análise, as identificações, os ideais são colocados em questão, favorecendo um certo desmembramento social.

Na Escola, estando o ideal rebaixado, surge um complicador: a histeria provocada.

A Escola é de uma causa – é a única instituição analítica no sentido lacaniano –, diferindo da sociedade freudiana, que é uma sociedade de um ideal. Freud montou a Sociedade sobre o princípio masculino, sobre o seu nome, com marcações fálicas bastante definidas, que permitem que a IPA, por exemplo, não tenha cisões. Existem acomodações. Na Inglaterra, é notável, existe um grupo de tendência annafreudiana e outro de tendência kleiniana. Evidentemente, os insatisfeitos que não se encaixam em nenhum dos dois grupos formam um terceiro, o grupo do meio, o *Middle Group* – dito em inglês, dá uma certa importância, mas, na realidade, trata-se da "turma do meio". Não é bem esse o caso das associações lacanianas; na Escola, não existe essa tendência ao centrão – o que permite, por outro lado, que a IPA critique os lacanianos, dizendo que eles formam uma seita, um gueto. Não somos os únicos a criticar; somos criticados também. E é muito bom que escutemos as críticas.

Há várias formas de se inserir em um agrupamento social. Uma maneira bastante comum, vulgar, é por meio da intriga, do ser cúmplice de um atacando o outro, do leva e traz.

O que é a intriga? Por que ela é fêmea? Ou, por que ela é histérica? Em uma tentativa de revelar a verdade de qualquer maneira, de insistir na verdade, a histérica se dedica a destruir tudo, todos os semblantes. Sua relação fantasmática é bastante frágil. Na base, onde poderia estar a verdade, ela faz o exercício da intriga. Ela destrói uma comunidade nessa sua militância, em um exercício "supostamente verdadeiro". Supostamente verdadeiro porque a histérica é Sem-fé, ela busca a verdade sem nenhum parâmetro em sua busca. Ela crê na possibilidade de se chegar à essência da verdade como tal, ela deixa cair tudo que se apresenta como verdade provisória; rompe tudo que estiver na sua passagem. Provoca-se a histeria com o rebaixamento do ideal, e muitas vezes se paga o preço da provocação. Lilia Mahjoub, no seu texto "A intriga" (1995), diz:

> Intriga logo evoca embrulhada, manobra, criação de uma situação complexa e embaraçosa. É pois uma série de combinações secretas, mais ou menos refletidas, com a finalidade de fazer alguma coisa triunfar, ou fracassar. A intriga pertence também ao domínio teatral, e nesse sentido representa o nó de um enredo.
> Pode-se igualmente atribuir este termo ao teatro privado do sujeito neurótico, como Lacan conseguiu fazer a propósito da histeria, nesse lado Sem-fé da intriga histérica. Se o neurótico obsessivo está grudado no seu fantasma, a ponto de ficar por isso paralisado, não vendo aí senão a demanda exorbitante do Outro, para o neurótico histérico, pelo contrário, a cena do fantasma some sob seus passos, a tal ponto que sua característica é ele mesmo se esconder como objeto. Com mais precisão, dizemos que o laço do sujeito ao objeto, esse objeto que ele passa a ser no fantasma, quando o desejo desponta, será ou compacto, rígido, fixado bem precisamente no caso da obsessão, ou lábil, fugidio, não fixado, no caso da histeria. Daí a dificuldade do obsessivo para se safar da cena fantasmática, e a patética facilidade

> do histérico para passar de uma cena para outra, e nisso entendo todas as cenas que tentará ocupar nos outros. Uma histérica não se alojará aí, aliás, como objeto que se oferece – já o tínhamos notado – mas que se eclipsa, isto é, como objeto que deixa a desejar, ou ainda, que faz da realização do desejo uma promessa. (p. 19-20)

Passo às conclusões da autora:

> Essas variações, esses deslocamentos são geralmente a origem das embrulhadas e situações confusas que ostentam o nome de intrigas. Bem frequentemente, o sujeito histérico é cego quanto a seu modo de ser, porém se ele conseguir compreendê-lo através de uma análise levada a seu termo ele pode então tentar ir por outros caminhos, encontrar outras soluções na acomodação do fantasma. (Mahjoub, 1995, p. 23)

A intriga é uma tentativa da histérica de se fixar em alguma coisa que lhe permita ir ao encontro do verdadeiro. Mas como o que lhe falta é exatamente a sustentação em um fantasma, só a mudança analítica poderá permitir que ela abandone a posição intrigante para encontrar uma nova posição onde amarrar o seu ser.

"Essas soluções talvez sejam menos confortáveis que a arte da intriga." Sem dúvida o são; a solução analítica jamais tem o gozo da intriga, porque o gozo da intriga tem um quê de perverso, a castração está sempre no Outro. Fulano me disse isso, dependendo da pessoa com quem fala. Ela é sempre cúmplice de quem lhe diz alguma coisa; não tem o menor apego a nenhuma das cenas. Isso é o que quer dizer Sem-fé. O não intrigante sabe pôr fim à intriga antes que ela se inicie. Não se entra em uma cena teatral por acaso.

O gozo da intriga é fugidio; dois minutos depois há de se fazer outra intriga até se acabar sendo objeto da própria intriga: uma das formas de se deparar com a castração. Em um belo momento, todos dão um basta na intrigante.

> Com efeito, se a intriga consegue capturar no alçapão os sinais do desejo do Outro, do mesmo modo logo o deixa escapulir, pois o próprio do desejo não é ser um objetivo visado como tal, mas sim impor-se, até ser afinal reconhecido como causa. (Mahjoub, 1995, p. 23)

Daí concluirmos que o desejo não é para ser objetivado, mas para ser causado.

Em uma "comunidade masculina", obsessiva, há menos intriga. O pacto de cavalheiros assim o exige, porque, se houver intriga, se estará desrespeitando a instituição fálica, e o desrespeito à instituição fálica põe todos em perigo. Os deputados, entre si, criticam o Congresso Nacional, mas se o desgraçado do jornalista o fizer... "Prendam o jornalista!" Lembram-se do episódio ocorrido após as críticas de Arnaldo Jabor ao Congresso Nacional?

Ao contrário, temos em uma Escola um grupo que se propõe à quebra do ideal. Essa quebra do ideal, em determinado momento, passa por uma histerização, que, como em uma análise, pode favorecer, em resposta, a intriga. É necessário levantar esses aspectos por causa dos riscos em jogo.

A entrada na Escola pelo Cartel do Passe é uma das formas de frear mecanismos intrigantes. Define-se a posição da pessoa em relação ao seu inconsciente, e não em relação à sua simpatia ou antipatia, à sua importância ou à falta de importância. Enfim, este é um dos aspectos; são vários os que podem se alinhar nessa categoria.

O "AFFECTIO SOCIETATIS": NÃO FATIGUEM O OBJETO *A*

Um sujeito, repito, deve descobrir que o desejo não é para ser objetivado, mas causado. Nessa afirmação, encontra-se toda uma mudança de posição que Jacques-Alain Miller (1995) recupera em seu texto "Affectio societatis".

Antes de iniciar o comentário desse texto de Jacques-Alain Miller, utilizo como introdução um artigo de Jean-Pierre Klotz, publicado em 1996, em que o autor descreve a função do ódio no grupo. Cito-o para que possamos entender os motivos que levaram Jacques-Alain Miller a reciclar o seu artigo: uma resposta a Jean-Pierre Klotz. Para ele, o ódio se aproxima da transferência negativa:

> O ódio é muitas vezes aquilo que fica inabordável. Mas, ao mesmo tempo, traz várias particularidades ricas de um novo saber. Lembremos, por exemplo, de Ferenczi reclamando

de Freud não ter analisado sua transferência negativa, mas também lembremos de Lacan qualificando a transferência negativa na sua relação com Freud, em resposta à questão a ele colocada, quase incidentalmente. (Klotz, 1996)

"Affectio societatis" foi uma conferência proferida no Rio de Janeiro há mais de dois anos, em agosto, quando Jacques-Alain Miller e eu fizemos um périplo pelo Brasil, por ocasião da criação da "Escola como múltipla": estivemos em cada cidade em que foi criada uma Seção, abordando temas referentes à formação da Escola Brasileira de Psicanálise. Como viajávamos juntos, para não nos cansarmos ao nos ouvirmos em cada parada, obrigamo-nos a fazer uma fala diferente por lugar.

No "Affectio", Jacques-Alain Miller trabalha aquilo que excede a letra da lei do estatuto: um excesso que pode unir as pessoas – ou não. É um problema que também preocupa presidentes de países: como administrar aquilo que excede seu controle e conhecimento?

Em conferência recente, o presidente Fernando Henrique Cardoso comentava existirem no mundo, por dia, transações de um trilhão de dólares, e que os governantes não sabiam quem geria tanto dinheiro, nem como ele era gerido. É interessante lembrar que Lacan cria o conceito de objeto *a* retomando a *plus valia* de Marx.

Voltemos para as soluções que a psicanálise aponta. Seguramente, não são boas ou más para um país. São boas para uma Escola. A psicanálise não pode oferecer os vínculos sociais que um país necessita.

O texto de Jacques-Alain Miller explica a expressão "*affectio societatis*", que figura no estatuto da Escola e das Seções. Ele lembra ter sido essa expressão sugerida por seu amigo, o advogado Carlos Forbes, quando este presenciava a dificuldade que tinham dois analistas – Jacques-Alain e eu – em encontrar uma fórmula para dizer que a existência de um estatuto não era por si só suficiente para unir os analistas. Era preciso algo a mais... "*affectio societatis*", sugeriu o advogado.

Primeiro ponto: o afeto no contrato

À primeira vista, nada parece mais longe do direito que o registro dos afetos. Quando se assina um contrato, não se pode dizer no dia seguinte que não se está mais a fim, que se vai rasgar o contrato. Pelo menos, não se pode fazer isso impunemente.

> É surpreendente que o direito tenha necessidade de expressar algo concernente ao afeto, pois não há nada mais longe do direito que os afetos. Quando fechamos um contrato, por exemplo, não podemos dizer depois: "Bem, como não gosto mais da pessoa com quem firmei o contrato, este deixa de existir". O direito impede precisamente que os afetos mudem os contratos. Estes devem permanecer através do tempo, apesar de os afetos mudarem. Dessa forma, é rara a presença do afeto no direito. Isto talvez queira dizer que

> o contrato, o compromisso simbólico, não é suficiente, que há outra coisa em jogo no próprio direito além do acordo simbólico, que certamente é muito importante. (Miller, 1995, p. 12-13)

O direito é exercido, precisamente, para que os afetos não afetem os contratos: os afetos passam, o contrato fica. Se é necessário mencionar no contrato associativo uma condição afetiva, é porque a ordem simbólica não é suficiente, existe um "mais além do contrato", com o qual até mesmo o direito deve fazer uma composição. É fácil ler esse texto em justaposição com a análise. Também o que posso escrever e dizer da análise está sempre aquém da experiência.

Segundo ponto: esse afeto é imaginário?

Essa outra coisa, que escapa ao que se escreve, é de natureza imaginária? Vejamos como ele descreve a relação padrão no universo imaginário: não é o contrato, nem a afeição: é o assassinato, "Ou você ou eu", "Ou eu ou os outros".

> Sabemos, por Lacan e alguns outros, que no nível imaginário o um não é muito compatível com o outro; neste nível, a relação típica não é o contrato, mas o assassinato. Esta é a relação normal, a relação típica, o tu ou eu, ou o eu ou os demais. O estádio do espelho dá conta dessa agressividade que sempre existe, de alguma forma, no vínculo social e que pode surgir quando as condições assim o permitem.

> Em relação ao nível imaginário, certamente o compromisso, o acordo simbólico, é sumamente importante. A expressão *affectio societatis* indica que há algo além do imaginário e do simbólico. (Miller, 1995, p. 13)

Claro. É só observar o estádio do espelho. A agressividade perdura sob uma forma ou outra no vínculo social e surge desde que cutuquemos o discurso que a contém. Existe também o amor enraizado no imaginário, mas o *affectio societatis* não é o amor – são diferentes.

Terceiro ponto: as incompatibilidades

Ele se refere a uma expressão sobre o gênio:

> Isto se encontra, por exemplo, nos problemas do casamento. O casamento é um contrato. Um dos motivos de divórcio no direito francês, não sei se também no brasileiro, é a *incompatibilité d'humeurs* – em português, incompatibilidade de gênios. (Miller, 1995, p. 13)

Ele vai recorrer às relações entre o príncipe Charles e Lady Diana para exemplificar a incompatibilidade trabalhada por Lacan no texto *Radiofonia*:

> Lacan comentou a palavra "incompatibilidade" em Radiofonia, a propósito da linguística e da psicanálise. A palavra incompatibilidade se refere a *pathos* – uma certa maneira

> de sofrer – e não deixa de se relacionar com o casamento, que tem o lado de sofrer juntos e, eventualmente, sofrer um através do outro. No casamento, não se trata apenas de um contrato simbólico, mas de saber se os vinculados aceitam ou não sofrer juntos. (Miller, 1995, p. 13)

Na verdade, um é sempre incompatível com o outro. Quando não se quer mais sê-lo, divorcia-se. O humor de um e outro são ditos incompatíveis, mas a incompatibilidade se estabelece, sobretudo, entre o humor e o contrato. Um certo estado de humor é incompatível com o contrato e é o que o contrato prevê: a condição do humor.

Quarto ponto: a impotência dos estatutos

> Numa associação, os estatutos são certamente importantes. Passamos muito tempo, talvez demasiado, discutindo estes estatutos, ou seja, as regras universais que podem organizar nossa vida juntos, nosso matrimônio associativo. Porém, essa expressão *affectio societatis* indica que ter estatutos não é suficiente para uma associação, assim como não será suficiente para a Escola ter bons estatutos lidos por todo o Brasil, por franceses, argentinos e *tutti quanti*. [...] Penso que os analistas, aqueles que têm uma relação com a psicanálise, podem ter suas dúvidas a respeito do *affectio societatis*. Sabemos da pulsão de morte, do estádio do espelho; e o *affectio societatis* pode ser uma simples ficção latina do direito legal, sem incidência prática. Entretanto Lacan, ao falar

da Escola, convida os analistas a serem bons companheiros.
(Miller, 1995, p. 13)

Mesmo com o desenvolvimento de uma importante indústria estatutária no campo freudiano, sabemos que os estatutos não podem nada sem o *affectio societatis*. Miller o situa escutando os ruídos, a pulsão de morte, o estádio do espelho, que jogam uma sombra sobre a estabilidade dos vínculos. Talvez o *affectio societatis* nada mais seja que uma ficção, sem nenhuma incidência prática. Entretanto, ele lembra, Lacan convoca os analistas de sua Escola para serem bons camaradas, colegas, bons companheiros.

É para tomar isso a sério ou não? Que cada um faça sua escolha.

Quinto ponto: sozinhos ou juntos?

Distingamos, com Miller, as duas vertentes: o que faz um, sozinho, e o que faz um em conjunto; o que se faz *só*, e o que fazemos *juntos:*

> As coisas da sexualidade são melhores, segundo o próprio Freud, quando se fazem juntas; aquilo que se tem uma certa tendência a se fazer só se desloca para o lado do dois, vou dizer pelo menos dois, dois no máximo de qualquer forma, está mais para o lado de um certo vínculo social. Certamente, a psicanálise não pode desconhecer a dignidade

do que não se faz só, e sim juntos. A análise se faz só. (Miller, 1995, p. 14)

O ato solitário não é recomendado na psicanálise da forma cínica. Os cínicos se masturbam. Entretanto, a pulsão atinge o seu fim, voltando-se sobre ela mesma, mas – pois é, aí está o problema, será que ela é sexual?

Quando alguém procura o analista, vai só. Crianças ou alguns fóbicos – são casos especiais. E, quando são muitos no consultório, trata-se de terapia de grupo e não de análise:

> A análise se faz só (mas com um analista; não existe a autoanálise). O analista, em seu ato analítico, está só com o paciente.
> [...]
> Acredito também que, numa Associação, o que chamamos de ensino está mais do lado do só que do coletivo. Seria um perigo coletivizar demasiadamente o ensino. Por isso, devemos entender o valor da fórmula que temos nos estatutos: cada um ensina por sua conta e risco. (Miller, 1995, p. 14)

Vejamos. Ele coloca o ensino mais do lado do sozinho e chama a atenção para os perigos de se tentar coletivizar por meio de estatutos: cada um assina seu seminário ao próprio risco.

> Devemos, então, proteger a vertente da solidão: a solidão do paciente, a do analista, a do ensinante; mas também,

> por outro lado, a dignidade do que fazemos juntos. (Miller, 1995, p. 14)

Simultaneamente, afirmamos – é bem isso, afirmamos – a dignidade do que fazemos juntos: colóquios, publicações, cartéis, bibliotecas. Estar juntos é a proposta mais difícil para os analistas. Lacan também pensava assim. Paradoxalmente, o que faz o analista ser rebelde à identificação é o mesmo que o faz insuportável aos seus colegas. É também a posição do menos-um, do "Eu não", a diferenciar da posição que o neurótico assume com tranquilidade em seu gozo. Ele se desconta no sentido de contar a menos, todos menos ele.

Sexto ponto: o para-todos

> Numa Associação há regras universais – regras do para-todos, como recordava Jorge Forbes. Se lermos os estatutos, podemos dizer que eles falam nesse nível, constituem o universo da Seção, o da Escola, fundam categorias onde se diz: todos os que fazem isso ou todos os que fazem aquilo... O estatuto fala a linguagem do universal. Entretanto, o *affectio societatis* introduz um elemento suplementar que indica a falta que fica no nível do universal. (Miller, 1995, p. 15)

Esse "para-todos" é uma verdadeira fascinação para os "não eu", para a turma do "comigo não". Claro, se alguém diz "para-todos", imediatamente diz "eu não".

> O próprio Direito sente, podemos dizer, que o universal não consegue captar o que se passa no vínculo social [...]. (Miller, 1995, p. 15)

Todo o elo social não é suficiente para capturar o universal. O direito está aí testemunhando isso. Lá, onde o direito diz *affectio societatis*, Freud diz Eros.

> Por isso, Freud usa a palavra Eros – quer dizer que ele mesmo pensava que aquilo que se passa num grupo deve ser entendido no nível da pulsão, e não somente do discurso. Por isso apresentou o fator coesivo do grupo a partir da noção de identificação. É necessário nos referirmos ao seu famoso texto Psicologia das massas e aos comentários de Lacan sobre o esquema que Freud finaliza o capítulo VII sobre a identificação. (Miller, 1995, p. 15)

A identificação simbólica com o significante mestre não satura todas as razões de um grupo. É necessário destacar o fator pulsional, ele vai dizer, vamos nomeá-lo como Lacan o fez: objeto *a*.

Depois de enumerar esses problemas, Jacques-Alain Miller começa a teorização forte: os analistas são insuportáveis porque vão contra as identificações. Se alguém se diz analista hoje, é porque foi marginal em algum momento. Quando os analistas brincam entre si dizendo que são os fracassados da psiquiatria, é no sentido de que, sendo marginais, não conseguiram fazer parte da psiquiatria. E não conseguem ficar juntos entre si porque são marginais, estão à margem das soluções coletivas. Como conjugar o entrelaçamento e a possibilidade de suportar essa diferença? É necessário um cimento, uma erótica, um objeto *a:*

> Embora possa ser difícil ou problemático falar do objeto *a* de uma Associação ou de uma Escola. (Miller, 1995, p. 16)

Entretanto, vamos insistir.

> Resta algo de misterioso na reunião de sujeitos que supostamente querem a mesma coisa. [...] o importante é saber se nos entendemos, e o fato de pensarmos nos entender. [...] Talvez no Rio possamos dizer que há esse objeto *a* da Escola. [...] O objeto a talvez se localize num vínculo ou numa relação no nível do entender, pelo menos compartilhamos uma certa significação, mais além de um sentido. A diferença é clara: ontem por exemplo, Jorge Forbes começou seu discurso com a frase "A Terra é azul" *[grifo nosso: todos riram.]*. Eu não tinha a menor ideia do que isso queria dizer; eu podia entender o sentido, mas não o seu valor. Parece que no Brasil todo mundo sabe que isso vem de Gagarin. [...] Eu entendia o sentido linguístico das palavras, mas não o que se passava com Jorge Forbes, em que bases ele se entendia com o público. Então, era o objeto *a*. (Miller, 1995, p. 16)

Existia lá um objeto *a*, presente neste "se entendem entre si", uma particularidade.

A ordem simbólica tem por horizonte o discurso universal, que faz obstáculo ao objeto *a*, que sempre particulariza. Assim, não apostemos muito nos estatutos. Porque, para que exista uma Escola, antes de mais nada, é necessário algo além dos estatutos: o *affectio societatis*. Assim como o pintor Bracque dizia "as provas cansam a verdade", é necessário jamais cansar o objeto *a*.

Com isso, acho que trago uma outra luz...

Vamos ser curiosos sem compreender. Só o objeto pode responder à desidealização. Se insistirmos demais no insuportável da transferência, em sua negatividade, tentando prová-la, o máximo que conseguiremos é provocar uma união sem sabor, sem objeto *a*, puramente simbólica, universal, destituída de qualquer interesse – o que nos obrigaria a criar a psicanálise, de novo.

Mas, como ela já foi criada, é melhor continuarmos nela. Continuaremos no próximo seminário com "A agressividade na psicanálise" para os interessados no tema.

5 de junho de 1996

X

ANALISTA, COMO O SANTO, NÃO FAZ CARIDADE

A AGRESSIVIDADE: UM CONCEITO

Tempos atrás, um imperador romano proibiu que as pessoas se casassem. Um religioso chamado Valentim não respeitou as normas do imperador e resolveu juntar os casais em matrimônio. No dia 14 de fevereiro, ele foi morto pelo descumprimento das ordens e, a partir de então, em muitos países do mundo, comemora-se, nessa data, a festa dos namorados – o dia de São Valentim. Nos Estados Unidos e na Europa é assim.

Não tenho a menor ideia de por que no Brasil comemora-se no dia 12 de junho. Talvez para ter um dia especial, na véspera do dia de Santo Antônio – assim, os que não tiverem um bom dia dos namorados poderão recorrer, no dia seguinte, ao santo casamenteiro. Ou talvez porque no Brasil se viva mais na esperança do amor.

Acho interessante lembrar que, por trás do dia dos namorados, houve um santo que pagou com o seu corpo essa união. Portanto, uma justa homenagem a São Valentim.

Nosso tema de hoje não é muito romântico – o que não quer dizer que seja pouco amoroso: falaremos sobre a agressividade. Temos a tendência de associar Eros ao amor e Tanatos ao ódio, à raiva, em uma tentativa de separá-los. No entanto, uma relação amorosa sem Tanatos, em que não há ousadia, não há posse, é, no mínimo, sem sal. Não se resolve a vida optando por Eros ou Tanatos. Seria muito simplista, portanto, associar o amor a Eros e a morte a Tanatos.

Espero que o texto "A agressividade na psicanálise" (Lacan, 1998a), apresentado no XI Congresso de Psicanalistas de Língua Francesa em Bruxelas, dividido em cinco teses, que comentaremos em detalhes, tenha sido lido. É impossível acompanhar Lacan sem lê-lo.

Não examinarei a "Tese III" por completo, mas até onde Lacan explica a posição do analista como a posição de um santo; e, dessa forma, talvez eu possa despertar o interesse nos leitores de *Televisão* (Lacan, 2003b), entrevista pronunciada 25 anos após esse texto. É dessa entrevista uma passagem famosa:

> Um santo, para que me compreendam, não faz caridade. Antes de mais nada, ele banca o dejeto: faz descaridade. Isso, para realizar o que a estrutura impõe, ou seja, permitir ao sujeito, ao sujeito do inconsciente, tomá-lo por causa de seu desejo. (Lacan, 2003b, p. 32)

É fantástico verificar que, em 1948, Lacan já propunha esta posição como a do analista, a posição de um santo, daquele que "descarida". Talvez tenha sido esse o motivo que me levou a fazer uma homenagem a São Valentim – por ter ele possibilitado uma saída para a vida.

A leitura das três primeiras teses é dura; mostra a essência do humano, pesada mesmo. Não tenho a menor intenção de poupá-los dessa visão, que não é bem a dos jardins das delícias de Bosch. Não os pouparei tampouco de uma leitura pontual desse texto de Lacan de 1948.

Chamo a atenção para a apresentação de seu trabalho, quando ele avisa que vai gerar um conceito:

> O relatório precedente apresentou-lhes o emprego que fazemos da noção de agressividade na clínica e na terapêutica. Resta-me a tarefa de provar perante os senhores se é possível formar dela um conceito tal que ela possa aspirar a um uso científico, isto é, apropriado a objetivar fatos de uma ordem comparável na realidade, ou, mais categoricamente, a estabelecer uma dimensão da experiência cujos fatos objetivados possam ser considerados como variáveis. (Lacan, 1998a, p. l04)

Lacan, que sempre quis a psicanálise ao lado da ciência, destaca a importância de se criarem conceitos – é um momento epistemológico, metapsicanalítico.

Quando, na semana passada, me referi a Diderot, deixei implícita uma alusão a Lacan, que sempre desejou estar associado aos iluministas, àqueles que acreditavam na razão se não como o melhor, como o que sobra ao homem para dar sentido à vida.

Como psicanalista, ele não pensava que a psicanálise fosse uma intuição, mas que pudesse gerar conceitos, tal como a ciência. Para ele, a agressividade não é um fenômeno, algo que se veja, uma qualidade, "tal coisa é agressiva" – é um conceito da psicanálise que pode pretender um uso científico. Ao esclarecer o que é o uso científico de um termo, ele defende a agressividade nos fatos objetiváveis, nos casos clínicos, nas sessões de análises, e discute as reações variáveis ao conceito de agressividade. Ele definiu um conceito e seu campo de aplicação na realidade, uma vez que a realidade sem um conceito não é legível.

Greimas, talvez um dos maiores semióticos do século, com todo um trabalho científico em Paris, onde morava, referia-se à realidade como um contínuo amorfo. Para operar com ela, é necessário ter elementos de recorte, expressão exaustivamente utilizada no meio intelectual dez anos atrás: "Qual o recorte que você faz deste tema?", "Qual a sua leitura?" Não se tem acesso à realidade de forma direta, imediata; só indiretamente. O conceito pode nos dar uma dimensão da nossa experiência, esclarece Lacan, para que possamos pensar as variáveis a partir dele.

Por que estudar a agressividade nesse momento? Quiçá o conceito de agressividade possa iluminar a pulsão de morte descoberta por Freud em 1920 – a transferência negativa, o real –, ponto de discordância entre Lacan e os pós-freudianos. Todos sabem do retomo de Lacan a essa questão: ele volta a incluir a pulsão de morte na psicanálise. Ele explica à página 104 (Lacan, 1998a) que o *instinto de morte* descoberto por Freud é uma aporia, um paradoxo semelhante à figura da esfinge que ele tentou explicar formulando uma experiência do homem no registro da biologia, em uma alusão ao texto *Além do princípio do prazer*, no qual Freud tenta explicar o instinto de morte valendo-se do registro da biologia.

Também a pulsão de morte é explicada por Freud no registro dos mitos em *Totem e tabu*, em que, embora não existisse ainda o conceito de pulsão de morte, ele introduz a morte do pai. Lacan retoma a experiência do homem; não no registro da biologia, mas, para dizer de uma forma bem ampla, no registro da linguagem. Eu poderia dizer também no registro da lógica, ou da sociologia em uma referência ao texto *A família* (Lacan, 1981). Podemos centralizar a elaboração de Lacan sobre a experiência específica do homem com uma pequena definição: o homem fala.

Essa questão da experiência de morte leva a pensar na transferência negativa em Freud, em textos como "O futuro de uma ilusão" (Freud, 2010), e em uma carta dele a Einstein (Freud e Einstein, 1932/2005), em que ele se perguntava: "Por que a guerra?".

Lacan aponta a maneira como a pulsão de morte foi trabalhada pela psicologia behaviorista e pelo tratamento psicodramatista:

> Quero apenas propor-lhes algumas observações ou teses que me foram inspiradas por minhas reflexões de longa data em torno dessa verdadeira aporia da doutrina, e também pelo sentimento que tenho, a partir da leitura de numerosos trabalhos, de nossa responsabilidade na atual evolução da psicologia de laboratório e de tratamento [psicodramático].
> (Lacan, 1998a, p. 105)

É interessante observar a preocupação de Lacan com a forma como a psicanálise é referida. É frequente encontrar elementos dessa em outras teorias que não têm nada de psicanálise e que até mesmo são contrárias a ela. Ele critica o behaviorismo e o psicodrama, que tentam sanar a agressividade pela mudança do comportamento agressivo. Procuram convencer a pessoa de que, se ela não tiver certos comportamentos agressivos se dará melhor na vida ou, então, por adaptação, aproximações sucessivas, tentam eliminar a dificuldade. Se ela tem medo de viajar de avião, por exemplo, um dia vai ao aeroporto, outro dia entra no avião, observa a aeronave, o funcionamento do piloto automático...

Vários psicanalistas próximos a Lacan eram psicodramatistas nessa época: René Diatkine, Gennie Lemoine, Paul Lemoine, entre outros. Ele critica a eficácia da ab-reação, a catarse de elementos agressivos de uma forma menos catastrófica, como esmurrar almofadas, imaginando, por exemplo, que esmurra o papai ou a mamãe.

A psicanálise não busca uma resposta nem no psicodrama nem no behaviorismo, muito menos na análise transacional, no "Eu estou OK, você está OK". Muitas são as técnicas que se dizem originárias da psicanálise, ou com base psicanalítica. Tais práticas propõem o progresso da psicanálise, um horror do ponto de vista psicanalítico. A psicanálise funciona por recorrência – frase pesada –, e toda vez que se tenta o seu progresso temos como resultado a sua desnaturação, questão descrita à página 106 (Lacan, 1998a).

Por outro lado, temos bom uso da psicanálise por parte de não analistas, como Arnaldo Jabor. Chamo a atenção para o seu artigo "Os 'Chapas Negras' são patrulheiros dos anos 90", na *Folha de S. Paulo* de 11.6.96. Leio parte desse texto, hoje, dia dos namorados, porque ele diz o que é suportar uma transferência. Arnaldo Jabor tem sido apontado como *fernandista*, por dois escritores, Carlos Heitor Cony e Jânio de Freitas. Ele tem sido criticado por continuar suportando Fernando Henrique Cardoso. Nesse texto, Arnaldo Jabor define o que é ser *tonto* na vida, criticando a atuação da patrulha ideológica:

> [...] Muito chapa negra pensa que fracassou na vida porque é de esquerda. Nunca lhe ocorre que ele seja de esquerda porque fracassou na vida. O chapa negra tem algo de jesuíta, de burocrata, de censor. Ele odeia o viável, pois o viável o inviabiliza.
> Ele nunca está satisfeito. Quanto mais houver evidência do fracasso, mais ele tem fé (Ernest Gellner) [...]
> O chapa negra odeia a complexidade das coisas. Acha que é frescura do pequeno burguês. O chapa negra desconfia

de tudo. O chapa negra sabe de um complô em andamento. Só que ele não diz qual é. Senão, estraga o complô. Ele conhece tantos segredos que é quase um traidor. Ele é tão bem-informado que é quase um agente duplo.

O problema do chapa negra é que ele não gosta de brincadeira. Está sempre olhando para trás, com medo de alguma faca ou pau. Acha que a história é uma grande conspiração contra ele.

Tudo que pinta não é bem aquilo. Tudo é um disfarce. Se um dia a revolução ganhasse, ele seria contra. Ele não se deixa enganar. E, no entanto, é essencial se deixar enganar [...].
(Jabor, 1996a)

É um belo exemplo de *"Les non-dupes errent"*, "Os não tolos erram".

Continuo:

Ele sabe segredos sobre nós que até nós desconhecemos. Só ele sabe os crimes que nós cometemos. Mas não nos conta. Só ele sabe quem nós somos. E nos deixa o suspense: "E se ele tiver razão?" (Jabor, 1996a)

É um dizer psicanalítico, uma bonita alusão ao dia dos namorados: "Posso me enganar, logo amo".

Volto ao ponto onde Lacan diz que a agressividade é um conceito que ilumina a clínica e que ela não deve ser trabalhada nem da forma dos behavioristas, que tentam convencer a pessoa de que ela não tem razão para ser agressiva, nem da forma do psicodrama, em que se confirmam as razões da agressividade de uma forma dita adequada – ou seja, murros na almofada e não no papai.

Faremos um voo panorâmico sobre essas teses; devagar, com idas e voltas.

TESE I – A AGRESSIVIDADE SE MANIFESTA EM UMA EXPERIÊNCIA QUE É SUBJETIVA POR SUA PRÓPRIA CONSTITUIÇÃO

Nunca é demais repetir: a experiência da psicanálise é subjetiva. Lacan, anos atrás, já pensava assim. Há duas semanas, no Seminário Internacional sobre "As depressões", muitos dos presentes tiveram uma excelente discussão sobre esse tema. Presenciaram um representante da psiquiatria de São Paulo vir a público dizer que não visa o detalhe de seu paciente, não visa o particular, e que o paciente só pode lhe interessar naquilo que ele apresenta de universal.

Para ele, talvez, a ciência só trata do que é comum a todos – uma visão inaceitável para um psicanalista e para a epistemologia da psicanálise. É um pensamento peculiar: como se no mundo só tivesse valor o universal ou como se a dor só pudesse ser reconhecida quando autorizada pela maioria. Desse ponto de vista, existiriam dores aceitáveis e inaceitáveis. Só as dores universais, aceitáveis, poderiam ser tratadas. Para as dores particulares, não haveria tratamento.

Vejam a atualidade do terceiro parágrafo da "Tese I":

> Essa subjetividade não nos pode ser objetada como devendo ser obsoleta, conforme o ideal a que satisfaz a física, que a elimina através do aparelho registrador, sem no entanto poder evitar a suspeita do erro pessoal na leitura do resultado".
> (Lacan, 1998a, p. 105)

Há uma tentativa no mundo de dizer que o sujeito caducou: "Coisas do passado..." ou "Estou velho...".

Diríamos que o sujeito caducou se vivêssemos conforme o ideal que satisfaz a física, que elimina a subjetividade através do aparelho que registra os fenômenos. Mesmo assim, na física, não se pode evitar a caução do erro pessoal na leitura do resultado.

Lacan responde àqueles que tentam retirar a subjetividade da ciência lembrando que a física, a ciência por excelência, pretende que seus dados sejam válidos para todos: a água entra em ebulição a 100°C se estiver sempre em condições normais de temperatura e pressão no nível do mar. Essa é a tentativa da ciência: eliminar o observador. No entanto, jamais poderá retirar o erro do observador. Se o erro for eliminado, a ciência servirá às máquinas.

Essa forma de raciocínio absurda leva Lacan a dizer que não precisamos nos referir às ciências humanas, porque todas elas necessariamente são humanas. Seria uma bobagem pressupor uma ciência inumana. Essa bobagem continua a existir quando se tenta abolir o erro. E, na tentativa de eliminar o erro, elimina-se junto a dor do paciente; passa-se a fazer o tratamento do psiquiatra, e não mais o tratamento daquele que sofre. Essa questão continua absolutamente atual: o homem continuará tentando desistir de si mesmo. Ele continuará tentando abolir-se, dar um jeito de não se contar, de não se declarar. Segue no caminho do próprio apagamento.

Resta-nos uma pergunta: o que faz os psicanalistas sobreviverem? Para responder a esse apagamento, a esse desaparecimento do sujeito, destaco uma frase da "Tese I": "Podemos dizer que a ação psicanalítica se desenvolve na e pela comunicação verbal, isto é, em uma apreensão dialética do sentido. Ela supõe, portanto, um sujeito que se manifeste como tal para um outro" – uma questão elementar.

Não é demais voltarmos ao ABC, à cartilha psicanalítica. A psicanálise só funciona para quem quer contar algo para o Outro. Quando alguém quer se queixar para o outro, a medicina funciona, o tio, o avô, a assistência social também. Quando se quer contar é diferente. O trabalho do analista consiste em fazer passar da queixa para a vontade de contar: "Eu quero te falar do meu amor, das coisas que aprendi nos livros".

(A música vem... esse é um país analítico-musical!)

A pessoa não sabe o porquê da vida, se dirige ao Outro para dar um sentido a esse porquê do qual ela não sabe. Ela não sabe qual é o sentido, mas jura que existe um.

Continuando na vertente da cartilha destaco outra frase de Lacan: "Somente um sujeito pode compreender um sentido; inversamente, todo fenômeno de sentido implica um sujeito". Ou seja, só um sujeito pode dar sentido, não se fala para qualquer um. Alguns interlocutores nos irritam, outros nos dão prazer. Aquele que escuta é fundamental. Os atores de teatro sempre se referem à importância do público que os escuta.

Lacan se pergunta: "Podem seus resultados fundar uma ciência positiva?" Depois de uma análise, uma pessoa pode se oferecer para escutar um outro, que por sua vez poderá escutar um terceiro? Não pensem que esse seja um processo de iniciação. Vejam o que Lacan diz: "Essa via aparentemente iniciática é apenas uma transmissão por recorrência [*já citada*], com a qual não há por que nos surpreendermos, já que ela se prende à própria estrutura".

Procurei entender a anteposição: "a transmissão da psicanálise não se dá por uma transmissão iniciática, mas em uma transmissão por recorrência", propondo uma solução ao enigma. Na transmissão iniciática algo passa de um para outro, há um segredo que não pode ser passado de qualquer maneira, mas apenas dentro de rituais de iniciação. Ao passo que, na passagem de uma análise, há sempre uma recorrência, uma volta sobre um mesmo ponto, um mesmo ponto de não sentido – não sentido é diferente de segredo –, daquilo que não se conseguiu resolver na própria análise, mas que por isso mesmo pode se oferecer a outro para escutá-lo. O que não se conseguiu resolver na análise é o que seu analista também não conseguiu resolver na dele, e esse ponto retroage até o primeiro analista, a Freud, ao que ele não conseguiu dar um sentido, e que deixou em aberto para dar sentido a seu desejo.

Então, nós, analistas, temos sempre a recorrência do fundador, do marco inicial da psicanálise, de alguma coisa não resolvida e que, se algum dia resolvêssemos, acabaria a psicanálise – o que não constitui em si nenhum problema. O único problema é acabar com o desejo.

É como posso entender a transmissão por recorrência.

Na "Tese I", Lacan mostra como a agressividade se encontra no campo subjetivo, em uma experiência de palavra que busca sentido e se pergunta se *conceber a agressividade desta forma marca a técnica do analista e se esses resultados podem fundar uma ciência positiva*. Ele conceitua a agressividade, diz o que é o conceito, antepõe-se àqueles que se esqueceram de que a agressividade é um conceito em psicanálise e diz, sobretudo, que a psicanálise é uma experiência subjetiva de sentido.

TESE II – A AGRESSIVIDADE, NA EXPERIÊNCIA, NOS É DADA COMO INTENÇÃO DE AGRESSÃO E COMO IMAGEM DE DESMEMBRAMENTO CORPORAL, E É NESSAS MODALIDADES QUE SE DEMONSTRA EFICIENTE

Parece-me uma tese difícil, mas que começa a clarear quando a fragmentamos. Ele diz que a agressividade nos é dada como intenção de agressão: "A experiência analítica permite-nos experimentar [*no sentido de sentir*] a pressão intencional" (Lacan, 1998a, p. 106). Essa frase se esclarece ao entendermos que a experiência analítica obriga a experiência de dizer, de dar sentido ao que o analisando quer falar, ao querer ser escutado. Ele pressiona o analista para que o compreenda. De certa forma, o analisando tenta educá-lo, modificá-lo em sua forma de captar o sentido. Em contrapartida, existe uma pressão exercida pelo analista na direção de fazer falar – o que o cansa; cansaço, aliás, próprio à análise de orientação lacaniana. Só quem se submeteu a ela pôde sentir o que é suportar a pressão do dizer. Pintores, escultores e poetas saberão responder melhor sobre o cansaço, sobre a pressão terrível de pintar, esculpir, escrever. E, se insistem nisso, é porque não têm como escapar.

Lacan, com riqueza de detalhes clínicos, ensina como observar essa pressão:

> Nós a lemos no sentido simbólico dos sintomas, a partir do momento em que o sujeito renuncia às defesas pelas quais os desvincula das relações que eles mantêm com sua vida cotidiana e com sua história – na finalidade implícita de suas condutas e suas recusas, nos fracassos de sua ação, na confissão de suas fantasias privilegiadas, nos rébus da vida onírica. (Lacan, 1998a, p. 106)

Essa questão fica mais clara no segundo parágrafo:

> Quase podemos medi-la na modulação reivindicatória que às vezes sustenta todo o discurso, em suas suspensões, suas hesitações, suas inflexões e seus lapsos, nas inexatidões do relato, nas irregularidades da aplicação da regra, nos atrasos para as sessões, nas ausências premeditadas, muitas vezes nas recriminações, nas censuras, nos medos fantasísticos, nas reações emocionais de cólera e nas demonstrações para fins intimidatórios, sendo tão raras as

violências propriamente ditas quanto o implicam a conjuntura de apelo que levou ao médico o doente e a transformação dela, aceita por este último, em uma convenção de diálogo. (Lacan, 1998a, p. 107)

Por que a presença da agressividade em todos esses detalhes? Porque aí existe algo a ser expresso de alguma forma, e todos eles são exemplos de fora da regra, fora do convencionado. Existe uma inconveniência e através dela pode-se captar alguma coisa que deveria ser dita. A isto Lacan chama "pressão intencional".

"Por que o analisando não se levanta e dá um murro no analista?", pergunta-se Lacan; "Porque eles aceitaram desde o início uma convenção de diálogo", é a sua resposta.

Lacan nota o fenômeno da agressividade em tudo aquilo que pode ser dito e nos deslocamentos corporais: falta de ar na sessão, cólicas sobre o divã. "Você ouviu minha barriga?", pergunta o analisando, como se a barriga estivesse respondendo à intervenção do analista. Na maioria das vezes, ele já chega falando das reações diretas, de rubor, sensações de desmaios, riso irrefreado, reações de burrice, de surdez ao que o analista disse – "Dá para repetir?", "Não ouvi direito...". Esses deslocamentos corporais, Lacan os cataloga como expressões de agressividade na experiência analítica:

> Entre estes últimos, há os que representam os vetores eletivos das intenções agressivas, que elas dotam de uma eficácia que podemos chamar de mágica [destacando

> que essas expressões de agressividade vêm de imagos fundamentais das pessoas]. São as imagens de castração, emasculação, mutilação, desmembramento, desagregação, eventração, devoração, explosão do corpo, em suma, as imagos que agrupei pessoalmente sob a rubrica, que de fato parece estrutural, de imagos do corpo despedaçado. (Lacan, 1998a, p. l07)

Aqui Lacan teoriza a constituição da identidade por meio da agressão. Anteriormente, ele já havia teorizado sobre o estádio do espelho na constituição do sujeito, ao que voltou um ano depois desse texto, em 1949, em "O estádio do espelho como formador da função do eu". A agressão é a base da identidade de uma pessoa.

A agressividade vem dessa imagem identificatória e é bastante difícil para a pessoa lidar com imagens de sua própria constituição agressiva. Tem a ilusão de que a felicidade seria possível, e, se não se é totalmente feliz, é porque isso nos foi roubado, arrancado, eventrado, dilacerado, amordaçado. Cria explicações terríveis para a falta de felicidade plena. É dessa maneira que o mundo lhe oferece uma solução, em um primeiro momento, para suportar a incompletude.

Essa agressividade necessita ser tratada para se comer certos alimentos, por exemplo as lulas com a sua tinta, as ostras com sua água, ou o polvo, sem medo de ser envenenado ou devorado pelos seus tentáculos. Os moluscos são ótimos exemplos, servem de ilustração dessas impossibilidades. Tonico Bastos, personagem de *Gabriela Cravo e Canela* – ou, melhor, Tonico Pessoa, na vida real, dizia que os melhores locais para se conhecer as pessoas eram *sobre* os panos: à mesa e na cama.

Da mesma forma que certos alimentos criam repúdio pela sua forma agressiva, também a linguagem erótica o faz. Para muitos, apesar de ligados em filmes de sacanagem, é repugnante a poesia erótica. Não suportam ouvir falar de Georges Bataille. Isso é complicado. É necessário o atravessamento das fantasias primordiais de agressividade, que podem levar ao impedimento de *ousar* o próprio corpo. As pessoas se beijam, tocam-se, ou não, com as suas fantasias. Os melhores amantes se permitem viver suas próprias fantasias. Ao fazer uma análise, uma pessoa pode "transar melhor", não porque se liberou, mas porque restabeleceu a função das fantasias primordiais que, em um primeiro momento, são impeditivas e apavorantes.

O ponto onde se sente cócegas é o mesmo ponto em que se excita. O corpo pode se abrir ou fechar e podemos nomeá-lo de diversas formas. Lacan chama a atenção para a maneira como podemos ofendê-lo ao tatuá-lo, ao fixar algo onde não deveria ser fixado, furá-lo (hoje em dia tão em moda) – não como os índios, que marcam seus corpos por razões culturais, por uma pertinência grupal, mas simplesmente no sentido de colocar uma marca ou de escravizá-lo com a moda.

Ele chama a atenção também para a agressividade nas brincadeiras das crianças – todos devem conhecer aquele filme infame sobre a boneca assassina, que as crianças adoram. Elas acham formidável aquela bonequinha que sai matando.

Lacan também dá como exemplo um álbum de Hieronymus Bosch, autor de quadro conhecido, que representa muitas das imagens agressivas que atormentam os homens.

Ele conclui a "Tese II" mostrando como a agressividade aparece em um sonho:

> E evocarei o sonho de um de meus pacientes, em quem as fantasias agressivas manifestavam-se por fantasias obsedantes; no sonho, ele se via, estando em um carro com a mulher de seus amores difíceis [*bonito, não? Dá margens à imaginação...*], perseguido por um peixe voador, cujo corpo de bexiga de ar deixava transparecer um nível de líquido horizontal, imagem de perseguição vesical de grande clareza anatômica". (Lacan, 1998a, p. 108)

Vejam a ideia criada no momento da realização amorosa: ele está com a mulher de seus amores difíceis e se vê perseguido por um peixe voador. Quer dizer, se houve satisfação amorosa, foi porque matou alguém. Dito de forma banal: a felicidade era impossível. Se a alcançou, foi porque a roubou de alguém. Então, todas as vezes que surgir novamente aquela felicidade, o peixe virá pegá-lo. Naquele momento, voltam as fantasias iniciais, marcadas por uma fantasmagoria de corpo fragmentado. É o que observamos na clínica, às vezes na ideia, outras vezes na expressão corpórea, como as pessoas que têm azia, diarreia, constipação, falta de ar.

Lacan conclui dizendo que, para lidar com a agressividade, não se trata de convencer ou de forçar, mas de entender que essas imagens têm a ver com as identificações de uma pessoa que, em vez de estar identificada em outro lugar, encontra-se identificada em uma imagem. Nenhuma imagem é boa para a identificação: o osso fundamental de uma pessoa está além da imagem.

Mais tarde, Lacan dirá que nem tudo é especularizável, e, já sabemos, o que não é especularizável é o objeto causa de desejo, por isso ele é tão particular. Se fosse especularizável, seria fabricado, em série. A imagem, na medida em que é captada no espelho, pode ser reproduzida *ad infinitum*. O que não se pode captar no espelho deve-se fazer; cabe a "si" tentar reproduzir, ou inventar.

Na primeira tese, a agressividade é conceituada como uma experiência de sentido e, na segunda, esse sentido se localiza na intenção de agressão, dado que a constituição significativa do sujeito foi feita em relação ao Outro. Haverá um dia em que a pessoa desistirá de tentar se provar ao Outro. A prova é um exercício consigo mesmo, não com o Outro.

TESE III – OS IMPULSOS DE AGRESSIVIDADE DECIDEM SOBRE AS RAZÕES QUE MOTIVAM A TÉCNICA DA ANÁLISE

A fonte da agressividade encontra-se na nossa constituição, na nossa identificação primordial. E, porque está na nossa constituição, motiva a nossa técnica de análise. E o que é a técnica de análise para Lacan? Ele faz uma referência:

> Que preocupação condiciona, portanto, diante dele a atitude do analista? A de oferecer ao diálogo um personagem tão desprovido quanto possível de características individuais; nós nos apagamos, saímos do campo em que possam ser percebidos o interesse, a simpatia e a reação buscados por aquele que fala no rosto do interlocutor; evitamos qualquer manifestação de nossos gostos pessoais, escondemos o que pode traí-los, nos despersonalizamos e tendemos, para esse fim, a representar para o outro um ideal de impassibilidade. (Lacan, 1998a, p. 109)

Sabendo como era a clínica de Lacan, fica estranho pensar que ele era impessoal, que escondia as coisas, que não se mostrava. Ele fazia tudo ao contrário: mostrava-se em seus seminários, tinha opiniões contundentes, não escondia seus gostos pessoais – e, no entanto, sabia faltar e surpreender ali onde o analisando gostaria de prendê-lo, de imobilizá-lo. Ele não se alterava na sua posição analítica, impassível, apesar dos ruídos. Na clínica psicanalítica mais tradicional, confunde-se impassibilidade com inércia ou fleuma.

Por que o analista se apresenta assim? Lacan responde:

> O diálogo em si parece constituir uma renúncia à agressividade; a filosofia, desde Sócrates, sempre depositou nele a esperança de fazer triunfar a via racional. E, no entanto, desde o momento em que Trasímaco fez sua retirada demente no começo do grande diálogo da *República*, o fracasso da

dialética verbal só tem feito demonstrar-se com imensa frequência. (Lacan, 1998a, p. 109)

Portanto, o diálogo seria a solução, a melhor forma, "falando a gente se entende", mas, desde que o homem fala, ele jamais se entendeu. Ao contrário, quando ele fala, é que a agressividade aparece. O analista se oferece a um diálogo, portanto ele se oferece à agressividade. O que fazer para que a agressividade não acabe com o seu banquete, para não fazer como Trasímaco, sair correndo da sala? Qual a posição necessária para prosseguir no diálogo?

Lacan adverte o analista para não cair em uma emboscada:

> Queremos evitar uma cilada, que esse apelo já encerra, marcado pelo eterno patético da fé, que o doente nos dirige. Ele comporta um segredo: "Toma para ti", diz-nos, "essa dor que pesa sobre meus ombros; mas, satisfeito, sereno e confortável como te vejo, não podes ser digno de portá-la". O que aqui aparece como orgulhosa reivindicação do sofrimento mostrará sua face – e às vezes num momento tão decisivo que entra na "reação terapêutica negativa" que reteve a atenção de Freud [...]. (Lacan, 1998a, p. 109)

Qual é o momento decisivo da reação terapêutica negativa? Lacan prefere sintetizar não como psicanalista, mas como um moralista, tomando uma frase de La Rochefoucauld: "Não posso aceitar a ideia de ser libertado por outro que não eu mesmo" (Lacan, 1998a, p. 110). Você me cura, portanto eu o mato; você me faz o bem, portanto eu o detesto.

A explicação de Lacan sobre a posição do analista está nesta sua conclusão: "Claro, em uma exigência mais insondável do coração, é a participação em seu sofrimento que o doente espera de nós. Mas é a reação hostil que guia nossa prudência, e que já inspirara a Freud sua cautela contra qualquer tentação de bancar o profeta" (Lacan, 1998a, p. 40). O doente solicita que suporte o seu mal e o analista se guia pela prudência frente à reação hostil dele que responde o que fazer com o seu mal.

Ponho agora em destaque o que anunciei na entrada, uma frase de Lacan, em francês: *"Seuls les saints sont assez détachés de la plus profonde des passions communes pour éviter les contrecoups agressifs de la charité"*. Traduzindo: "Somente os santos são suficientemente desprendidos da mais profunda das paixões comuns para evitar os contragolpes agressivos da caridade". Chamo a atenção para a similitude dessa frase com uma outra em *Televisão:*

> Um santo, para que vocês me compreendam, não faz caridade. Antes de mais nada, ele banca o dejeto: faz descaridade. Isso, para realizar o que a estrutura impõe, ou seja, permitir ao sujeito, ao sujeito do inconsciente, tomá-lo por causa de seu desejo. (Lacan, 2003b, p. 32)

Uma pessoa, em uma análise, deve chegar a uma posição de santo, a de estar desvinculado de suas representações, das paixões humanas. Daí poder entender a inumanidade do objeto *a:* ele não tem nome e nunca terá. Humano é aquilo que é nomeável. Uma pessoa poderá servir a outro como causa de seu desejo quando puder se oferecer como santo.

Fica mais claro ler os textos *Televisão* e "A agressividade na psicanálise" juntos. É surpreendente verificar que em um texto de 1948 já existia a posição do santo para Lacan – o que, 25 anos depois, em 1973, causou tamanho furor.

Para conseguir que o analisando fale dessa agressividade, é necessária essa posição de santo – não no sentido do "pode ser agressivo que o papai aguenta", mas uma posição de estar fora dessas paixões:

> Devemos, no entanto, pôr em jogo a agressividade do sujeito a nosso respeito, já que essas intenções, como sabemos, compõem a transferência negativa que é o nó inaugural do drama analítico. (Lacan, 1998a, p. 110)

No próximo seminário, discutirei essa questão: a posição marcada do analista, posição de não fazer caridade, de não ser cúmplice nem solidário com a dor. Lacan começa a observar como ocorrem as realizações agressivas em cada uma das estruturas – na histeria, na obsessão, na fobia. Paro nesse momento do texto, para que possamos retomar nos exemplos da sua clínica e nos comentários sobre Melanie Klein.

Agradeço a quem me indicou Fernando Pessoa, dizendo ter encontrado nele uma referência importante sobre o excesso. Realmente, fiquei impressionado como ele, pelo seu

heterônimo Álvaro de Campos, em suas *Ficções do interlúdio* n°
518, fala sobre o excesso, tema trabalhado neste seminário:

> Afinal a melhor maneira de viajar é sentir
>
> Sentir tudo de diversas maneiras.
>
> Sentir tudo excessivamente,
>
> Porque todas as coisas são, de verdade, excessivas
>
> E toda realidade é um excesso, uma violência,
>
> Uma alucinação extraordinariamente nítida
>
> Que vivemos todos em comum com a fúria das almas,
>
> O centro para onde tendem as estranhas forças centrífugas
>
> Que são as psiques humanas no seu acordo de sentidos.

12 de junho de 1996

XI

Do poder à causa

A AGRESSIVIDADE NO DIÁLOGO

Vou restringir o seminário de hoje ao tempo da minha voz. Veremos por quanto tempo vou resistir.

Começo pelo comentário de Silvio Ferraz em artigo "Tenente da pesada", publicado na revista *Veja* de 19.6.96, sobre o autor de um livro, Juracy Magalhães – ex-ministro das relações exteriores, participante do movimento militar de 1964, um militar político.

Chamou a minha atenção a seguinte passagem:

> Estamos em 1966. Paraguai e Brasil andam às turras por questões de fronteira. Os paraguaios sabem que a demarcação entre os dois países foi a única ordem de carregação do Barão de Rio Branco. Os brasileiros não admitem isso

nem em pensamento. Instala-se a crise. Castelo Branco, o primeiro presidente do movimento de março de 1964, tem à frente do Ministério das Relações Exteriores o político-militar Juracy Magalhães. Afável mas intransigente, um mestre do morde-e-sopra. Em decisiva reunião em Foz do Iguaçu com o chanceler paraguaio Sapena Pastor, cansado de ouvir durante horas as posições do país vizinho, Juracy coloca as mãos na mesa e diz, calmo: "Chanceler, um tratado só se muda por outro tratado ou por uma guerra". Respira fundo: "Quero saber se o Paraguai tem condições para uma guerra com o Brasil". Sapena Pastor empalidece: "O senhor está nos ameaçando?" "Não, querendo apenas dar base realista às nossas conversas", responde. À noite, tudo se resolve. Sepulta-se a fronteira sob milhões de toneladas d'água. Nasce a hidrelétrica de Itaipu. Naquela noite, Castelo dorme em paz.

O tenente dos anos 20 se reincorporava ao espírito de Juracy Magalhães [...].

Dou este exemplo por parecer-me bastante ilustrativo da forma como Lacan inicia a "Tese III", para falar da agressividade em psicanálise. Ele diz que só o diálogo não é suficiente para resolver a agressão do homem. E vemos nesse diálogo entre dois chanceleres que, realmente, o diálogo não é suficiente. Em determinado momento, um dos interlocutores, cansado daquela conversa, diz:

O Paraguai está preparado para uma guerra com o Brasil?
Isso é uma ameaça? – interroga o outro.
Não, é realidade. – responde-lhe Juracy Magalhães.

Existe uma realidade por trás dos homens. Para Marx, é a economia o que determina tudo em última instância. A partir de uma realidade, determina-se a última instância do fato e do fazer social. Nesse exemplo, a "última instância" é a força. Richard Nixon, em um livro de sua autoria, ao se referir à antiga União Soviética, começa mencionando o fato de seus assessores acharem os soviéticos idiotas e de que, por isso, não haveria muito o que conversar com eles. Ele observa que não pode ser idiota aquele que possui um arsenal atômico capaz de acabar com a humanidade.

Ou seja, por trás daquela conversação, existe um arsenal atômico e toda aquela conversa nada mais é do que a proteção ao uso desse arsenal, em última instância. Sabemos muito bem que, atualmente, o crescimento do arsenal atômico não responde mais a nenhum tipo de utilização, mas a uma necessidade de base discursiva: é preciso ter um arsenal agressivo para se fazer ouvir, para entrar no Grupo dos Sete, por exemplo. Da mesma forma, a proibição de se utilizarem as armas atômicas não corresponde em nada à proteção ou à destruição da Terra, mas ao jogo de poder, a uma disputa por ser mais ou menos ouvido.

Nesse momento, quando o presidente do Brasil vai a Paris, contenta-se em se anunciar um interlocutor fundamental do presidente da França. Passam a ser importantes aqueles que são ouvidos pelo Grupo dos Sete.

Freud, diferentemente dos mestres da política, não sustentava a significação do seu diálogo no princípio do poder, mas no oposto, na ausência do poder, ou seja, no avesso do discurso do mestre.

O ANALISTA NÃO PODE NADA POR SEU ANALISANDO

Destaco esta passagem na "Tese III" de Lacan (1998a): "Sublinhei que o analista curava pelo diálogo, e curava loucuras igualmente grandes; que virtude, portanto, acrescentou-lhe Freud?" (p. 109). Ele se pergunta sobre qual virtude o analista deveria ter para estar no diálogo, para estabelecer o tratado. Para Juracy Magalhães, a virtude foi possuir um arsenal de guerra, mais forte que o do interlocutor, para efetivar a assinatura do tratado. Para o analista, a virtude está em evitar o exercício do poder: ele não pode nada por seu analisando. Ele não tem poderes para se apresentar ao analisando como melhor ou mais competente que ele para carregar a dor que lhe pesa sobre os ombros. Isso porque sempre que alguém se apresenta como competente para carregar a dor do outro, será, em seguida, atacado por quem teve suas dores carregadas – fenômeno detectado por Lacan e Freud na clínica e que Lacan sintetiza, em seu texto, naquela máxima de La Rochefoucauld que lhes apresentei no seminário anterior: "Não posso aceitar a ideia de ser libertado por outro que não por eu mesmo". Na psicanálise, é comum lembrarmos o quanto

Freud, Melanie Klein e Lacan foram atacados, tal como todos aqueles que geraram algum saber que proporcionou um bem. Isso se inscreve na ordem dos países: os franceses, até hoje, têm horror dos americanos e dos ingleses que os ajudaram na II Grande Guerra.

É necessário saber que se pagará um preço muito alto. São muitos os exemplos de criaturas voltando-se contra seus criadores: os ataques de Melitta Schmideberg contra a sua mãe, Melanie Klein; de Sibylle Lacan contra seu pai, Jacques Lacan; de Paloma Picasso contra seu pai, Pablo Picasso – os casos se multiplicam. É fácil encontrar na história exemplos de agressividade contra os benfeitores.

Isso não quer dizer que o analista não possa fazer o bem, ser benfeitor; mas não é esse o seu objetivo.

Ter responsabilidade institucional, nas organizações analíticas, implica pagar um preço por assumir essa posição. Muitos não conseguem tomar a palavra em uma Escola pelo medo dos efeitos, em decorrência da posição assumida. Quando se tem uma responsabilidade, é necessário suportar a transferência; o retorno contra essa ação, que pode vir de forma violenta. No entanto, o produto de tal responsabilidade pode ser um bem, uma inscrição na civilização, uma Escola, por exemplo. Assumir responsabilidades em uma Escola está sustentado em um desejo analítico. Daí a coincidência entre cargos mais importantes e a trajetória psicanalítica.

O projeto político, no sentido de Juracy Magalhães, gera e administra bens. Projetos de caridade se preocupam com a justiça distributiva, de dar a cada um o merecido, segundo sua necessidade e seu esforço. O projeto psicanalítico não se preocupa com a administração de bens. *Ele é descaridoso.* É como Lacan associa a posição do analista à posição do santo: também o analista não espera mais nada das paixões humanas. Ele toma essa referência em Balthasar Gracian, quando diz não se considerar um repartidor de méritos:

> Na verdade, o santo não se considera a partir de méritos, o que não quer dizer que ele não tenha moral. A única coisa chata para os outros é que não se vê aonde isso o leva. Eu cogito loucamente para que haja novos santos assim. Certamente por eu mesmo não ter atingido isso. Quanto mais somos santos mais rimos, é meu princípio, e até mesmo a saída do discurso capitalista, o que não constituirá um progresso se for somente para alguns. (Lacan, 2003b, p. 33)

Nesse trecho sintético, Lacan deixa ao psicanalista a responsabilidade de propor uma alternativa ao discurso capitalista imperativo em nosso mundo; o discurso da posse dos bens, bens que são imaginarizados, metaforizados, repetidos em série, prontos para usar, vendidos, trocados. O santo está despossuído. Estar acima das paixões humanas requer um compromisso com algo que escapa ao serviço dos bens. Posteriormente, Lacan vai falar de desejo do analista, de um objeto que não faz parte desse mundo, e que, por lidar com esse objeto, o analista pode ser chamado de santo. Ele pode servir ao outro para o confronto com esse mal fundamental que o ataca.

Ele pode suportar a transferência, por meio da própria análise, por saber não ser com ele, mas os chamados à briga e ao amor são apelos muito fortes nas relações humanas. Pode ser mais fácil se proteger das chamadas ao amor, mas, do ódio, é extremamente difícil. E, tanto um como o outro, podem ser elementos impeditivos de uma análise.

Do ponto de vista institucional, relaciono duas questões sobre as formas de suportar a transferência. Primeiro, a sapiência da Grécia antiga. As pessoas mais competentes da cidade grega eram, por um certo tempo, retiradas da cidade; durante dez anos, elas eram proibidas do convívio com os cidadãos e, nesse período, a cidade deveria se constituir uma cidade, ou seja, provar o seu funcionamento sem as suas excelências. Os velhos eram colocados fora da cidade, fechados como se estivessem em uma concha, em uma ostra – daí o ostracismo. Em certa medida, é algo utilizado nas instituições: colocar algumas excelências em um certo ostracismo para provar o funcionamento da instituição sem suas presenças.

A segunda questão é sobre a dívida. Encontra-se na base da agressividade uma dívida com alguém. Carrega-se de forma obsessiva a ideia de liberdade – "Já paguei o que lhe devia", uma tentativa de se desvencilhar da transferência, representada naquela piada do filho que vai ao banheiro, masturba-se e leva o vidrinho para o pai: "Papai, está aqui; não lhe devo mais nada".

Um homem me procurou para uma análise – desconfio muito que essa possa se efetivar. Ele falava do seu segundo casamento, mas, na realidade, nunca fora casado, "vivia junto". No primeiro, "casou-se" porque brigou com o pai e, como já estava namorando, foi só trocar de casa. Faz questão de frisar sua disposição em contribuir com as despesas. Um dia não deu mais certo e se foi. No segundo, está "casado" há três ou quatro anos, mas começa a se inquietar com a lei do concubinato porque a partir de cinco anos a mulher passa a "ter direitos de mulher" e isso, claro, para ele, não é justo. Apresenta uma série de explicações do justo e do não justo, afinal, seu dinheiro, seu trabalho, suas relações... Nem mesmo a separação de bens o preservou do incômodo da situação – só estariam a salvo os bens adquiridos anteriormente. Chega a afirmar que, se vier a comprar uma casa nova, será evidentemente fruto de créditos anteriores. Descobriu um tipo de contrato no Brasil que invalida os direitos do concubinato se as partes estiverem de acordo – isso, evidentemente, para a mulher não reclamar os bens partilhados, até então. Resumindo: não é justo dividir.

Tentei inserir uma dúvida: e quando nascerem os filhos? Não era novidade, ele já tinha pensado nisso, havia estabelecido um contrato "justo" entre as partes em que a mulher receberia uma quantia por ter que ficar em casa enquanto ele estaria trabalhando. "Afinal" ele diz – "entre minha mulher e uma babá, eu prefiro minha mulher para cuidar do meu filho". Ou seja: estabelecer um contrato para ficar com o amor puro e verdadeiro de uma babá-mãe.

Lacan aponta a dificuldade de lidar com a agressividade de um obsessivo:

> Esses nós são mais difíceis de desatar, como se sabe, na neurose obsessiva, justamente pelo fato, muito conhecido por nós, de sua estrutura ser particularmente destinada a camuflar, deslocar, negar, dividir e atenuar a intenção agressiva, e isso segundo uma decomposição defensiva tão comparável, em seus princípios, à ilustrada pela trincheira e pela chicana, que ouvimos vários de nossos pacientes servirem-se, a respeito deles mesmos, de uma referência metafórica a fortificações do estilo de Vauban. (Lacan, 1998a, p. 111)

O Forte dos Reis Magos de Natal possui esse estilo – aquelas estrelas defensivas, e o parapeito em ziguezague. Ao ler esse parágrafo, lembrei-me de como é difícil nas entrevistas preliminares fazer falar a agressividade tão bem marcada no discurso do obsessivo, como nesse caso que apresento. É um descalabro.

Quando penso colocar uma dúvida com a questão do filho – uma dúvida apelativa, convenhamos –, ele já está com a questão toda resolvida. Não só a dele, como também a da mulher. Diante de tudo isso, o sintoma só poderia ser impotência. É óbvio. E quando a situação é óbvia, procura-se o médico para se tratar. Como fazer incidir a psicanálise nessa obviedade?

Prosseguimos com Lacan. O obsessivo constrói o seu mundo em uma pastosidade propriamente obsessiva. É aquela *conversa* conhecida de todos.

É mais fácil para a psicanálise tratar com a histeria por ela ser mais plástica. Não é por acaso que se fala em histerizar o discurso obsessivo. Lacan dá um exemplo clássico de histeria. (Interessante notar que nessa época Lacan falava mais sobre seus casos.) Uma pessoa se apresenta com o fenômeno de astasia – dificuldades para andar, para ficar em pé – e entra em uma reação odiosa em relação a ele. Para interpretar suas reações, Lacan se vale de informações extra-analíticas e lhe diz que existiria algo semelhante entre ele, Lacan, e o pai dela. Essa interpretação libera a paciente daquele sintoma, mas não resolve o caso. Certos sintomas desaparecem muito rapidamente, mas depois há que fazer análise porque pode haver simplesmente um deslocamento de lugar. Lacan é muito claro ao dizer que alterou o seu sintoma, mas que não resolveu a questão básica: a paixão mórbida.

Ele diz, ainda na "Tese III", que toda a questão está em colocar em dúvida a forma como entendemos o ego:

> O que procuramos evitar, através de nossa técnica, é que a intenção agressiva no paciente encontre o apoio de uma ideia atual de nossa pessoa, suficientemente elaborada para que possa organizar-se nas reações de oposição, denegação, ostentação e mentira que nossa experiência nos demonstra serem os modos característicos da instância do eu no diálogo. (Lacan, 1998a, p. 111)

Acho crucial essa passagem e conto outra história para demonstrar a importância de uma dúvida na entrada em análise. É difícil colocar uma pessoa em análise quando ela consegue explicar o "gosto" e o "não gosto". Entra-se em análise, quando não se sabe explicar, quando a sua prática na vida não condiz com o que se quer.

Como colocar alguém em análise, e como provocar um final de análise? Uma análise não é só o início.

Voltemos ao "Caso José". Quando termina o filme e José vai à faculdade, abre todas as portas e constrói toda uma história a seu respeito, um mito familiar e o analista interpreta ("Pois é, você arriscava acreditar excessivamente nisso tudo", ou seja, você corria o risco de ficar preso a essa imagem egoica) – com essa interpretação, faz-se, de novo, o esvaziamento das identificações, de uma maneira brutal.

No início de uma análise, um analista deve, alerta Lacan, fugir, evitar dar apoio à intenção agressiva do paciente. Todos sabem: em quase todas as lutas marciais japonesas, no judô por exemplo, a técnica reside no fato de não dar um ponto de apoio ao adversário. Frente à intenção agressiva, deve-se deslocar o ponto de apoio. Tal postura desloca o agressor pela força do seu próprio impulso, e não pela força de quem está sendo agredido.

A libido pessoal de cada um explica por que algumas análises são mais vibrantes que outras. A análise vibra conforme a vibração do analisando. Não adianta um analista querer fazer seu analisando vibrar. Como não adianta colocar um disco de 78 rotações para rodar em 16. Ainda bem – são respeitáveis as diferenças.

Ele alerta ainda para alguns riscos, reações de oposição, de denegação, de ostentação e de mentira do ego. Se lerem o texto de Pierre Rey (1990), *Uma temporada com Lacan*, verão como ele descreve sua primeira sessão com Lacan. Ele sai de lá poderoso, três horas e meia com Lacan: "O cara se encantou comigo, falei de Salvador Dalí, que eu era editor da *Marie Claire*". Na segunda sessão, quinze minutos. Lacan já não estava tão encantado. Essa forma, esse gestual de Lacan – para retomar o tema de nosso seminário –, que nunca se encontrava onde era esperado pelo analisando.

Recentemente atendi em uma sexta-feira uma pessoa de uma histeria evidente. Disse-lhe que continuaríamos aquela conversa no dia seguinte às nove horas da manhã. Ela chega às nove e quinze, desculpa-se pelo atraso, e diz que só percebeu que eu tinha lhe oferecido uma sessão no sábado quando já se encontrava no trânsito, e percebeu que não havia movimento. "E por que você deveria perceber?" – foi a pergunta que lhe fiz. Sexta-feira, sábado, domingo, essas diferenças da vida, quando alguém não as percebe, é porque não percebe mesmo. Isso teve efeito, ela ficou impactada por essa questão. Ela pressupunha saber identificar os dias da semana, localizar-se. Em nenhum momento, eu pressupus que ela soubesse.

A POSIÇÃO DO ANALISTA E A PARANOIA DIRIGIDA

O último elemento destacado por Lacan nessa tese é a consequência da posição do analista: "Longe de atacá-lo de frente, a maiêutica analítica adota um rodeio que equivale, em suma, a introduzir no sujeito uma paranoia dirigida". O analista, ao interrogar a paciente por que ela deveria saber, impõe uma paranoia dirigida, provocando a perda de determinadas certezas. Nunca passou pela cabeça de alguém que não faz análise que ela poderia não saber o dia da semana ou a rodovia por onde trafega. Existe em uma análise algo que favorece ao analista fazer uma pergunta tão banal, instalar uma paranoia dirigida. Qual é o elemento paranoico? O analista? Aí é que está o problema, o analista instala a paranoia e sai rápido desse lugar. Há um deslocamento, rápido, porque é esperado que seja ele o elemento paranoico. A própria investigação tende a atrelar a figura do analista ao elemento paranoico. Em situações de perda do controle do manejo transferencial, pode ocorrer que o analista não consiga sair de uma paranoia dirigida, seja por razões dele, seja por razões do analisando, comuns em histerias e obsessões graves. Mas isso, de certa maneira, são os ossos do ofício, os erros, os tropeços.

Destaco a questão da estrutura. A paranoia dirigida traz problemas sérios ao tratamento da psicose. Em um caso de neurose, ao instalar a paranoia, evidentemente o analista tem que sair dessa posição, para não ocupar esse lugar transferencial. Na psicose, instalada a paranoia, essa saída não é possível. Essa é a técnica lacaniana, diferentemente da técnica kleiniana, que é com você no aqui e agora. Para Lacan, é com o outro, lá fora em outro tempo. Enquanto a técnica kleiniana é centrípeta, traz a transferência para uma relação direta com o analista, com Lacan a transferência é centrífuga, o analista sai dessa relação dual. Lacan é absolutamente freudiano. Freud diz que só se interpreta a transferência para se sair dela, porque o amor de transferência é algo que pode ser impeditivo à análise, e não sempre um elemento facilitador, como se chegou a pensar.

Existem certas preciosidades clínicas em Lacan que desejo destacar com clareza, para evitar a denegação ou a oposição. Na psicose, o analista não pode instaurar uma psicose dirigida, senão haverá uma reação violentíssima contra ele, até mesmo o assassinato. Não existe recalque para isso. É o que se discute: a responsabilidade do analista na condução do tratamento. Em uma sessão clínica há alguns anos, um colega, Celso Rennó Lima, apresentou o caso de um paciente psicótico. Estava, como comentador, Jacques-Alain Miller. Em determinado momento do tratamento, o paciente dá um murro na cara do analista, quebra-lhe os óculos, porque ele fez uma intervenção no sentido da relação dele com o outro.

Uma das questões levantadas nessa discussão foi a diferença do manejo do tratamento entre o analista-homem e a analista-mulher. Questões banais. Celso Rennó pôde levar o tratamento daquela maneira por ser homem. Se fosse uma analista, possivelmente mais frágil fisicamente, essa intervenção provocaria uma reação semelhante, só que o efeito da agressão não seria o mesmo. Isso também deve ser previsto. Um analista deve saber de que maneira poderá suportar, até fisicamente, os efeitos do ódio que uma análise pode desencadear.

Em uma análise, como em uma corrida, se você correr abaixo do limite de aderência da curva, não acontece nada, mas, se você derrapa, sai da pista. Toda maestria, por assim dizer, na condução de uma análise é fazer a curva no limite, porque há um plano de incidência maior, sem desgarramento. Nisso está a beleza, um certo refinamento da psicanálise, que os analistas devem inscrever no mundo. Se não realizarmos a psicanálise hoje da melhor forma, qual a vantagem de insistirmos nela?

Ao deslocamento do analista, responde a série de identificações que o analisando enuncia, para cobrir o vazio deixado pelo deslocamento: "Agora eu era o rei, era o bedel e era também juiz". Todas as identificações cantadas por Chico Buarque, na música "João e Maria", uma composição dele e do Sivuca, são semelhantes às que as pessoas vão despregando na análise, vão mostrando as cicatrizes – "Já fiz isso, já fiz isso..." – no amor, na família, no trabalho. No começo, as histórias, a apresentação dos primeiros encontros, quando conta da família, do trabalho, o que valoriza e o que não valoriza, até que, em determinado momento, não suporta mais repetir aquela história. E aí já não quer contar a história da mesma forma. No início, era o pai que ela adorava, detestava a mãe; agora não é mais assim. As diversas formas como a pessoa se apresenta mudam de acordo com as identificações.

Quando não há mais identificação para se apresentar, surge a angústia frente ao desejo do Outro. Sustentar uma identificação é como dar comida a uma baleia: não há alimento que a sustente. Quando não tem mais com quem se identificar, quando não dá mais para continuar referindo-se a papai e a mamãe, a pessoa se angustia diante do que ofertar à "dentadura analítica". Quando não se tem mais nada para exibir, corre-se o risco de ser o próprio banquete do dia – e, nesse momento, acabados os "bois de piranha", surge a angústia paralisante. Terrível a angústia vivida em um divã; mas pode ser um bom sinal, se surgir depois de caídas as identificações.

TESE IV – A AGRESSIVIDADE É A TENDÊNCIA CORRELATIVA A UM MODO DE IDENTIFICAÇÃO A QUE CHAMAMOS NARCÍSICO E QUE DETERMINA A ESTRUTURA FORMAL DO EU DO HOMEM E DO REGISTRO DE ENTIDADES CARACTERÍSTICO DE SEU MUNDO

De certa forma, o tema dessa tese é sobejamente conhecido; refere-se à formulação lacaniana do estádio do espelho, já visto e revisto. Lacan já tinha dito tudo que ele queria dizer, esta é só a explicação, uma síntese. Primeiro: a agressividade vem do narcisismo. Sendo o homem narcísico, ele é agressivo. Na medida em que uma pessoa trabalha o seu narcisismo na análise, espera-se que seja menos agressiva porque perdeu o gozo narcísico. Não há mais gozo em vencer o Outro, a batalha não é mais fálica como aquela de Juracy Magalhães – *Meu cacife, para não dizer outra coisa, é maior que o seu.*

Depois de uma análise, a agressividade fálica não tem mais razão de ser. Nem a do Ser. O que não quer dizer que a pessoa fique boazinha. Ninguém ficava mais irritado do que Lacan. Ele sempre se perguntava por que o mundo insistia em correr daquela maneira, por que as pessoas não entendiam o que ele fundamentava. Quando se perde o gozo da agressividade, surge uma impaciência muito grande, talvez um dos elementos próprios do analista lacaniano. Há nele uma certa impaciência – boa, eu diria. "A identificação narcísica determina a estrutura formal do eu do homem e o registro de identidades característico de seu mundo."

Somos um corpo fragmentado porque a bainha de mielina, responsável pela maturação dos impulsos nervosos, só se completaria aos 11 meses de idade. Mas a necessidade da união corporal, anterior aos 11 meses, necessita dessa união não corporal, instintiva ou biológica. Lacan utiliza a metáfora do espelho, na qual o corpo fragmentado para a própria pessoa se projeta no espelho do Outro, que nele se vê completo.

O estádio do espelho precipita, antecede a formação do eu, e a pessoa passa a dizer *eu* a partir dessa imagem. Lacan cita a célebre frase do poeta Arthur Rimbaud: *Je est un autre* [*Eu é um Outro*], que diz respeito a esse eu que se forma a partir de uma imagem ativa, impregnante. Diferentemente de um espelho de vidro, passivo, que apenas reflete a imagem à sua frente, esse Outro espelho, ativo, é o olhar da mãe; é um espelho ativo, que cria, que molda uma imagem. Cria-se uma imagem, e essa imagem, depois, sou eu, e as pessoas ficam cuidando dessa imagem pelo resto da vida. Como se cuida da imagem?

Quem faz *marketing* sabe como. Para cuidar da imagem de um produto, faz-se pesquisa de mercado. As pessoas ganham rios de dinheiro perguntando o que o mercado quer. Uma representante de *marketing* de uma grande indústria de sabonetes confidenciou-me, com orgulho, que o acerto de uma pesquisa de mercado para a aceitação de um produto, como ocorreu com o sabonete "x", é de 95%. O sucesso de *marketing* atesta a previsibilidade da população, demonstra que o espelho sabe da pessoa.

Podemos esperar talvez, com a profusão dos espelhos, a necessidade da pessoa de buscar uma outra forma de se retificar que não seja no espelho, que a ordem crítica da cultura seja uma defesa contra o *marketing*. Ou seja, o império vai contra-atacar no momento em que a internet for tão grande que já não servirá mais como um espelho. A psicanálise, enfim, o mundo espera por esse renascimento advindo exatamente do próprio império dos sentidos.

Lacan utiliza esse exemplo simples para dizer que na constituição do eu humano há um roubo da imagem do Outro. E porque roubou a imagem do Outro, o sujeito é agressivo. Quando alguém encontra o outro à sua imagem e semelhança, a coisa complica. As pessoas parecidas normalmente se detestam; é um dos grandes problemas dos gêmeos. É também um problema para a comunidade analítica. De certa forma, existe uma certa semelhança em relação a uma causa comum. Como fazer para que tal semelhança possa coexistir de alguma maneira?

Lacan (1998a):

> O que chamei de estádio do espelho tem o interesse de manifestar o dinamismo afetivo pelo qual o sujeito se identifica primordialmente com a *Gestalt* visual de seu próprio corpo: ela é, em relação à descoordenação ainda muito profunda de sua própria motricidade, uma unidade ideal, uma imago

salutar; é valorizada por todo o desamparo original, ligado à discordância intraorgânica e relacional do filhote do homem durante os primeiros seis meses de vida, nos quais ele traz os sinais, neurológicos e humorais, de uma prematuração natal fisiológica. (p. 115)

Do ponto de vista da psicanálise, todos somos prematuros. Sempre usamos uma roupa maior que nós mesmos. Uma análise possibilita perder a roupagem, sustentar o corpo fragmentado, domá-lo, e mais tarde, com a perda das ancoragens, possibilita o desaguar, o desarvoramento próprio do final de análise.

No "Caso José", havia um espelho maravilhoso, nítido, montado com a história familiar, todo aquele choro masoquista. Quando o analista diz: "Você se arriscava a acreditar excessivamente nisso tudo", o que acontece? Quebra-se o espelho e volta a imagem definitiva, sem outra face para lhe oferecer. Sem espelho, ele terá que se sustentar de outra forma – a obrigação de se sustentar em algo além do espelho.

Lacan demorou anos para sintetizar em uma pequena letra esse algo completamente fora, além do espelho: o objeto *a*. Para ele, a tensão agressiva de uma pessoa se dá pela posse de uma imagem e a posse dessa imagem se dá pelos bens da civilização, expressos geralmente pelo desejo de ter um carro último tipo, objetos de grife famosa, em uma salada existencial na vida. Coisas das quais precisa para manter a imagem – como disse Juracy Magalhães, para manter as fronteiras, as posses. A análise vai referenciar à pessoa não aquilo que ela tem, não as suas posses, mas aquilo que ela não tem. As pessoas acham que os amigos gostam delas por aquilo que elas acham que são, e tentam, com insistência, nomear o que o amigo gosta. E por mais que o amigo explique o que é legal, ele não tem posse desse legal; cada vez que o nomear, esse legal não será mais dele. Um dia, diante de uma grande dificuldade, descobrem que o amigo está próximo e não é por qualquer daqueles motivos. É o problema do autor. Cada vez que faz um texto, ele não é mais seu, vai servir para outros. Ele vai ter de fazer novos textos.

Lacan destaca esse objeto *a* como a referência que serve à psicanálise e que serve ao social.

Na "Tese IV", Lacan ainda desenvolve sobre o efeito social das descobertas analíticas. Deixo uma pergunta. A partir do exemplo de Juracy Magalhães, dissemos que o diálogo é possível porque possui uma força, uma bomba atômica por trás. Na psicanálise, o psicanalista substitui o lugar da bomba atômica: ele é um mestre sem poderes. É o que Freud dizia ao Homem dos Ratos, no momento em que este lhe pede alguma coisa e ele pensa: "Ele não sabe que eu não posso poder".

O analista, de certa forma, não pode poder. Ele tem o poder, mas esvaziado dele.

É a nossa resposta para a civilização fálica. No entanto, a civilização fálica, hoje em dia, não pode mais criar a bomba atômica: as fronteiras não funcionam mais da mesma forma. As organizações políticas mudaram, o que é muito interessante. A leitura da agressividade que se encontra nas páginas a seguir é a leitura de um homem que viu a guerra. Lacan está se referindo à guerra que acabou de acontecer de 1939 a 1945. Freud previu a Segunda Guerra, seus efeitos, e chegou a escrever para Einstein, em resposta a questões levantadas por ele, "Por que a guerra?".

Caberia aos analistas, hoje em dia, se perguntarem onde está a guerra.

19 de junho de 1996

XII

LACAN NO TOM

> TENHO QUE ACHAR O TOM E MORAR COM ELE, NA NATUREZA.
>
> *ARNALDO JABOR*

PARA ALÉM DA PALAVRA, O GESTO, O RECONTRATO COM A PALAVRA

Esta é a última reunião do semestre.

Trabalhamos o tema *Da palavra ao gesto do analista*, propondo uma análise no sentido de demonstrar como o analista opera na clínica – da palavra ao gesto – para recontratar o analisando com a sua palavra.

Enquanto me preparava para vir, pensava que estamos às vésperas das férias e, como quando vamos viajar, escolhemos certos pertences para nos acompanhar no voo, fui buscar alguns livros. Vou me ressituar sobre esses pertences. Volto sobre alguns deles e talvez ponha coisas novas na mala.

Quem procura uma análise encontra-se em desacordo com a sua palavra. Como poderíamos notar esse desacordo? É comum escutarmos o cliente fazer um discurso de um sofrimento impossível de aguentar, muitas vezes incoerente com a situação vivida fora da sessão. Esse desencontro provoca a sensação de ter mentido em algum lugar. Ou a pessoa mentiu no divã, porque a vida, afinal, não está tão ruim assim, ou é mentirosa na vida, porque a verdade seria a incapacidade e o sofrimento expressos sobre o divã. Toda análise passa por esses momentos de desacordo.

Muitas análises são interrompidas em face de tais dificuldades, do evitamento provocado pela sensação de mal-estar causada pela angústia.

O paciente costuma atribuir às obrigações do dia a dia o fato de se manter na vida. Faz determinadas coisas para as pessoas não perceberem seu mal-estar. Conclui facilmente serem as obrigações a razão de se manter vivo. Existiria quase uma lógica das obrigações se antepondo, para o analisando, a uma lógica das emoções.

A lógica das emoções apontaria para o quanto se está mal na vida, contrastada a uma lógica das obrigações: "O trabalho enobrece", "O trabalho faz esquecer as bobagens" – é o discurso social, a resposta espartana, a tirania do trabalho. Chico Rei, em Ouro Preto, é um exemplo: por não poder entrar na igreja dos brancos, construiu a igreja dos negros. Ou seja, se não tem acesso ao saber do mestre, trabalhe, e por meio do trabalho seja mestre. Refiro-me a Lacan (1998a) na "Tese V" de "A agressividade na psicanálise", quando ele se refere "ao espartaquismo construtivo do escravo".

Em uma análise, porém, não será o bem que vencerá o mal ou o contrário: existe uma nova lógica – a lógica do desejo – fora dessa dicotomia. Uma nova lógica se antepõe à lógica das emoções e das obrigações. Na psicanálise, não se trata nem da moral do sensível, nem da moral do trabalho, mas da ética do desejo, sem nenhum parâmetro normativo para ser chamada de moral.

TESE V – TAL NOÇÃO DE AGRESSIVIDADE, COMO UMA DAS COORDENADAS INTENCIONAIS DO EU HUMANO, E ESPECIALMENTE RELATIVA À CATEGORIA DO ESPAÇO, FAZ CONCEBER SEU PAPEL NA NEUROSE MODERNA E NO MAL-ESTAR DA CIVILIZAÇÃO

Lacan (1998a) discute, na "Tese V", a proposta de Darwin como uma proposta politicamente incorreta, por assim dizer, porque desculpabiliza a Inglaterra:

> Do mesmo modo, o sucesso de Darwin parece dever-se a ele haver projetado as predações da sociedade vitoriana e a euforia econômica que sancionou a devastação social que ela inaugurou em escala planetária, e a havê-las justificado pela imagem de um *laissez-faire* dos devoradores mais fortes em sua competição por sua presa natural. (p. 122-3)

A tese de Darwin de que "vencerão os mais adaptados" poderia justificar o domínio da Inglaterra sobre o mundo no início do capitalismo e as predações praticadas.

Lacan não toma a tese de Darwin como uma filosofia e explica por que não pode dizer que ela seja natural. Na origem das espécies e na seleção pela competência, há um se deixar passar por natural, "é natural que...", diferentemente da tese hegeliana, em que existe uma dialética para poder aceder ao saber sobre o sentido da vida, "não é natural que...".

Lacan discute por muito tempo a tese hegeliana, do senhor e do escravo. No início de uma análise, o paciente tenta se recompor, via Darwin ou via Hegel, queixando-se do seu mal-estar, da necessidade de obter maior espaço na vida para se posicionar. Ao reclamar, na realidade, clama por reconhecimento; seu discurso é semelhante ao do escravo endereçado ao mestre. Reclamar por mais espaço passou a ser um item positivo na nossa sociedade, a ponto de transformar a agressividade em uma virtude:

> A proeminência da agressividade em nossa civilização já estaria suficientemente demonstrada pelo fato de ela ser habitualmente confundida, na moral mediana, com a virtude da força. (Lacan, 1998a, p. 122)

A agressividade de uma criança passa a ser vista como algo bom, como sinônimo de força. Pensa-se ser necessário ter força para responder ao mundo, atribuindo à força uma melhor forma de enfrentar as diversidades. A psicanálise mostra justamente esse equívoco, sobretudo dos políticos. A felicidade não está baseada, somente, na suplência das necessidades. O aumento dos bens de consumo não tem suprido as necessidades. Não supria em 1948, quando Lacan escreveu esse texto; não supre hoje, em 1996, 48 anos depois.

Atualmente, nos Estados Unidos, já se perguntam por que, em uma sociedade tão feliz, tão suprida, aumenta, a cada dia, o índice de suicídio. A psicanálise responde que, quando se tenta responder à morte com um "É isto", nomeando o que falta para continuar a existir – "É isto que te falta" –, paradoxalmente a morte se apresenta em sua brutalidade essencial para dizer "Não, não é isto". Este "Não é isto" pode ser vivido amorosamente: "[...] – eu lhe peço que você recuse o que lhe ofereço porque não é isso", como mostra Lacan (1985c) à página 152, do Seminário 20 – *Mais, ainda*. Quando, ao contrário, um namorado diz "Eu exijo que você aceite o que lhe dou porque é isto", pode-se forçar a única resposta possível: o fim.

Os políticos tendem a se apresentar como aqueles que sabem da necessidade do outro, e assim vendem suas imagens caridosas.

Lacan chama a atenção para as consequências de se ter obtido aquilo que supostamente se necessitava. Ele aponta o resultado do progresso. Quanto a isso, a psicanálise não é otimista. Vejam o último parágrafo de "A agressividade na psicanálise", quando Lacan se refere ao "homem 'liberado' da sociedade moderna" que chega ao consultório:

> No homem "liberado" da sociedade moderna, eis que esse despedaçamento revela, até o fundo do ser, sua pavorosa fissura. E a neurose de autopunição, com os sintomas histéricos-hipocondríacos de suas inibições funcionais, com as formas psicastênicas de suas desrealizações do outro e do mundo, com suas sequências sociais de fracasso e de crime. É essa vítima comovente, evadida de alhures, inocente, que rompe com o exílio que condena o homem moderno à mais assustadora galé social, que acolhemos quando ela vem a nós; é para esse ser de nada que nossa tarefa cotidiana consiste em reabrir o caminho de seu sentido, em uma fraternidade discreta em relação à qual sempre somos por demais desiguais. (Lacan, 1998a, p. 126)

Pergunto sobre a atualidade dessa passagem na fenomenologia da clínica atual. Lacan já falava do homem globalizado, do homem universal. Ele se interrogava se essa globalização iria melhorar a situação do homem, respondendo categoricamente que não, que, além de não melhorar, cada vez mais iria se procurar uma análise, com novos sintomas, desgarrados do universal.

A psiquiatria não se cansa de gerar novos sintomas para o homem moderno, enquanto a psicanálise insiste na mesma classificação: ela não se quer moderna. Os psiquiatras continuam se perguntando por que os psicanalistas insistem na utilização de termos como histeria, obsessão e perversão, quando a influente classificação americana das doenças, o

DSM, deixou de usá-los. Eles nos interrogam se a psicanálise não correria o risco de ficar obsoleta em face da psiquiatria.

No momento, uma nova forma do mal-estar nos homens é a sua posição deslocada após a emancipação feminina. O homem não sabe mais como ser homem. Antigamente, era fácil: a civilização se articulava de uma maneira em que ele ditava as normas; o homem era a própria norma. Havia uma adequação, uma certa evidência não conflitiva, a tal ponto apaziguadora que eles não precisavam se perguntar sobre seu lugar. Atualmente, tudo aquilo que ele sabia fazer para se garantir deixou de ter valor na civilização. Ele perdeu o poder pátrio. Não é mais o chefe da casa, mas o escravo que trabalha dez horas por dia; dá uma ordem para o filho antes de sair e, quando retorna, a mulher já deu outra ordem. Já não é mais levado tão a sério.

Diante dessas mudanças, grupos de homens se formam para juntos elaborarem o infortúnio e tentarem novas saídas.

Volto à lógica do estar mal no sentimento e bem nas obrigações, ou o inverso – bem no sentimento e mal nas obrigações. No início de uma análise, o analisando fala de seu mal-estar de maneira parecida à que um proprietário de automóvel se queixa ao mecânico. Seus problemas não lhe dizem respeito, são problemas de fabricação ou de uso, que exigem urgente solução. Passa-se um tempo para transformar o *queixoso* em *falador*. É claro, o jogo de palavras me interessa. Justifica certos gestos na clínica, ensinados por Lacan aos analistas, de demonstração de um medido desinteresse pelo que está sendo falado, o que muitas vezes leva o analisando ao desespero. Ele reclama por não ser escutado com atenção, com toda razão. O analista não o escuta com a atenção que ele não merece. O analisando não merece ser escutado como um amigo, mas como analisando. Em uma análise, não se trata de diálogo, darwiniano ou hegeliano, entre analisando e analista.

É necessário deslocar o eixo imaginário, o eixo do ego ao ego ou do eu ao eu (a – a'), apresentado por Lacan no esquema "L". O analista permite a entrada de ruídos na conversa – uma forma de desestabilizar a "atenção respeitosa". Ruídos estes profundamente irritantes, que levam o analisando ao limite da extenuação, em alguns momentos.

Em uma análise, ao se interessar cada vez mais pelo falador, por aquele que fala; ao desconectar a procura do sentido da vida no relacionamento dos iguais, o analista tenta fazer surgir o elemento pré-histórico que, por ser pré-histórico, não progride. Só a história progride. Quando falo progresso, estou me referindo ao progresso da história, porque do pré--histórico não se pode saber se progride ou não. Ele ficou fora da marcação da sua assunção ao mundo cultural. Uma coisa é sempre uma coisa. Lacan trabalhou essa questão no texto "O estádio do espelho como formador da função do eu" (Lacan, 1998d), aludido no seminário anterior, quando ele fala de alguém fragmentado que, diante do espelho, passa a se ver integrado. A integração é, portanto, anterior à maturação de uma pessoa. A imagem, refletida no espelho, seria uma roupa emprestada. Lacan não disse "roupa emprestada", mas "asserção antecipada", em seu texto "O tempo lógico e a asserção de certeza antecipada" (Lacan, 1998f). Os dois textos, "O estádio do espelho como formador da função do eu" e "O tempo lógico e a asserção da certeza antecipada", ambos publicados nos *Escritos*, devem ser lidos juntos – um complementa o outro.

Há a asserção de uma certeza antecipada. A pessoa assume essa asserção e acha isso natural. Passa uma vida a lutar para que não manchem, não quebrem ou lhe retirem essa imagem. Passa a viver em busca dos ideais. Antepomos à busca do ideal, frustrante, a riqueza do encontro. Não há encontro possível com o ideal: se em um primeiro momento o admiramos, depois o denegrimos. Enquanto o neurótico idealiza e denigre, o analisado promove o encontro – uma diferenciação que merece atenção.

Talvez pudéssemos dizer "Este foi o meu encontro", e não "Este é o meu ideal", como normalmente nos expressamos. Freud não foi o ideal de Lacan, mas houve um encontro entre eles. Jorge Luis Borges, em um texto, mostra como velhos escritores tornam-se alunos dos novos, e como as gerações não seguem os tempos do relógio. Ele demonstra as mudanças do tempo lógico.

Há alguma coisa, uma substância não especularizável que, por não ser especularizável, não progride. Alguma coisa na lógica imaginária passa à lógica simbólica, mas não tudo. Nem tudo se pode ler na imagem; algo escapa e faz surgirem na aparência os paradoxos, como os daquele analisando que não sabe se está bem na análise e mal na vida ou vice-versa. Lacan se refere a esse paradoxo no texto "Subversão do sujeito e dialética do desejo no inconsciente freudiano", dos *Escritos*:

> Por isso é que de bom grado levamos aqueles que nos seguem aos lugares em que a lógica é perturbada pela desencadeada disjunção entre o imaginário e o simbólico, não para nos comprazermos com os paradoxos que ali se geram, nem com nenhuma pretensa crise do pensamento, mas, ao contrário, para lhes reduzir o falso brilho à hiância que elas apontam, para nós sempre simplesmente edificante, e sobretudo para tentar forjar ali o método de uma espécie de cálculo cujo segredo a inadequação como tal faria revelar.
> (Lacan, 1998g, p. 835)

O paradoxo entre uma lógica da obrigação e uma lógica da emoção não é simplesmente para ser reconhecido e daí a pessoa se lixar para a vida. Não consigo achar graça ou mesmo acompanhar as tentativas de resolver os paradoxos que a vida impõe no sentido do "dane-se o mundo"; prefiro os "marginais" que insistem no confronto. Eles insistem em se inscrever no mundo e se recusam a servir-se de tais lógicas como refúgio. Muitas vezes, a angústia diante do mal-estar do mundo se apresenta como pânico, determinando uma forma de se inscrever incoerente com a lógica do mundo – uma péssima saída, uma desistência perante o mal-estar da civilização.

Há um órgão que rege a psicanálise – a lógica do desejo, capaz de recontratar o analisando com a sua palavra. É bom saber da sua existência. O recontrato de alguns com a palavra é diferente: o recontrato de Arnaldo Jabor com a palavra é bom; o de Antônio Carlos Brasileiro de Almeida Jobim é fantástico.

O que autorizaria um psicanalista, supostamente, a apregoar uma moral das mais pobres, maniqueísta – "isto é bom, isto é ruim"? Não penso evidentemente estar sendo maniqueísta, defensor de uma moral. Há uma substância – esse termo vem de Aristóteles e Lacan o recupera, no Seminário 20 – *Mais, ainda:*

> Que relação poderá haver entre a articulação que constitui a linguagem e um gozo que se revela ser a substância do pensamento, desse pensamento tão facilmente refletido no mundo pela ciência tradicional? Esse gozo é o que faz com que Deus seja o ser supremo e que esse ser supremo não possa, Aristóteles *dixit*, ser outra coisa senão o lugar de onde se sabe qual é o bem de todos os outros. Isto não tem grande relação, não é?, com o pensamento, se o consideramos dominado antes de mais nada pela inércia da linguagem. (Lacan, 1985c, p. 151)

Lacan está se perguntando sobre o pensamento do homem e o que o justifica em última análise. Não se trata do espaço da conquista darwiniana, nem da dialética do senhor e do escravo. Há uma substância a ser oferecida ao analisando para ele se confrontar no banquete. Realmente, uma análise deve valer a pena, uma vez que o banquete não é dos melhores. Há de se fazer valer algo na análise: possibilitar a mudança do contrato com a palavra. Esse *valer a pena* ou essa substância a ser colocada na nossa malinha de viagem deste semestre encontra-se na gaveta de Freud, em um texto de 1930, "O mal-estar na civilização" (1974b), no qual ele se pergunta se existe algo imortal. Na quarta reunião, fiz uma referência a esse texto, quando ele tenta se apoiar na biologia ao dizer que alguma coisa se mantinha. Essa *alguma coisa que se mantém* é retomada por Lacan como o DNA – um bom exemplo daquilo que vive apesar de você; que só quer uma coisa na vida: procriar. Saber-se somente como *sherpa*[1] de DNA dá uma boa ideia de como o mundo segue uma lógica própria. Dá-se o nome de gene egoísta ao gene sobrevivente, que permanece vivo quando todos morrem.

Essa ideia está presente em Freud desde 1920, em *Além do princípio do prazer* (Freud, 1969a): é quase dizer que a morte é imortal. Interessante verificar essa ideia em outros domínios. Na seita mística dos rosa-cruzes, imagina-se a existência de um ponto de inserção comum no universo, ponto de saber que se acede por exercícios determinados. Aprende-se na religião judaico-cristã que o homem foi privado do saber, expulso do paraíso, da árvore da sabedoria, porque Eva comeu a maçã proibida, mas que um dia voltará à contemplação desse saber, desde que pague todos os pecados. Esse tema marca uma diferença entre Freud e Jung. Freud notou a presença de uma substância que se mantém – célula germinal, o espermatozoide –, com a qual o analista conversa por gestos. Essa substância em Jung, com quem Freud rompe em 1912, é o inconsciente coletivo. Jung, ao meu ver, está mais próximo das teses

---

[1] Palavra do Nepal que designa os carregadores ou guias dos participantes de excursões, em especial ao Himalaia.

universalistas, religiosas, místicas, astrológicas – aliás, ele é citado em apoio à maioria dessas vertentes. Eles se querem descendentes de Jung. (É mais divertido ser junguiano, sem dúvida.) Com a psicanálise, é um pouquinho mais complicado. Jung atribui ao inconsciente um significado coletivo; ele acalma seu analisando ao ancorar o seu sonho nessa verdade universal. As mandalas propõem um aconchego, ninam o sofrimento, estabelecem um significado comum.

Para Freud, existe simplesmente um real comum. O espermatozoide é um apoio no real e a análise, de certa forma, uma tentativa de aprender a viajar no real, a suportar esse barco. Um barco sem leme, tal como Freud definia a pulsão, acéfala. A única forma de encarar a pulsão, acéfala, é se responsabilizar por sua cabeça. A substância, o objeto *a*, é acéfala; os desígnios da pulsão também. Paradoxalmente, é a parte viva do homem que escapou à linguagem: "o símbolo é a morte da coisa". A psicanálise seria a tentativa de recuperar essa fissura que pode nos proteger da morte: o desejo protege da morte.

Esses elementos, eu os encontrei descritos, de uma outra forma, no texto de Arnaldo Jabor sobre Antônio Carlos Brasileiro de Almeida Jobim, Tom, que fiz circular. Como disse Lacan, os poetas sabem antes de nós, sempre.

Fiquei profundamente impressionado com o encontro do dizer de Tom Jobim com o de Lacan. Espero poder transmitir a minha surpresa.

Primeiro vou contextualizar. Certos países pensam poder nos ajudar com sua felicidade de superfície. Os americanos, por exemplo: eles acham formidável ser americano:

the American way of life is great; the Brazilian way of life is not so great. É triste quando vemos nosso país, na mesma semana, ser representado por Hosmany Ramos e Paulo César Farias, e ainda por cima ter que suportar a discussão de que, talvez, Paulo César Farias, no fundo, fosse um bom sujeito.

TOM JOBIM COM LACAN

Entendo a indignação de Arnaldo Jabor sobre essa questão. Ele se refere aos riscos de se ficar imbecilizado ou horrorizado. "Tom Jobim faz esquecer o horror político" (Jabor, 1996b) é o título do seu artigo na *Folha de S. Paulo* de 25.6.96. Ele pôde se apoiar em outro brasileiro. Afinal, o Brasil não é feito apenas de *hosmanys* e de *pcs;* ele é feito também de *Tom Jobins*. Jabor escreve:

> Não aguento mais o horror político do momento. E vou encontrar o Tom Jobim. Entro no Plataforma. [Todos sabem que Plataforma é o nome do bar, no Rio de Janeiro, frequentado por Tom aos sábados.] Ele já estava me esperando em frente ao chope sobre a toalha branca. [...] ("Os cães da primavera estão na cola do inverno.") É assim o Tom. Perto dele, começa a rolar uma coisa de essencial, a poesia como língua de um povo primitivo, antes da história. (Jabor, 1996b)

Ele começa dizendo existir alguma coisa essencial, um povo primitivo antes da história. Quando me deparei com esse texto, surpreendi-me, pois essa é exatamente a minha preocupação: falar sobre o povo antes da história.

Arnaldo Jabor continua o texto falando por Tom Jobim: "[...] *Nada fica normal, o mundo não importa tanto, porque há um outro Brasil rolando por baixo.* A poesia para o Tom não é uma arte. É uma prática; faz parte dele, como os charutos, o chapéu panamá". Não é uma arte, é uma prática. Todos os verdadeiros artistas, aliás, fazem da sua arte a sua prática.

> [...] "O urubu-caçador dorme na perna do vento!", me diz o Tom, e vejo entre suas palavras o ar infinito, o vento perto de imensas pedras altas. E vejo aquele pássaro-rei flutuando com o pescoço emplumado.
> Era ali o outro Brasil que ele estava sempre habitando. Tom morava num exílio, era um homem estranho aqui no mundo, onde ele aportava como um passeante.
> Onde ele fosse, era sempre acompanhado por este mundo feito de bichos, folhas, música, palavras. Como Tom gostava de palavras... Mordia, comia palavras, cujo significado estava muito além do significado. Flor não era a palavra a flor, nem a coisa. Era um outro som, de uma língua que só ele falava. (Jabor, 1996b)

Todos devem se lembrar da maneira como Tom falava. Ele mastigava as palavras. Aliás, "o sabor da palavra" foi algo que nos acompanhou neste seminário. De certa forma, Tom falava tentando passar à plateia a ideia da existência de algo além do significado na palavra. Uma maneira prática de mostrar o que é um significante. E Tom nada mais é que o sucedâneo desses jogos de significantes. Ao falar, ele podia referenciar ou não. A referência, nós sabemos, é posterior à fala. Aqui temos toda uma teoria do significante.

Jabor inicia o artigo com esta primeira ideia, "O urubu-caçador dorme na perna do vento". Urubu-caçador é um pássaro bonito, com um colarinho de plumas, que come carniça e dorme na perna do vento. Normalmente, associamos caçador à agressividade, tema trabalhado na "Tese V" de "A agressividade na psicanálise". "Dorme na perna do vento" não é apenas uma metáfora poética; o urubu-caçador dorme na perna do vento, de fato. Aquele pássaro enorme, apesar de grande, voa muito alto, podendo subir e descer, tranquilamente, voar em volta das pedras, dos morros, onde o vento faz circunvolução, porque ele entra na lógica do mundo.

Continuo com Jabor (1996b):

> Aí o Tom batucou na mesa. Eu já sabia o que ele ia cantar. *Ai, ai meu Deus... Tenha pena de mim... Todos vivem muito bem, só eu que vivo assim... Trabalho não tenho nada... não saio do miserê...*
> Cismava com uma música e ficava meses nela.

Tom cismava com uma música, ficava meses nela: o excesso. João Gilberto faz a mesma coisa; é capaz de ficar meses a fio com uma frase, repetindo a música sem parar.

> E a música ia além do que ele cantava. Havia ali ressonâncias dos anos 40, sons perdidos na Casa Odeon, onde os discos 78 foram gravados. Havia um eco de rádio, havia a saudade intensa de um país passado. Tom adivinhava pensamento. Quando fui pedir a música do filme *Eu te amo* para ele, eu estava me separando de uma mulher e estava doido. Ele mal me conhecia e, de costas para mim, no piano, falou: *Você precisa arranjar uma namorada...* (Jabor, 1996b)

É interessante o efeito orientador de uma mulher para um homem, nessa dica de Tom.

> E começou a tocar, pela primeira vez, a maravilhosa música Chansong, que é uma mistura de francês com inglês, chanson com song, Chansong: *Let's hijack a Concorde to the Bahamas* ("Vamos sequestrar um Concorde para as Bahamas"). Era de desmaiar. (Jabor, 1996b)

Uma mistura de francês com inglês.

> Existe uma definição de arte pelo Artaud, que era maluco e, portanto, via demais, que eu acho genial: *A arte não é a imitação da vida. A vida é que é a imitação de alguma coisa essencial, com a qual a arte nos põe em contato.* (Jabor, 1996b)

Eu chamo a atenção sobre essa citação de Jabor: não é simplesmente dizer aquela bobagem "não é a arte que imita a vida, é a vida que imita a arte". Isso não serve; Artaud é mais esperto: "A vida é que é a imitação de alguma coisa essencial, com a qual a arte nos põe em contato". O que realmente nos faz pensar que a arte pode nos pôr em contato com algo nosso essencial – e espero que a psicanálise também possa fazê-lo. Pôr em contato com algo nosso, essencial. Destaquei nesse seminário a semelhança entre a arte e a psicanálise com o fato de nos colocar em contato com algo, para nós, essencial quando trabalhei o *Paradoxo sobre o comediante*. Nesse sentido, todas as artes têm condição de nos colocar em presença desse essencial. Também quem faz uma análise pode mudar o seu gosto artístico, pode passar a ouvir música clássica, visitar museus, assistir peças de teatro, cansar-se terrivelmente com os filmes de Rambo e companhia.

> [...] Por isso, fui procurá-lo no Plataforma. Ele estava ali, entre o José Lewgoy e o Miguelzinho Faria. É óbvio que os dois realistas não o viam. (Jabor, 1996b)

É Diderot: o realista não vê.

> Mas, para mim, ele piscava, e a luz de seu halo refletia no chope dourado. Calma, rapaz, disse ele, adivinhando minha angústia e tomando um gole do chope do Miguel, que nem notou.
> *Você fica sofrendo por causa desse Brasil aparente, mas existe um outro Brasil, existe uma outra coisa maior; só que ela não aparece sempre. É um outro país movente,*

por baixo deste aí. É o país dos países. A origem. Tem gente que chama de Deus, outros de natureza; eu chamo de substância. (Jabor, 1996b)

Pasmem, é Tom Jobim e Lacan! Hoje eu me atrasei porque no último momento eu quis localizar em Lacan essa passagem. Só podia ser em *Mais, ainda*, e era. Pensei: se já propus a Sérgio Buarque de Holanda conversar com Lacan, agora posso fazer o mesmo com Tom Jobim, via Arnaldo Jabor.
Então:

> Tem gente que chama de Deus, outros de natureza; eu chamo de substância.
> Tudo faz parte de uma grande "substância": as galáxias, o chope do Miguel, tudo faz parte dessa matriz infinita e sem tempo, que só é espaço. (Jabor, 1996b)

"Matriz infinita e sem tempo" – que maravilha. Uma maravilha para descrever o objeto *a*. Com certeza, Lacan e Jobim em uma mesa de bar iam fazer uma festa.

> Todos nós estamos sendo paridos por essa máquina viva, desde os nossos ossos até nossos pensamentos. Brasil, eu, você, a música, tudo habita uma grande história maior que a história. E, certamente, maior que a política. É a história do DNA, *"my friend"*.
> Tomou outro gole de chope e acendeu um charuto. (Jabor, 1996b)

Realmente, é formidável essa cena, que Jabor descreve como cineasta que é.

> *É o seguinte: você sabe que o DNA é a eternidade, a substância? O resto é fita. A natureza tem uma força própria egoísta de produzir mais natureza [Freud puro.]. Ela tem de se expandir e o DNA, que é o esperma da natureza, comanda tudo.*
>
> *Você sabe que o fungo, a folha, o peixe, o pardal, tudo tem o DNA igual? Então, sexo, mulher bonita, cabelos louros, olho azul, orgasmo, beleza, juventude, tudo é um grande estratagema para o DNA se propagar.*
>
> *Ele quer se reproduzir na árvore, no seu pau, no seu filho... e, depois que você procria, o DNA se desinteressa por você e você pode morrer que não serve mais para nada.* (Tom me falou isso muito antes desses lero-leros do "gene egoísta" e coisa e tal.)
>
> Depois deste espasmo intelectual, Tom soltou uma grande fumaça do charuto em forma de "oito deitado", de infinito.
>
> (Jabor, 1996b)

Só faltou dizer que Tom fez o nó borromeano. Ou que, como Cantor – o lógico – Tom assoprava o número transfinito. Número este que se pode localizar via análise, ao seu final, como marca dessa substância que sobrevive além da finitude da significação do que é cada um. A palavra não diz tudo. O analista deve manter para seu paciente a veracidade dessa substância, mesmo sem o charme de Tom Jobim e com uma eficiência diferente.

> *My friend, você fica sofrendo porque acha que vão acabar com o Brasil. Vão nada. Nada tem fim. Há um outro Brasil que resiste.*
> *Tem um Brasil aí de onça, cachoeira, negros, índios, que segura.* (Jabor, 1996b)

Esse "Brasil de onça, cachoeira, negros, índios que segura" são todos aqueles que fogem à civilização. Por que essa nomeação? O que justifica essa seriação?

> Depois tudo vira lixo reciclado. Esses homens terríveis de terno e gravata na Câmara, os bigodes, os egoísmos, as feiúras, as banhas a retórica, até isso faz parte da substância; é Deus ao avesso, mas é Deus.
> Até o Newton Cardoso faz parte de Deus, não é incrível? Tudo vira lixo para ser reciclado depois. Daqui a uns anos, quem lembra dessa gente? O DNA se propaga até nessa feiúra. E vai se iluminando sem rumo. Sabe quem me disse isso? O Roniquito! (Roniquito – Ronaldo Chevalier era gênio e bebia pra burro. Morreu e deve estar se propagando aí em alguma plantação de malte na Escócia. Roniquito era um filósofo raivoso que vivia junto do Tom, amando e sacaneando ele e todo mundo.)
> Dizia: "Tom, você já deve ter ouvido falar de Ludwig van Beethoven [...]". (Jabor, 1996b)

A utilização dos nomes próprios é importante. Ele não está perguntando se você já ouviu falar de Beethoven. Ele está chamando a atenção sobre o ridículo da situação.

> "[...] certamente, que compôs o quarteto de cordas no 33?"
> "Sim, Roniquito", respondia o Tom. "Então, você é uma merda, Tom."
> E o Tom tocava flauta. Ele tinha se separado da mulher e estava tão doído que vivia de bermudas, tocando flauta no Antonio.
> Uns tocam flauta e cavaquinho. Houve uma época em que o Tom tocava flauta e "roniquito". (Jabor, 1996b)

A resposta não era uma resposta fálica; era uma resposta "fláutica". Quer dizer, em vez do "não sou merda coisa nenhuma", ele tocava... Ele tentava ajustar o tom até quando estava assim, perdido. De vez em quando, a pessoa se perde e tem que ficar tocando um pouco para ver de que maneira se engancha novamente. Incrível a dimensão da palavra doído: Jabor estava doido e Tom, doído.

> Aí, o Tom bebeu o último gole e sumiu. E eu pude ouvir o José Lewgoy, que estava falando de um filme inacabado com o Charles Laughton e Merle Oberon: "Eu, Claudio, Imperador".
> E eu tive um alívio: que se dane o Brasil, feito de escrotos e egoístas, que se dane esse lixo em reciclagem, que se

> dane essa coisa goyesca e suja, esse teatro de pornografia da política que eu tenho que resenhar.
>
> Que se danem esses boçais; o DNA com o tempo vai reintegrá-los na substância e pronto. Tenho que achar o Tom e morar com ele na natureza. (Jabor, 1996b)

Frase de múltiplas leituras: "Tenho que achar o Tom e morar com ele na natureza". Que a gente pode assinar embaixo: tenho que achar a lógica do desejo para poder dar uma outra resposta, que não é a resposta política dos objetos, do mal ou do bem; não é a resposta de tentar salvar o mundo; não se salva o mundo, e cada vez mais... Diz assim:

> E saí pela porta, no Leblon. Corri até a praia e pude então erguer voo e olhar o país do alto do morro Dois Irmãos, a pedra alta do milênio [lá você encontra desenhos, ilustrações rupestres], vendo o DNA se propagar lá embaixo, na política. Eu voava calmo, ali perto do urubu-caçador que dormia tranquilo, com as asas abertas na perna do vento. (Jabor, 1996b)

Isso posto, nos veremos em agosto.

26 de junho de 1996

BIBLIOGRAFIA

ANDRADE, Carlos Drummond de. **Obra poética.** Rio de Janeiro: Nova Aguilar, 1992.

ANDRÉ, Serge. O ato e a interpretação. **Correio da Escola Brasileira de Psicanálise**, São Paulo, n° 14, p. 19-26, abr. 1996.

ASSOCIAÇÃO MUNDIAL DE PSICANÁLISE (AMP). **Como terminam as análises.** Rio de Janeiro: Jorge Zahar, 1995.

DAUMAL, René. Os poderes da palavra na poética hindu. **Correio da Escola Brasileira de Psicanálise**, São Paulo, n° 14, abr. 1996.

DAUMAL, René. Pour approcher l'art poétique hindou. In: **Les pouvoirs de la parole.** Paris: Gallimard, 1972.

DIDEROT, Denis. **Essais sur la peinture – Salons de 1759, 1761, 1763.** Paris: Hermann, Éditeurs des Sciences et des Arts, 2007.

DIDEROT, Denis. **Oeuvres choisies de Denis Diderot.** Paris: Larousse, 1934.

DIDEROT, Denis. **Paradoxo sobre o comediante** (1830). col. Os Pensadores. São Paulo: Abril Cultural, 1979.

DIDEROT, Denis. **Salon de 1765.** Paris: Hermann, Éditeurs des Sciences et des Arts, 1984.

ESCOLA BRASILEIRA DE PSICANÁLISE (EBP) – Seção São Paulo. **Carta de São Paulo n° 13.** São Paulo: EBP, abr.-mai. 1997.

ESCOLA DA CAUSA FREUDIANA. La Cause Freudienne: Revue de Psychanalyse, Paris, n° 32, 1996.

FERRAZ, Silvio. Tenente da pesada. História. **Revista Veja,** São Paulo, ed. 1449, 19/06/1996, p. 102-103.

FERREIRA, Aurélio Buarque de Holanda. **Novo Aurélio – século XXI** – O dicionário da língua portuguesa. São Paulo: Nova Fronteira, 1999.

FORBES, Jorge. A Escola de Lacan. In: **A Escola de Lacan**. São Paulo: Papirus, 1992.

FORBES, Jorge. A interpretação descompleta. **Opção Lacaniana**, São Paulo, n° 12, 1995.

FORBES, Jorge. A transmissão em nova ordem de grandeza. In: **Escola Brasileira de Psicanálise (EBP)**. Cartão de São Paulo n° 21, 1997. p.4-16.

FORBES, Jorge. Há via. **Correio do Simpósio**, Belo Horizonte, n° 2, 1987.

FORBES, Jorge. Opção Escola. In: **Anuário brasileiro de psicanálise**. Rio de Janeiro: Relume-Dumará, 1992-93.

FORBES, Jorge. Ridículas palavras recalcadas. 02/01/1996. Disponível em: <http://www.jorgeforbes.com.br/br/artigos/ridiculas-palavras-recalcadas.html>. Acesso em 10 set. 2014.

FREUD, Sigmund. **A correspondência completa de Sigmund Freud para Wilhelm Fliess – 1887-1904.** Rio de Janeiro: Imago, 1986.

FREUD, Sigmund. (1900) A interpretração dos sonhos. In: **Edição standard brasileira das obras psicológicas completas de Sigmund Freud.** vol. IV. Rio de Janeiro: Imago, 1972.

FREUD, Sigmund. (1920) Além do princípio do prazer. In: **Edição standard brasileira das obras psicológicas completas de Sigmund Freud.** vol. XVIII. Rio de Janeiro: Imago, 1969a.

FREUD, Sigmund. (1937) Análise terminável e interminável. In: **Edição standard brasileira das obras psicológicas completas de Sigmund Freud.** v. XXIII. Rio de Janeiro: Imago, 1975. p.239-87.

FREUD, Sigmund. (1916-7) Conferências introdutórias sobre psicanálise. In: **Edição standard brasileira das obras psicológicas completas de Sigmund Freud.** vol. XVI. Rio de Janeiro: Imago, 1969b.

FREUD, Sigmund. (1907-8) Escritores criativos e devaneio. In: **Edição standard brasileira das obras psicológicas completas de Sigmund Freud.** vol. IX. Rio de Janeiro: Imago, 1969c.

FREUD, Sigmund. (1895) Estudos sobre a histeria. In: **Edição standard brasileira das obras psicológicas completas de Sigmund Freud.** vol. II. Rio de Janeiro: Imago, 1974a.

FREUD, Sigmund. (1911) Formulações sobre os dois princípios do funcionamento mental. In: **Edição standard brasileira das obras psicológicas completas de Sigmund Freud.** vol. XII. Rio de Janeiro: Imago, 1969d.

FREUD, Sigmund. (1927) O futuro de uma ilusão. São Paulo: L&PM, 2010.

FREUD, Sigmund. (1930) O mal-estar na civilização. In: **Edição standard brasileira das obras psicológicas completas de Sigmund Freud.** vol. XIX. Rio de Janeiro: Imago, 1974b.

FREUD, Sigmund. (1914) Recordar, repetir e elaborar. In: **Edição standard brasileira das obras psicológicas completas de Sigmund Freud.** vol. XII. Rio de Janeiro: Imago, 1969e.

FREUD, Sigmund. (1908-9) Romances familiares. In: **Edição standard brasileira das obras psicológicas completas de Sigmund Freud.** vol. IX. Rio de Janeiro: Imago, 1969f.

FREUD, Sigmund e EINSTEIN, Albert. (1932) **Um diálogo entre Freud e Einstein. Por que a guerra?**. Santa Maria: Fadisma, 2005.

GIROUD, Françoise; BRISSAC, Marie-Pierre de Cossé; LAURENT, Eric; COTTET, Serge; SOLER, Colette. **Lacan, você conhece? Palestras do encontro Jacques Lacan.** São Paulo: Cultura Editores Associados, 1998.

JABOR, Arnaldo. Os 'Chapas Negras' são patrulheiros dos anos 90. **Folha de S. Paulo**, São Paulo, 11/06/1996a. Disponível em: <http://www1.folha.uol.com.br/fsp/1996/6/11/ilustrada/28.html>. Acesso em: 07 jun. 2014.

JABOR, Arnaldo. Tom Jobim faz esquecer o horror político. **Folha de S. Paulo**, São Paulo, 25/06/1996b. Disponível em: <http://www1.folha.uol.com.br/fsp/1996/6/25/ilustrada/24.html>. Acesso em: 07 jun. 2014.

KLOTZ, Jean-Pierre. L'école et la haine de groupe. **Lettre Mensuelle** – Ecole de La Cause Freudienne, 1996.

LACAN, Jacques. (1948) A agressividade em psicanálise. Apresentado no XI Congresso de Psicanalistas de Língua Francesa, Bruxelas. In: **Escritos**. Rio de Janeiro: Jorge Zahar, 1998a. p.104-26.

LACAN, Jacques. A direção do tratamento e os princípios de seu poder. In: **Escritos**. Rio de Janeiro: Jorge Zahar, 1998b.

LACAN, Jacques. (1938) A família. 2. ed. Lisboa: Assírio & Alvim, 1981.

LACAN, Jacques. A instância da letra no inconsciente ou a razão desde Freud. In: **Escritos**. Rio de Janeiro: Jorge Zahar, 1998c.

LACAN, Jacques. *La troisième*. **Lettres de l'École Freudienne**, Paris, n° 16, p. 178-203, nov. 1975.

LACAN, Jacques. L'Étourdi, **Scilicet**, n° 4, Paris, Seuil, 1973.

LACAN, Jacques. O discurso de Roma. 1953.

LACAN, Jacques. (1949) O estádio do espelho como formador da função do eu. In: **Escritos**. Rio de Janeiro: Jorge Zahar, 1998d. p.96-103.

LACAN, Jacques. O seminário sobre *A carta roubada*. In: **Escritos**. Rio de Janeiro: Jorge Zahar, 1998e.

LACAN, Jacques. (1945) O tempo lógico e a asserção de certeza antecipada. In: **Escritos**. Rio de Janeiro: Jorge Zahar, 1998f.

LACAN, Jacques. (1970) Radiofonia. In: **Outros escritos**. Rio de Janeiro: Jorge Zahar, 2003a. p.400-47.

LACAN, Jacques. **Seminário 1**: Os escritos técnicos de Freud. Rio de Janeiro: Jorge Zahar, 1983.

LACAN, Jacques. **Seminário 2**: O eu na teoria de Freud e na técnica da psicanálise. Rio de Janeiro: Jorge Zahar, 1985a.

LACAN, Jacques. **Seminário 3**: As psicoses. Rio de Janeiro: Jorge Zahar, 1988.

LACAN, Jacques. **Seminário 7:** A ética da psicanálise. Rio de Janeiro: Jorge Zahar, 1991.

LACAN, Jacques. **Seminário 11:** Os quatro conceitos fundamentais da psicanálise. Rio de Janeiro: Jorge Zahar, 1985b.

LACAN, Jacques. **Seminário 17:** O avesso da psicanálise. Rio de Janeiro: Jorge Zahar, 1992.

LACAN, Jacques. **Seminário 20**: Mais, ainda. Rio de Janeiro: Jorge Zahar, 1985c.

LACAN, Jacques. **Seminário 23:** O Sinthoma – 1975-1976. Rio de Janeiro: Jorge Zahar, 2007.

LACAN, Jacques. Subversão do sujeito e dialética do desejo no inconsciente freudiano. In: **Escritos**. Rio de Janeiro: Jorge Zahar, 1998g.

LACAN, Jacques. (1973) Televisão. In: **Outros escritos**. Rio de Janeiro: Jorge Zahar, 2003b.

LACAN, Jacques. Vers un signifiant nouveau. **Ornicar?**, Paris, Lyse/Seuil, n° 17/18, 1979.

LAFFONT, Robert e BOMPIANI, Valentino. Le nouveau dictionnaire des oeuvres. col. Bouquins. vol. IV. Paris: Robert Laffont, 1994. Verbete: Paradoxe sur le Comédién.

MAHJOUB, Lilia. A intriga. **Correio da Escola Brasileira de Psicanálise**, São Paulo, n° 11, 1995, p.19-24.

MILLER, Jacques-Alain. Affectio societatis. **Correio da Escola Brasileira de Psicanálise**, São Paulo, n° 11, 1995, p. 12-18.

MILLER, Jacques-Alain. **El banquete de los analistas.** Los cursos psicoanaliticos de Jacques-Alain Miller. Buenos Aires: Paidos Argentina, 2002.

MILLER, Jacques-Alain. Entrevista sobre a 'A direção do tratamento'. **Clínica Lacaniana**, São Paulo, n° 2, 1987.

MILLER, Jacques-Alain. Interpretação pelo avesso. **Correio da Escola Brasileira de Psicanálise**, Belo Horizonte, n° 14, 1996, p.13-18.

MILNER, Jean-Claude. **A obra clara.** Rio de Janeiro: Jorge Zahar, 1996.

PESSOA, Fernando. **Obra poética.** Rio de Janeiro: Nova Aguilar, 1974.

REY, Pierre. **Uma temporada com Lacan.** São Paulo: Rocco, 1990.

RIBEIRO, Renato Janine. Sedução e enamoramento. In: FORBES, Jorge (org). **Psicanálise: problemas ao feminino.** Campinas: Papirus, 1996. p.37-53.

SARTRE, Jean-Paul. **O idiota da família** (L'idiot de La famille). Tradução de Julia da Rosa Simões. Porto Alegre: L&PM Editores, 2013.

Índice onomástico

A

Adler, Alfred 196
Amaral, Tarsila do 194
Andrade, Carlos Drummond de 169, 172
Andrade, Oswald de 194
André, Serge 59, 60, 64, 66, 68, 70, 86
Anna O. 43
Aristóteles 305
Artaud 311, 312
associação livre 42, 44, 45, 51
Associação Mundial de Psicanálise (AMP) 40
Autran, Paulo 107

B

Bataille, Georges 265
Beethoven, Ludwig van 315
Bonadei, Aldo 193, 195
Borges, Jorge Luis 199, 303
Bosch, Hieronymus 251, 266
Bourdot, Isolda 201
Bracque, Georges 247
Braga, Roberto Carlos 113, 114
Branca de Neve 224
Branco, Humberto de Alencar Castelo 274
Breuer, Josef 183

C

Câmara, João 194
Campos, Álvaro de 133, 272
Cantor, George 107, 314
Cardoso, Fernando Henrique 19, 237, 255
Carvalho, Flávio de 193, 194
Castel, Saulu 190
Cézanne, Paul 193
Churchill, Winston 47
Cony, Carlos Heitor 255
Corrêa, José Celso Martinez 162
Costa, Gal 20
Costa, Newton da 52, 167, 178
Cottet, Serge 65, 66
Couto, Miguel 188

D

Dalí, Salvador 284
Darwin, Charles 297, 298
Daumal, René 22, 23, 26, 27, 28, 55, 57, 58, 83, 111
Da Vinci, Leonardo 193
Diatkine, René 254
Di Cavalcanti, Emiliano 193, 194, 195, 198
Diderot, Denis 22, 23, 24, 25, 26, 27, 29, 31, 110, 221, 251, 312

Disraeli, Benjamin 92
Dupuy, A. 91, 92

E

Einstein, Albert 253, 293
Escola Brasileira de Psicanálise (EBP) 26, 40, 153, 160, 161, 162, 190, 237
Escola da Causa Freudiana de Paris 40, 119
Escola de Orientação Lacaniana da Argentina 40
Escola do Campo Freudiano de Caracas 40
Escola Europeia de Psicanálise 40
Ey, Henri 190

F

Faria, Miguelzinho 312
Ferenczi, Sándor 158, 228, 236
Ferraz, Silvio 273
Flaubert, Gustave 154
Fonseca, José Paulo Moreira da 221
Forbes, Carlos 238
Forbes, Jorge 244, 246
Forbes, Luiz de Souza Dantas 57
Freitas, Jânio de 255
Freud, Sigmund 17, 19, 21, 22, 25, 31, 43, 44, 49, 51, 52, 56, 57, 65, 69, 79, 83, 86, 96, 111, 112, 113, 114, 120, 121, 122, 123, 124, 125, 127, 129, 130, 135, 137, 138, 139, 140, 141, 142, 143, 144, 149, 150, 151, 156, 158, 165, 166, 168, 173, 177, 179, 180, 181, 182, 183, 185, 186, 190, 196, 197, 198, 199, 200, 201, 202, 203, 204, 205, 206, 207, 209, 210, 211, 212, 214, 215, 220, 224, 225, 226, 227, 228, 232, 237, 242, 245, 252, 253, 260, 270, 276, 277, 285, 292, 293, 303, 305, 306, 307, 314

G

Gagarin, Yuri 246
Garrick, David 101
Gellner, Ernest 255
Göedel, Kurt 205
Gracian, Balthasar 76, 77, 78, 79, 278
Greco, Juliette 64
Greimas, Algirdas Julius 165, 252
Grimm, Friedrich Melchior von 95, 221
Grosrichard, Alain 199
Gueguen, Pierre-Gilles 72, 73

H

Holanda, Sérgio Buarque de 198, 313
Hupfeld, Doris 190

I

International Psychoanalytical Association (IPA) 15, 122

J

Jabor, Arnaldo 165, 235, 255, 256, 295, 304, 307-317
João Gilberto 310
Jobim, Tom 304, 307, 308, 309, 313, 315
Jung, Carl Gustav 196, 202, 203, 306, 307

K

Klein, Melanie 196, 227, 271, 277
Klotz, Jean-Pierre 231, 236, 237
Kodama, Maria 199
Kubitschek, Juscelino 223

L

Lacan, Jacques 14, 15, 16, 18, 19, 21, 22, 24, 26, 27, 28, 29, 30, 31, 35, 39, 40, 41, 42, 43, 44, 45, 46, 47, 48, 49, 53, 57, 59, 60, 61, 62,

63, 66, 67, 68, 70, 71, 75,
76, 77, 78, 79, 80, 81, 82,
85, 86, 91, 92, 93, 94, 96,
97, 98, 99, 101, 102, 106,
107, 110, 111, 117, 119,
120, 122, 129, 131, 138,
139, 140, 142, 144, 146,
148, 149, 152, 154, 156,
157, 158, 160, 164, 165,
167, 168, 169, 179, 180,
181, 186, 190, 191, 196,
197, 198, 199, 203, 205,
210, 212, 214, 215, 217,
218, 219, 220, 225, 227,
229, 237, 239, 240, 242,
244, 245, 250, 251, 252,
253, 254, 255, 256, 257,
258, 259, 260, 261, 262,
263, 264, 265, 266, 267,
268, 269, 270, 271, 274,
276, 277, 278, 280, 281,
282, 283, 284, 285, 286,
288, 289, 290, 291, 292,
295-317
Lacan, Sibylle 277
Lady Diana 240
La Rochefoucauld, François 269, 276
Laurent, Eric 123
Le Corbusier 222
Leguil, François 189, 190, 218
Lemoine, Gennie 254
Lewgoy, José 312, 316
Lima, Celso Rennó 286
Loureiro, Rita 194

M

Magalhães, Juracy 273, 274, 275, 276, 277, 288, 291, 292
Mahjoub, Lilia 231, 233, 234, 235
Mannoni, Octave 148
Marcondes, Durval 160
Marx, Groucho 37
Marx, Karl 237, 275
Matos, Gregório de 38
Matos, Olgária 189

Merchior, José Guilherme 199
Miller, Jacques-Alain 25, 26, 41, 64, 66, 80, 81, 144, 197, 231, 236, 237, 238, 240, 241, 242, 243, 244, 245, 246, 286
Milner, Jean-Claude 199
Mitterrand, François 18, 25
Mlle. Clairon (Clair Josèphe Hippolyte Leris) 108
Moraes, Vinícius de 28
Moreno, Doris Hupfeld 190

N

Niemeyer, Oscar 223, 224
Nixon, Richard 275

O

Olivetto, Washington 222

P

Pancetti, Giuseppe Gianinni 193, 195
Pastor, Sapena 274
Pei, Ieoh Ming 223
Pessoa, Fernando 102, 117, 133, 196, 271
Picasso, Pablo 193, 194, 195, 197, 277
Picasso, Paloma 277
Piccoli, Michel 95
Prado Júnior, Bento 199
príncipe Charles 240

R

rainha Vitória 92
Rank, Otto 196
Regnault, François 199
Reich, Wilhelm 57
Rey, Pierre 283
Ribeiro, Renato Janine 18
Rilke, Rainer Maria 112
Rimbaud, Arthur 289
Rocha, Francisco Franco da 160
Rosa, Gustavo 194

S

Salles, Walter Moreira 162
Santo Agostinho 92
Santo Antônio 249
São Valentim 249, 250, 251
Sartre, Jean-Paul 154
Schenberg, Mário 167
Schmideberg, Melitta 277
Sinatra, Frank 167, 197
Sonenreich, Carol 190
Stark, Philippe 223

T

Trasímaco 268, 269

V

Veloso, Caetano 161, 162, 164
Visconti, Eliseu 195
Volland, Sophie 95
Volpi, Alfredo 192, 193, 195, 200, 209

W

Wisnik, José Miguel 161, 162, 163, 164, 165, 166, 167, 169, 183, 184

ÍNDICE REMISSIVO

A

ab-reação 183, 206, 207, 254
ação do analista 101, 119
acting-out 84, 211
adaptação 208, 213, 254
Adler, Alfred 196
a falta do analista 137, 156
afeto 109, 125, 127, 128, 154, 238, 239
affectio societatis 231, 236, 237, 238, 240, 241, 242, 244, 245, 247
agressividade 229, 230, 239, 240, 247, 249, 250, 251, 252, 254, 256, 257, 261, 263, 264, 265, 266, 267, 268, 269, 271, 273, 274, 277, 279, 280, 281, 288, 292, 297, 298, 299, 310
alíngua 71, 179, 180
Amaral, Tarsila do 194
ambivalência 226, 227
amor 102, 103, 133, 134, 199, 227, 240, 249, 250, 259, 279, 280, 285, 287
analisando 14, 15, 20, 21, 28, 29, 30, 31, 36, 43, 44, 45, 49, 58, 61, 65, 67, 68, 70, 78, 83, 86, 89, 90, 91, 94, 98, 100, 102, 103, 105, 106, 114, 122, 128, 130, 131, 132, 141, 142, 143, 147, 152, 153, 159, 167, 172, 175, 180, 182, 208, 209, 210, 211, 213, 215, 216, 219, 231, 261, 263, 268, 271, 276, 283, 284, 285, 287, 295, 296, 301, 302, 303, 304, 305, 307
analista, ato do 14, 174, 181
analista, manifestação" do 75
analista, neutralidade do 29, 30, 80
analista, posição de santo 270, 271
analista, posição do 26, 30, 58, 71, 76, 77, 82, 124, 215, 250, 270, 278, 284
analista, sentimento do 30, 44
Andrade, Carlos Drummond de 169, 172
Andrade, Oswald de 194
André, Serge 59, 60, 64, 66, 68, 70, 86
angústia 43, 112, 287, 288, 296, 304, 312
Anna O. 43
aparência 78, 180, 303

Aristóteles 305
Artaud 311, 312
arte 23, 77, 79, 82, 84, 85, 95, 99, 108, 140, 141, 142, 192, 194, 195, 196, 209, 220, 221, 222, 223, 224, 234, 309, 311, 312
asserção de certeza 302
associação livre 42, 44, 45, 51
Associação Mundial de Psicanálise (AMP) 40
ato analítico 60, 63, 64, 73, 74, 76, 105, 173, 243
ato, encarnação imaginária do 14, 31
ator 75
ator, a arte do 23
ator, o paradoxo do 24, 99
ato, suportar o 105
atuação 148, 211, 255
Autran, Paulo 107

B

Bataille, Georges 265
Beethoven, Ludwig van 315
behaviorismo 254
bem-dizer 26, 77
biologia 17, 180, 181, 201, 202, 203, 204, 205, 225, 253, 306
bisturi 196
Bonadei, Aldo 193, 195
Borges, Jorge Luis 199, 303
Bosch, Hieronymus 251, 266
Bourdot, Isolda 201
Bracque, Georges 247
Braga, Roberto Carlos 113, 114
Branca de Neve 224
Branco, Humberto de Alencar Castelo 274
Breuer, Josef 183
burocrata 255

C

cadeia significante 66, 69
cálculo do ridículo 102

Câmara, João 194
campo do Outro 34
Campos, Álvaro de 133, 272
Cantor, Georg 107, 314
Cardoso, Fernando Henrique 19, 237, 255
caridade 77, 249, 250, 270, 271, 277
cartas de amor 102, 103, 133, 134, 135
Cartel do Passe 66, 94, 175, 176, 236
Carvalho, Flávio de 193, 194
casos clínicos 161, 252
Castel, Saulu 190
castração 72, 175, 194, 211, 234, 235, 264
catarse 183, 254
causa do desejo 67
causa freudiana 160
cena fantasmática 233
cenas de sedução 18
certeza 20, 30, 93, 130, 201, 303
Cézanne, Paul 193
chapa negra 255, 256
Chico Rei 296
Churchill, Winston 47
ciências humanas 167, 258
cifra 71, 179
cifração 70, 84, 179
cínico 166
cinismo 39, 145, 157
citação 46, 47, 48, 49, 160
clínica lacaniana 43
clínica ortopédica 43
clínica psicanalítica 22, 83, 183, 268
clínica soberana 188
comédia humana 85
cômico 40, 107
compreender 74, 92, 93, 218, 220, 225, 229, 247, 259
compreensão 27, 41, 42, 68, 94, 110, 129, 144, 149, 218, 219, 220, 225, 229
compromisso, formação de 121
compulsão à repetição 144, 202, 212

comunicação absoluta 25
consequência 18, 23, 29, 45, 99,
    284
consequências 19, 28, 45, 60, 80,
    89, 126, 128, 162, 182,
    206, 225, 230, 299
construção teórica 140, 141, 143
contratransferência 44, 57, 144
convicção 127, 139, 143, 145, 146,
    148, 152, 153, 154, 156,
    175, 176, 178, 181, 183
Cony, Carlos Heitor 255
corpo despedaçado 264
corpo fragmentado 266, 289, 291
corporificação 72
Corrêa, José Celso Martinez 162
corte 41, 43, 53, 54
Costa, Gal 20
Costa, Newton da 52, 167, 178
Cottet, Serge 65, 66
Couto, Miguel 188
criar 20, 40, 165, 193, 209, 216,
    247, 292
culpa 19, 20, 28, 113, 114, 124,
    129, 130, 131, 154, 166
curiosidade 202, 218, 219, 220, 231

D

Dalí, Salvador 284
Darwin, Charles 297, 298
Dasein 28, 31, 83, 131
Daumal, René 22, 23, 26, 27, 28,
    55, 57, 58, 83, 111
Da Vinci, Leonardo 193
decisão 86, 146, 155, 156, 210,
    213
demanda 93, 97, 99, 100, 117,
    173, 174, 233
demandar 97
denegação 282, 283, 286
depressão 28, 185, 189, 190, 219
desabonado do inconsciente 42
desamparo original 291
desarvoramento 291
desejo do analista 30, 65, 66, 67,
    99, 212, 215, 219, 220, 278
desejo do Outro 36, 81, 235, 287

desejo do sujeito 22
desejo, ética do 297
desejo insatisfeito 55
desejo, lei do 114
desejo, repulsa ao 112
deslocamentos 66, 154, 234, 263
deslocamentos corporais 263
desmembramento 264
desmembramento corporal 230,
    261
desmembramento social 231
detalhe 95, 188, 192, 257
diálogo 94, 96, 263, 268, 269, 273,
    274, 276, 282, 292, 302
Diatkine, René 254
Di Cavalcanti, Emiliano 193, 194,
    195, 198
Diderot, Denis 22, 23, 24, 25, 26,
    27, 29, 31, 110, 221, 251,
    312
Die Traumdeutung 123
direção do tratamento 112, 208
discurso analítico 19
discurso capitalista 278
discurso da revolução 77
discurso das histéricas 52
discurso do mestre 19, 51, 141,
    276
discurso do senhor 86
Disraeli, Benjamin 92
dito 38, 39, 42, 46, 48, 65, 77, 78,
    90, 103, 106, 128, 157,
    162, 177, 205, 218, 219,
    232, 263
divã 15, 27, 57, 97, 98, 100, 222,
    263, 288, 296
dizer do analista 64
dizer verdadeiro 22, 48, 176
DNA 306, 313, 314, 315, 317
dor, expressão da 24
dor verdadeira 24
DSM – Manual de Diagnóstico e
    Estatísticas de Transtornos
    Mentais 301
dualidade pulsional 202
dualismo 186, 203
Dupuy, A. 91, 92
dúvida 87, 92, 280, 281, 282

E

Édipo 45, 46
Einstein, Albert 253, 293
elites 19
encarnação 14, 15, 31
encontro 16, 67, 126, 303
enigma 44, 45, 46, 48, 49, 260
entender 92, 246
entreprêt 106
entrevistas 174
entrevistas preliminares 219, 281
enunciação 11, 46, 47, 48, 230
enunciado 46, 47, 48
equívoco gramatical 49
equívoco homofônico 49
equívoco lógico 49
equívoco significante 179
Eros 245, 250
erro 258
Escola 231, 232, 235, 236, 237, 238, 241, 242, 244, 246, 247, 277
Escola Brasileira de Psicanálise (EBP) 26, 40, 153, 160, 161, 162, 190, 237
Escola da Causa Freudiana de Paris 40, 119
Escola de Orientação Lacaniana da Argentina 40
Escola do Campo Freudiano de Caracas 40
Escola Europeia de Psicanálise 40
escravo 297, 298, 301, 305
escritor criativo 111, 113, 114, 130, 166
esfinge 45, 46, 253
espectador 16, 24, 25, 27, 31, 82, 83, 84, 85, 99, 110
espírito 96, 105
esquizoparanoide, posição 196
estádio do espelho 239, 240, 241, 242, 264, 288, 289, 290, 302
estatutos 241, 242, 243, 244, 247
estrutura de linguagem 34
ética do desejo 297
eu, formação do 289
exagero do analista 106
excesso 22, 24, 59, 73, 79, 83, 87, 106, 133, 137, 217, 220, 237, 271, 272
experiência analítica 261, 263
expressão da dor 24
extimidade 28
Ey, Henri 190

F

falta-a-ser 101
família 50, 125, 126, 130, 147, 154, 287
familionário 49
fantasia 72
fantasias 35, 111, 112, 262, 266
fantasias infantis 111
fantasias primordiais 265
fantasma, travessia do 72
Faria, Miguelzinho 312
felicidade 17, 67, 191, 264, 266, 299, 307
Ferenczi, Sándor 158, 228, 236
Ferraz, Silvio 273
ficção 79, 85, 241, 242
final da/de análise 21, 40, 45, 50, 52, 56, 58, 72, 90, 147, 148, 149, 156, 157, 175, 176, 177, 178, 208, 210, 215, 228, 283, 291
física 258
fixação 228
Flaubert, Gustave 154
fobia 271
Fonseca, José Paulo Moreira da 221
fora da cena 84
Forbes, Carlos 238
Forbes, Jorge 244, 246
Forbes, Luiz de Souza Dantas 57
formação de compromisso 121
formação do eu 289
formação do sintoma 183
Fort-Da 201, 224, 225
Freitas, Jânio de 255
Freud, Sigmund 17, 19, 21, 22, 25, 31, 43, 44, 49, 51, 52, 56, 57, 65, 69, 79, 83, 86, 96,

111, 112, 113, 114, 120, 121, 122, 123, 124, 125, 127, 129, 130, 135, 137, 138, 139, 140, 141, 142, 143, 144, 149, 150, 151, 156, 158, 165, 166, 168, 173, 177, 179, 180, 181, 182, 183, 185, 186, 190, 196, 197, 198, 199, 200, 201, 202, 203, 204, 205, 206, 207, 209, 210, 211, 212, 214, 215, 220, 224, 225, 226, 227, 228, 232, 237, 242, 245, 252, 253, 260, 270, 276, 277, 285, 292, 293, 303, 305, 306, 307, 314

G

Gagarin, Yuri 246
garantia do analista 191
Garrick, David 101
Gellner, Ernest 255
gene egoísta 306, 314
gesto do analista 15, 56, 179, 215
gestos inusitados 15
globalização 16, 300
Göedel, Kurt 205
gozo, cifragem do 78
gozo da intriga 235
gozo do sentido 70
gozo, enfeitiçar o 71, 179
gozo, seduzir o 106
gozo, verdade do 73
Gracian, Balthasar 76, 77, 78, 79, 278
Greco, Juliette 64
Greimas, Algirdas Julius 165, 252
Grimm, Friedrich Melchior von 95, 221
Grosrichard, Alain 199
Gueguen, Pierre-Gilles 72, 73

H

hipnose 211
histeria 38, 39, 98, 146, 231, 233, 271, 281, 282, 284, 300
histérica 29, 30, 39, 43, 51, 53, 78, 80, 81, 127, 146, 154, 173, 174, 229, 232, 233, 234
histérica, posição(ões) da 38, 78
Holanda, Sérgio Buarque de 198, 313
Homem dos Ratos 292
hostilidade 227
humor 241
Hupfeld, Doris 190

I

Ícaro 188
ideal 19, 20, 43, 79, 105, 126, 130, 208, 220, 231, 232, 233, 235, 258, 268, 290, 303
identidade 264
identificação do sujeito 21
identificação fálica 208
identificação narcísica 289
identificação, posição de 39
identificação primordial 267
identificações 231, 267, 283, 287, 288
iluministas 252
ilusão da verdade 24
imagem 101, 116, 123, 154, 215, 230, 264, 266, 267, 283, 289, 290, 291, 297, 302, 303
imagem de desmembramento corporal 261
imagem do Outro 290
imaginariamente, o analista paga 101
imaginário 72, 110, 149, 152, 172, 174, 227, 239, 240, 302, 304
Imaginário 215
impaciência 288, 289
inconsciente coletivo 306
inconsciente, formações do 59
inconsciente, sujeito do 250, 270
inibição 100
inibições 300
inominável 13, 20

instinto de morte 253
instintos de autoconservação do ego 202
instintos do ego 202
instintos sexuais 202
instituições de classe 19
intenção de agressão 230, 261, 267
International Psychoanalitical Association 122
International Psychoanalytical Association (IPA) 15, 122
internet 16, 35, 290
interpretação analítica 15, 44
interpretação completa 45
interpretação, declínio da 65, 66
interpretação descompleta 43, 44, 45, 46, 106
interpretação do final de análise 45
interpretação semântica 41
interpretação como meio-dizer 44
interpretar 41, 45, 61, 67, 72, 73, 179, 180, 282
intriga 232, 233, 234, 235, 236
intriga, gozo da 235
intriga histérica 229, 233
intuição 252

J

Jabor, Arnaldo 165, 235, 255, 256, 295, 304, 307-317
João Gilberto 310
Jobim, Tom 304, 307, 308, 309, 313, 315
jouissance 45, 63, 70
julgar 108, 176
Jung, Carl Gustav 196, 202, 203, 306, 307

K

Klein, Melanie 196, 227, 271, 277
Klotz, Jean-Pierre 231, 236, 237
Kodama, Maria 199
Kubitschek, Juscelino 223

L

Lacan, Jacques 14, 15, 16, 18, 19, 21, 22, 24, 26, 27, 28, 29, 30, 31, 35, 39, 40, 41, 42, 43, 44, 45, 46, 47, 48, 49, 53, 57, 59, 60, 61, 62, 63, 66, 67, 68, 70, 71, 75, 76, 77, 78, 79, 80, 81, 82, 85, 86, 91, 92, 93, 94, 96, 97, 98, 99, 101, 102, 106, 107, 110, 111, 117, 119, 120, 122, 129, 131, 138, 139, 140, 142, 144, 146, 148, 149, 152, 154, 156, 157, 158, 160, 164, 165, 167, 168, 169, 179, 180, 181, 186, 190, 191, 196, 197, 198, 199, 203, 205, 210, 212, 214, 215, 217, 218, 219, 220, 225, 227, 229, 237, 239, 240, 242, 244, 245, 250, 251, 252, 253, 254, 255, 256, 257, 258, 259, 260, 261, 262, 263, 264, 265, 266, 267, 268, 269, 270, 271, 274, 276, 277, 278, 280, 281, 282, 283, 284, 285, 286, 288, 289, 290, 291, 292, 295-317
lacanagens 191
Lacan, Sibylle 277
Lady Diana 240
lapsos 262
La Rochefoucauld, François 269, 276
Laurent, Eric 123
Le Corbusier 222
Leguil, François 189, 190, 218
Lemoine, Gennie 254
Les non-dupes errent 49, 256
L'étourdit 48, 49
letra 53, 89, 90, 162, 164, 205, 237, 291
Lewgoy, José 312, 316
libido 28, 202, 283

Lima, Celso Rennó 286
linguagem 34, 57, 66, 72, 93, 103,
    106, 190, 191, 204, 206,
    244, 253, 265, 305, 307
linguagem, estrutura de 34
língua-objeto 179
lógica da emoção 304
lógica da obrigação 304
lógica das emoções 296, 297
lógica das obrigações 296, 297
lógica do desejo 297, 304, 317
lógica imaginária 303
lógica simbólica 303
Loureiro, Rita 194

M

macaquice sublime 103, 104, 107
Macunaíma 25
Magalhães, Juracy 273, 274, 275,
    276, 277, 288, 291, 292
Mahjoub, Lilia 231, 233, 234, 235
maiêutica 284
mal-entendido 48
mal-estar 16, 51, 66, 145, 189,
    206, 230, 296, 297, 298,
    301, 304, 306
mal-estar na civilização 16, 230,
    306
mal-estar nos homens 301
Mannoni, Octave 148
Marcondes, Durval 160
Marx, Groucho 37
Marx, Karl 237, 275
matemática 57, 181, 203
materna 123, 153, 165
Matos, Gregório de 38
Matos, Olgária 189
meio-dizer 44, 45, 46, 77
memória 90, 108, 109, 116, 126,
    129, 140, 141, 143, 144,
    192
Merchior, José Guilherme 199
metáfora 27, 95, 134, 173, 181,
    187, 310
metáfora do espelho 289
Miller, J Jacques-Alain 25, 26, 41,
    64, 66, 80, 81, 144, 197,
    231, 236, 237, 238, 240,
    241, 242, 243, 244, 245,
    246, 286
Milner, Jean-Claude 199
mito familiar 147, 283
Mitterrand, François 18, 25
Mlle. Clairon (Clair Josèphe Hippolyte Leris) 108
monstração 75
montra 79, 180
Moraes, Vinícius de 28
moral 26, 157, 278, 297, 298, 305
Moreno, Doris Hupfeld 190
morte 16, 18, 20, 24, 40, 87, 109,
    180, 181, 189, 195, 202,
    203, 205, 228, 241, 242,
    250, 252, 253, 299, 306,
    307
morte, pulsão de 253
mudança de grandeza 55, 58, 59
mutismo 65, 77

N

não saber 46, 90, 166
narcisismo 19, 116, 117, 288
natureza 24, 83, 85, 96, 100, 105,
    108, 113, 145, 152, 314,
    317
nesciência 30
neurologia 17
neurose 13, 14, 87, 114, 120, 121,
    123, 124, 152, 230, 281,
    285, 297
neurose de autopunição 300
neurótico 111, 121, 130, 131, 133,
    148, 157, 233, 244, 303
Niemeyer, Oscar 223, 224
Nixon, Richard 275
nó borromeano 314
nome próprio 19
nova ordem de grandeza 57, 58
nova razão 168
novela familiar 50

O

objeto 10, 20, 21, 36, 51, 52, 56,
    68, 69, 160, 179, 210, 220,

222, 223, 233, 234, 235, 236, 237, 245, 246, 247, 271, 278, 291, 292, 307, 313
objeto a 236, 237, 245, 246, 247, 291, 292
objeto causa de desejo 267
obsessão 146, 233, 271, 300
obsessivas 15, 36
obsessivo 37, 38, 47, 48, 51, 75, 80, 123, 127, 128, 146, 154, 155, 233, 281, 282
obsessivo, posição contrafóbica do 37
obsessivo, posição fóbica do 37
ódio 229, 236, 250, 279, 286
oleiro 107
Olivetto, Washington 222
Outro 19, 33, 34, 35, 36, 37, 38, 39, 81, 91, 98, 113, 152, 154, 156, 157, 173, 174, 180, 183, 194, 233, 234, 235, 259, 267, 287, 288, 289, 290
Outro, campo do 34

P

paga, o analista 101
pai 36, 43, 45, 52, 147, 177, 277, 279, 280, 282, 287
pai, encarnação do 15
pai, morte do 253
palavra cheia 27
palavra comunicacional 21
palavra, contrato com a 305
palavra dura 55
palavra, essência da 23
palavra, gosto da 20, 22, 23
palavra, poder da 22
palavra, poderes da 23, 28, 57
palavra, recontrato com a 295
palavra, sabor da 13, 57, 309
palavras foracluídas 120
palavras recalcadas 118, 120
palavras, ridículas 120, 125, 137
palavra vazia 27
Pancetti, Giuseppe Gianinni 193, 195

pânico 60, 304
paradoxo 25, 36, 48, 80, 90, 188, 205, 253, 303, 304
paradoxo de ator 82
paradoxo do ator 24, 26, 99
paradoxo do psicanalista 80
paradoxos da ética 40
paranoia dirigida 284, 285
passagem ao ato 84
passe 108
Pastor, Sapena 274
Pei, Ieoh Ming 223
perversão 173, 174, 300
perverso 52, 166, 234
Pessoa, Fernando 102, 117, 133, 196, 271
Picasso, Pablo 193, 194, 195, 197, 277
Picasso, Paloma 277
Piccoli, Michel 95
poder 20, 25, 29, 79, 92, 97, 150, 212, 273, 275, 276, 292, 301
poesia 20, 26, 27, 55, 83, 86, 98, 99, 111, 112, 113, 124, 265, 308, 309
poeta 14, 23, 27, 28, 38, 55, 62, 63, 87, 98, 102, 105, 108, 110, 111, 112, 113, 114, 116, 117, 163, 167, 200, 201, 221, 289
poetar 98, 99
poiesis 21
pontuação 41, 42, 43, 53
pós-freudianos 44, 190, 201
posição depressiva 196
posição esquizoparanoide 196
posições subjetivas 185, 191, 220
postergação 87
Prado Júnior, Bento 199
pragmatismo 20, 178, 208
prática lacaniana 68
prazer 10, 20, 21, 22, 27, 46, 106, 111, 112, 150, 181, 182, 201, 206, 225, 259
prazer estético 113
prazer preliminar 113
prematuração 291

presença do analista 229
primeiro ensino de Lacan 66
príncipe Charles 240
princípio da realidade 201
princípio do prazer 106, 156, 201, 205, 206
princípio do prazer, mais além do 106
processos primários 69
profissionais do incompleto 166, 167, 181, 185, 186
protesto masculino 196, 228
psicanálise lacaniana 19
psicanalista 22, 60, 69, 73, 74, 75, 79, 80, 146, 167, 185, 186, 189, 198, 204, 305
psicanalista contemporâneo 85
psicanalista de orientação lacaniana 60
psicanalista, paradoxo do 80
psicodrama 254, 257
psicose 285, 286
psicoterapeutas 61
psicoterapia(s) 43, 122, 165
psiquiatria 66, 190, 191, 245, 246, 257, 300
pulsão de morte 180, 181, 241, 242, 252, 253
pulsão de vida 180

Q

queixa(s) 14, 51, 131, 145, 152, 154, 155, 156, 177, 208, 213, 259, 301

R

rainha Vitória 92
Rank, Otto 196
razão 48, 83, 90, 96, 168, 212, 219, 231, 252, 256, 288, 296, 302
reação terapêutica negativa 269
real 22, 78, 83, 84, 129, 160, 203, 212, 225, 226, 227, 253, 307
Real 9, 215

realidade 14, 24, 27, 30, 79, 83, 177, 179, 192, 206, 208, 251, 252, 275
realidade psíquica 177
realmente, o analista paga 101
recalcamento 120
recalque 128, 286
recalque secundário 129, 133
recordar 143, 183, 207, 209, 210, 211, 212, 214
recorrência 151, 255, 260, 261
Regnault, François 199
regressão 97, 98
regressão analítica 97
Reich, Wilhelm 57
religião 17, 156, 157, 306
reminiscência 141, 149
repetição, compulsão à 144, 202, 212
repetir 164, 165, 181, 183
repetir na idiotice 159
repetir na novidade 159, 164
representação 25, 84, 94, 100
representação interna 27
representar 20, 24, 25, 46, 53, 86, 101, 110, 268
repressão 211
repulsa 111, 112
resistência 93, 142, 144, 149, 226, 228
resistências 140, 141, 142, 144
responsabilidade 19, 45, 47, 91, 124, 129, 130, 154, 167, 189, 190, 191, 208, 209, 213, 214, 216, 254, 277, 278, 286
retórica 26, 27, 70, 71, 73, 74, 75, 76, 77, 78
Rey, Pierre 283
Ribeiro, Renato Janine 18
ridículo 15, 102, 103, 106, 113, 115, 119, 120, 121, 124, 132, 133, 138, 316
ridículo, cálculo do 102
Rilke, Rainer Maria 112
Rimbaud, Arthur 289
Rocha, Francisco Franco da 160
romance(s) familiar(es) 114, 130, 131, 147
Rosa, Gustavo 194

S

saber 14, 16, 38, 39, 41, 46, 51, 52, 63, 122, 123, 127, 128, 129, 145, 153, 166, 174, 176, 178, 179, 181, 182, 183, 199, 220, 236, 277, 296, 298, 306
Salles, Walter Moreira 162
santo 76, 77, 249, 250, 251, 270, 271, 278
Santo Agostinho 92
Santo Antônio 249
São Valentim 249, 250, 251
Sartre, Jean-Paul 154
satisfação 56, 63, 106, 113, 130, 266
saúde mental 190
savoir-faire 26, 82
Schenberg, Mário 167
Schmideberg, Melitta 277
sedução 18, 56
semblant 25
semidizer 44
sensação 24, 85, 96, 296
sentido 62, 63, 70
sentido *ready-made* 61
sentidos 53, 272
sentidos, império dos 62, 290
sentimento 24, 35, 75, 94, 95, 96, 109, 112, 125, 143, 218, 301
sentimento do analista 30
sentir 96, 108, 115, 126
ser 101, 102, 105, 110, 111, 116
sexualidade 216, 242
significação 26, 27, 41, 53, 56, 59, 70, 139, 140, 145, 148, 149, 154, 225, 246, 276, 314
significado 41, 42, 43, 50, 65, 66, 139, 197, 217, 307, 309
significante 21, 22, 28, 41, 42, 43, 45, 53, 54, 62, 63, 66, 69, 70, 82, 85, 124, 129, 139, 175, 310
significante, modulação do 72, 179, 180
significante novo 21, 42, 53
silêncio 60, 64, 74, 77
silêncio do analisando 65
silêncio do analista 64, 65
simbolicamente , o analista paga 101
símbolo 307
Sinatra, Frank 167, 197
singularidade 208
sinthoma 20, 21, 42
sintoma 21, 50, 56, 63, 67, 68, 75, 128, 131, 133, 139, 197, 214, 281, 282
sintoma, formação do 183
sintoma histérico 98
sociedade imediatista 17
sociologia 127, 253
Sonenreich, Carol 190
sonho 41, 123, 125, 172, 179, 266, 307
Stark, Philippe 223
sublimar 216
substância 78, 112, 303, 305, 306, 307, 313, 314, 315, 317
sugestão 46, 86, 139, 140, 141, 142, 143, 146
suicídio 299
sujeito 14, 15, 20, 21, 22, 23, 28, 29, 30, 43, 45, 46, 52, 53, 58, 62, 74, 81, 97, 142, 146, 148, 151, 152, 168, 308
supervisões 145, 207
surpresa 16, 38, 124, 307

T

Tanatos 250
teatro 27, 28, 82, 83, 86, 96, 105, 107, 110, 115, 215, 233, 260, 312, 317
tempo lógico 83, 303
tese hegeliana 298
tosse histérica 43
tragédia 18
trágico 20, 23, 40, 84, 107
transferência 34, 36, 65, 67, 101, 141, 142, 149, 150, 152,

158, 167, 175, 181, 210, 211, 213, 226, 227, 230, 247, 255, 277, 279, 285
transferência, manejo da 100, 173, 207, 212, 215
transferência negativa 154, 158, 211, 215, 220, 226, 228, 231, 236, 237, 252, 253, 271
transferência positiva 211, 214, 227, 229
transmissão 14, 49, 165, 168, 191, 260
transmissão iniciática 260
transmissão por recorrência 260, 261
Trasímaco 268, 269
tratamento, condução do 286
tratamento da memória 143
tratamento da psicose 285
tratamento do gozo 86
tratamento do psiquiatra 258
tratamento do sinthoma 21
tratamento, manejo do 286
tratamento psicanalítico dos neuróticos 144
tratamento psicodramatista 253
trauma 225
traumatismo do nascimento 196
travessia do fantasma 72

U

universal 123, 133, 207, 244, 245, 257
universidade 76, 123, 126, 191
universitário 38

V

vacilação calculada 15, 29, 30, 31, 157, 180
vazio 58, 74, 287
Veloso, Caetano 161, 162, 164
verdade analítica 206
verdade aristotélica 179
verdade catártica 206
verdade contextual 51, 53, 56
verdade correspondencial 177, 178, 182
verdade do espírito 97
verdade do sujeito 22, 23
verdade, efeito de 47
verdade, ilusão da 24
verdade incompleta 129, 178
verdade intralinguística 56
verdadeiro 22, 24, 80, 83, 84, 85
verdade natural 97
verdade por coerência 177, 179, 206
verdade pragmática 178, 206
verdade referencial 51
vergonha 113, 114, 124, 130, 131
Visconti, Eliseu 195
Volland, Sophie 95
Volpi, Alfredo 192, 193, 195, 200, 209
voz 96, 104, 105, 182

W

Wisnik, José Miguel 161, 162, 163, 164, 165, 166, 167, 169, 183, 184